JN211064

### ディスカバリー

# 社 会 心 理 学

太幡直也・上原俊介 編著

Discovery
Social
Psychology

北大路書房

# はじめに

　今，この本を手に取ったあなたは，大きな「森」の中にいます。その「森」は，時には心地よく，雨風から守ってくれます。「森」は複雑に入り組んでおり，迷ってしまうこともあります。しかし，正しい知識を身につければ，「森」を迷うことなく進んでいくことができます。

　あなたがいる大きな「森」は，われわれの日常生活をたとえたものです。「森」を作る木々は他者を表しています。あなたが大きな「森」の中で木々に囲まれていることは，あなたが他者に囲まれながら日常生活を送っていることを象徴しています。

　社会心理学は，大きな「森」の中にいるあなたが，「森」の中の木々と関わる中で，周りの木々から受ける影響，そして周りの木々に与える影響に着目します。社会心理学では，周りの木々や，周りの木々が作り出す風景を状況と考え，あなたのいる状況によって，あなたの物事の捉え方，物事の感じ方，行動が変わること，また，あなたも状況に影響を与えることを，心理学に基づいて考えていきます。この本を読み進めていくと，あなたと状況がお互いに影響し合うことで生じる現象は，日常生活の多くの場面でみられることに気づくでしょう。

　本書では，みなさんが，大きな「森」を迷うことなく進んでいくことができるよう，正しい知識を身につけてもらうことを目指しています。周りの木々との関わり方には，たくさんの法則があります。各章で，「森」を迷うことなく進むためのたくさんのヒントが得られるようになっています。

　本書は，初学者でも社会心理学のそれぞれのテーマを体系的に理解できるよう，「集団とまじわる」「人とかかわる」「内からとらえる」の3部構成としています。本書の主な特徴は，「森」を広く見る視点から狭く見る視点の逆三角形を意識した構成になっているところです（次ページの「本書の構成」の図を参照）。これまでの社会心理学の教科書では，「個人内→人間関係→集団・文化」の，「森」を狭く見る視点から広く見る視点で構成されていることが少なくありませんでした。しかし本書では，状況が個人に影響し，個人が状況に影響を与えるという社会心理学の特徴を理解しやすいように，「森」を広く見る視点から狭く見る視点を採用しました。

　本書の構成は以下の通りです。序章では，社会心理学の「トリセツ」として，社会心理学では心をどのように扱い，どのように調べていくのかを説明し，読者のみなさんを社会心理学の世界に誘います。社会心理学を初めて学ぶ読者のみなさんは，ぜひ，

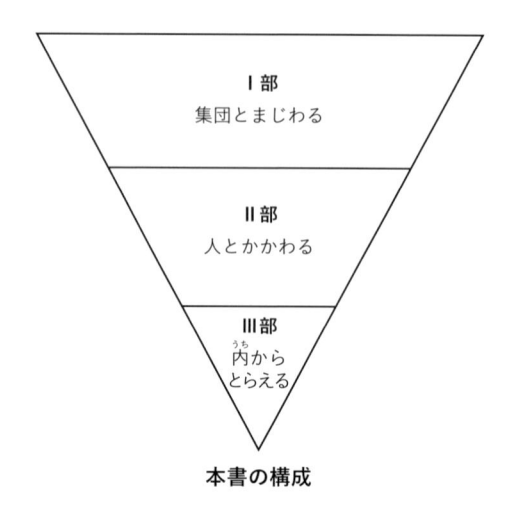

**本書の構成**

「トリセツ」を読んで，「森」についての知識を身につけるときの前提を理解していただければと思います。

　Ⅰ部は，「集団とまじわる」ことに関する4つの章（1〜4章）で構成されます。大きな「森」はエリアで分けることもできます。エリアごとの木々のまとまりを「集団」とみなし，集団内や集団間の関わりについて考えていきます。1章，2章では，個人が集団から受ける影響，個人が集団に与える影響に着目します。3章では，集団どうしの関わり合いについて扱います。4章では，集団が作り上げた「文化」と呼ばれる社会システムの影響について取り上げます。

　Ⅱ部は，「人とかかわる」ことに関する5つの章（5〜9章）で構成されます。大きな「森」の中では，われわれは周りの木々と関わり合いながら生活しています。その中のいくつかの木々とは，「特別な」関係を築くこともあります。周りの木々との関わり合いによって形成されるものを「人間関係」と考え，人間関係での関わりについて考えていきます。5章では，人間関係を築く基本となる，対人コミュニケーションを説明します。続いて，6章では対人関係の形成，7章では人間関係の維持に着目します。さらに，人間関係の中でみられる他者に対する行動として，援助（8章），攻撃（9章）を扱います。

　Ⅲ部は，「内からとらえる」ことに関する5つの章（10〜14章）で構成されます。われわれは，頭の中でさまざまな情報を処理しながら，周りの木々や木々のまとまりを認識し，行動しています。また，われわれの頭の中での情報処理が，われわれ自身に関する認識や行動に影響を与えます。Ⅲ部では，社会的認知と呼ばれる視点から，

他者や集団に関するさまざまな情報を処理する個人に焦点を当てます。10章では，社会的認知に基づく情報処理の特徴について説明します。11章では，情報処理にみられる制約が生じさせる偏り，すなわちバイアスに焦点を当てます。12章では，社会的情報に対する態度の形成や，態度の役割について取り上げます。13章では，他者の態度を変容させる手段として用いられる，説得に焦点を当てます。14章では，社会的認知の仕組みの上に成り立つ自己の特徴に着目します。

　なお，本書は，国家資格である公認心理師の，「社会・集団・家族心理学」領域に関わるテーマを可能な限り対応させるように心がけて作られています。本書で得られた知識は，大きな「森」を超えた，さらなる冒険にも役立つでしょう。

　読者のみなさんにとって，本書が，大きな「森」を迷うことなく進む手助けとなれば幸いです。

2024年8月

編著者を代表して　　太幡　直也

ディスカバリー社会心理学 ── 目次

# 序章  社会心理学のトリセツ

　本章では，**社会心理学**（social psychology）を初めて学ぶ読者のみなさんが本書の各章を読み進める手助けとなるよう，社会心理学のトリセツと題して，社会心理学での心の捉え方と調べ方を紹介する。心の捉え方については，社会心理学の学問的な位置づけを理解できるよう，社会心理学とは何か，学ぶ意義はどこにあるか，隣接領域とどのような関係があり，どのような歴史や変遷をたどって確立してきたのかを説明する。心の調べ方については，本書の各章で紹介される研究を深く理解できるよう，研究をどのように考え，どのような方法を用いるのかを説明する。

## 1節　心の捉え方

### 1.1　社会心理学とは

　「コロナ対策のため，学生のエレベーター使用は原則禁止とします」。

　これは，筆者の所属大学の研究室がある12号館のエレベーターの扉に，2022年から2023年初頭まで貼られていた掲示にあった言葉である（図0-1）。この掲示は，2020年から世界的に大流行した新型コロナウイルス対策のため，換気の悪い密閉空間，多数が集まる密集場所，間近で会話や発声をする密閉場面の，いわゆる「3密」を避けることが社会的に推奨された一時期に，エレベーターの利用自粛を学生に要請するために掲示されていた。この掲示が貼られて以降，学生は，建物内の別の階に移動するために階段を使用することを強いられた。運動不足解消のために階段を使用していた筆者は，この当時，多くの学生が階段で上り下りしている姿を見かけた。

　しかし，この掲示が貼られていた時期に，12号館のエレベーターを使用していた学生がまったくいなかったかといえば，そうではなかった。12号館は6階建てで，上の階に教員の研究室や事務室がある。筆者の研究室は6階のエレベーターの近くにあるため，教員の研究室や事務室に用事のある学生がエレベーターを使用（しようと）

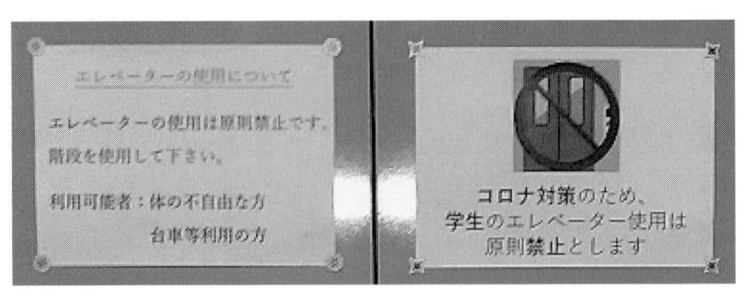

**図0-1　筆者の所属大学のエレベーターに掲示されていた掲示**

していたのを見かけることがあった。

　筆者の観察によると，ほとんどの学生は，普段はエレベーターの利用自粛要請に
従っており，12号館のエレベーターを使用（しようと）していた現象は，ある状況の
ときのみに限られていたようであった。その状況とは，「建物内に人が少ないとき」
か「複数の友人といるとき」のいずれかであった。あなたが12号館を使用する学生で，
6階にある筆者の研究室に用事があって12号館にやってきたとしよう。エレベーター
の利用自粛が要請されているので，普段なら大変な思いをしながら1階から6階まで
階段で上らなければならない。しかし，あなたがやってきた時間帯は，建物内に人は
ほとんどいない状況だとしよう。この状況で，あなたは階段で筆者の研究室に向かう
だろうか？　また，たくさんの学生がいる時間帯でも，友人たちと一緒にいて，その
友人たちが全員，「面倒だからエレベーターで行こう」と言っている状況ならばどう
だろうか？　建物内に人はほとんどいない状況ならば「他者から注意されることはな
いだろう」と考え，また，友人たちがエレベーターを使用しようとしている状況なら
ば「友人たちと違うことをして仲間外れになりたくない」と考え，エレベーターを使
用する人も少なからずいるのではないだろうか。

　以上に紹介した「普段はエレベーターの利用自粛要請に従っている学生が，時には
従わず，エレベーターを使用（しようと）していた」という現象は，個人の行動は，
他者から影響を受けることを示す一例である。個人の行動は，その人を取り巻く状態，
すなわち状況によって変わる。そして，その状況がどのようなものになるかは，他者
の要素が大きく関わる。他者が存在しているか，他者がどのような行動をしているか，
他者とどのような関係にあるか，他者がどのような状況を作り出したかによって，異
なった行動をとり得る。ほとんどの学生が階段を使用している状況では階段を使用し
ている学生でも，他者がいない状況や，友人がエレベーターを使用しようとしていれ
ば，エレベーターを使用する人もいるだろう。また，教員の研究室や事務室に用事の

ある学生が，コロナ前はエレベーターを使用していたのに階段を使用するように変わったのは，他者によってエレベーターの扉に利用自粛を要請する掲示が貼られている状況が作り出されたためである。

　一方，一人ひとりは，他者が置かれる状況を作り出していることになるため，個人の行動が他者に影響を与えるともいえる。例えば，あなたが12号館のエレベーター利用自粛要請を守らずにエレベーターを使用していたら，その様子を見た人の中には，あなたの行動に同調（1章参照）し，エレベーターを使用する人もいるだろう。

　ここまで取り上げてきたエレベーターの例で示したように，個人の行動を，その個人を取り巻く状況の中に埋め込まれたものとする考え方は，**状況論**（situation theory）と呼ばれ，さまざまな学問領域に取り入れられている。社会心理学では，状況論の考え方に基づき，「個人の行動に加え，行動の背後にある，個人の認知（物事の捉え方），感情（物事の感じ方）に，状況が影響を与える」ことに着目する。また，他者にとっては，個人は状況の一部になるため，「他者の認知，感情，行動に，個人は影響を与える」ことにも着目する。したがって，社会心理学は，個人と他者が相互に影響を与え合うことで生じる現象を扱う分野であるといえる。

　社会心理学の特徴は，他者の要素が関わって作り出される状況に着目し，その他者を「社会」と考えるところにある。社会心理学での「社会」とは，「個人の認知，感情，行動に影響を与える可能性のある他者」を指す。「社会」とされる他者は，一人の場合だけでなく，複数人の場合も，集団（相互作用のある個人の集まり）の場合もある。さらに，実際に目の前に存在する他者だけではなく，目の前には存在しない，個人の認識の中に取り込まれた（内在化された）他者の場合も含まれる。例えば，多くの学生が普段，12号館のエレベーターの利用自粛要請に従っているのは，12号館を使用する他の学生が内在化された他者となっており，他の学生たちとの間で共有されている暗黙のルールに従っているからである。内在化された他者と共有している暗黙のルールは，**規範**（norm），あるいは，**集団規範**（group norm）や**社会規範**（social norm）と呼ばれ（1章参照），個人の認知，感情，行動に影響を与える。

　まとめると社会心理学は，「認知，感情，行動に対する社会から受ける影響や，個人が社会に与える影響に関する現象を心という側面から考え，人間の特徴を明らかにしようとする分野」である。個々の現象にみられる共通性から，法則を導き出してまとめようとする。理論（法則を抽象的に説明したもの）やモデル（法則を図で表現し，認知，感情，行動の関わり合いを表現したもの）として，心のしくみを詳細に説明することも多い。本書でも，さまざまな視点から，理論やモデルが紹介されている。理論やモデルによって現象が説明できるだけでなく，人間の本質も垣間見える。

## 1.2　社会心理学を学ぶ意義

　私たちは日常生活を送る中で他者と関わることが不可欠であることから，社会心理学は，私たちの日常生活での他者との関わり合いの中で経験する，身近な現象に関する学問領域である。日常生活の具体的な現象と結びつけながら学べる点では，心理学の知識が少ない初学者にとっても，非常にとっつきやすいと感じられるだろう。

　社会心理学を学ぶ意義を整理すると，以下の二つにまとめられる。一つは，他者との関わりの中で生じる身近な現象が生じる理由を説明できるようになることである。例えば，「普段はエレベーター利用自粛要請に従っている学生が，時には守らず，エレベーターを使用（しようと）していた」という現象が，他者が見ていない状況で多くみられるとすれば，他者が見ていないことが，上記の現象を引き起こす原因であると推測することができる。そして，他の状況でも，「他者が見ていない状況では，信号のないところで道路を横切って渡り（渡ろうとし）やすい」といったように，同じような現象がみられるならば，類似する現象の共通点を抽象化し，「人は，他者が見ていない状況ではルールを守らない傾向がある」という法則を導き出すことができる。このように法則を導き出すことで，日常生活のさまざまな現象について，その現象が生じる理由を説明できるようになる。

　社会心理学を学ぶもう一つの意義は，現象が説明できれば，対象となる現象が生起することを予測することや，その現象が起こりやすく，あるいは起こりにくくなるように働きかける（制御する）ことができることである。「人は，他者が見ていない状況ではルールを守らない傾向がある」という法則があるならば，今後，他者が見ていない他の状況では，似たような現象が起こると予測することができる。さらに，予測される行動が，起こりやすく，あるいは起こりにくくなる状況を作り出すことも可能になる。例えば，「他者が見ている状況を作り出す」ことで「ルールを守らない」行動を減らすことができるだろう。実際の研究でも，大学の共有スペースに目の写真を掲示すると，セルフサービスのコーヒーの代金を払わない不正行為が減ったことが報告されている（Bateson et al., 2006）。そして，状況への働きかけは，日常生活に応用されることもある。例えば，東京都は，「他者が見ている状況を作り出す」ことで犯罪を減らそうとするために，目のイラストがプリントされた防犯ステッカーを掲示する活動に近年取り組んでいる。

　対象となる現象を説明，予測，時には制御することを目指すという社会心理学の目標は，身近な現象の理解を深めるだけではなく，社会生活での問題を解決することや，より良い社会生活を送ることにつながる。社会心理学には，他者との関わりの中で生じる身近な現象が生じる理由を説明できるという学問としての奥深さに加え，日常生

活への応用可能性が高いという特徴がある。日常生活を送る中で他者と関わることが生涯にわたって不可欠であることから，今，感じている問題だけでなく，将来，私たちが経験するかもしれない問題の理解や解決の助けとなるだろう。

## 1.3　社会心理学の隣接領域

　社会心理学は，「心理学」という言葉が含まれていることからわかるように，心理学の一分野である。心理学は，心の本質を探ろうとすることを目指している。したがって，社会心理学は，心理学の中でも，他者の要素が関わって作り出される状況に着目している分野であるといえる。

　また，社会心理学は，「社会」という言葉が含まれていることからわかるように，「社会学」と関係が深い。社会学とは，社会生活の中での制度化されたしくみそのものを探ることを目指している。しくみは人間が作り上げたものであり，明文化されたものだけではなく，個々人に内在化されたものもある。流行，群集など，私たちが相互に影響を与え合うことで生じる現象を対象とする点で，社会心理学と類似しているといえる。社会心理学との違いは，「社会」の意味づけが異なっていることである。社会学での「社会」は，「異なる人間たちが，限られた空間の中でともに住み合っていくことを可能にする知恵あるいは仕掛けの総体（長谷川, 2007, p.2）」のように，人間が作り上げてきたしくみを指している。社会学では，そのしくみが社会現象に与える影響に着目しているといえる。

　社会心理学の視点と，心理学の他領域や社会学の視点の違いを，「利用自粛を要請する掲示が貼られているのにエレベーターを使用する」という行動の原因をどのように考えるかを例に説明する。心理学の中で，行動の原因を，個人の内面から探ろうとする領域として，臨床心理学やパーソナリティ心理学が挙げられる。臨床心理学では，個人の心の病理的な問題に着目する。また，パーソナリティ心理学では，心にみられる個人差に着目する。「利用自粛を要請する掲示が貼られているのにエレベーターを使用する」という行動の原因について，臨床心理学の視点に立てば，例えば，エレベーター利用自粛要請に従わない個人の心に何らかの問題があるとし，その問題の点から原因を説明することになる。また，パーソナリティ心理学の視点に立てば，違反行動の生起に関わる個人差の点から原因を説明することになる。次に，社会学では，行動の原因を，人間が作り上げてきたしくみから探ろうとする。「利用自粛を要請する掲示が貼られているのにエレベーターを使用する」という行動の原因について，社会学の視点に立てば，例えば，現代社会での公共空間のあり方がどのように変容したかという点から原因を説明することになる。

　一方，社会心理学では，行動の原因を，他者が作り出す状況の点から探ろうとする。「利用自粛を要請する掲示が貼られているのにエレベーターを使用する」という行動の原因について，社会心理学の視点に立てば，他者が作り出した状況によって個人の行動が影響を受けたと考える。そして，同じような影響を受ければ，どのような人でも，エレベーター利用自粛要請に従わない可能性があるという前提に立ち，行動の原因を説明することになる。

　以上に説明したように，人の認知，感情，行動に対する，他者が作り出した状況の影響を考えるという社会心理学の視点は，臨床心理学，パーソナリティ心理学のような個人の内面に着目する視点とも，私たちが作り上げるしくみに着目する視点とも異なる。個人の心の問題に着目する視点を小さなスケールで物事を見るという意味で「ミクロ」な視点，人間が作り上げるしくみに着目する視点を大きなスケールで物事を見るという意味で「マクロ」な視点とするならば，社会心理学の視点は，両者の中間の視点，いわば「メゾ」な視点といえる。

　私たちの周りで起こる現象は，複合的な要素が絡み合って生じるため，対象とする現象をどの視点で考えるのが適しているかは，扱おうとする現象次第である。自分が依拠する視点の特徴を理解し，さまざまな視点からの考え方を身につけることで，対象とする現象を多角的に扱えるようになるといえる。

　なお，近年，学問領域の垣根を越えて研究が展開されるようになってきた流れを受け，社会心理学も心理学以外の他領域との融合により，新たな広がりがみられる。例えば，**行動経済学**（behavioral economics）は，心理学と経済学を融合させた学問領域である。経済学では，人は，個人の利益を最大限に引き出せるよう合理的な判断に基づいて行動すると仮定されている。しかし，私たちは，心の影響により，本人は合理的であると思っても，端から見ると非合理的な判断や行動をしてしまうことがある。一例を挙げれば，私たちは社会的情報を処理する際に，必要な情報を十分に集めることなく，限られた情報のみで，単純，直観的な判断をしてしまう傾向がある（10章参照）。このような判断の仕方は**ヒューリスティック**（heuristic：総称としてはヒューリスティックス）と呼ばれ，購買行動をはじめ，私たちの判断に影響を与えている。例えば，私たちは，割引になっている商品を必要ないのに買ってしまうことがある。これは，元の値段（係留点）に影響されて，「元の値段よりも得だ」と，十分に考えずに判断してしまうことで生じる（10章の「5.3　係留と調整」参照）。行動経済学は，経済社会の中で人間がどのように行動するのかに着目しており，社会心理学のうち，特に個人内の認知過程に着目する分野と融合した研究が進められている。

　他領域との融合は，経済学のような「文系」とされる学問との融合にとどまらない。

例えば，近年では，認知の働きにみられる脳機能に着目する認知神経科学と融合した**社会神経科学**（social neuroscience）において，社会的な文脈での認知の際に，脳がどのように活動しているかを明らかにする研究がなされている。脳機能を測定するため，脳活動に関連した血流を視覚化してリアルタイムに測定する，**機能的磁気共鳴画像法**（functional magnetic resonance imaging：**fMRI**）が用いられることが多い。例えば，認知的不協和（認知間の矛盾が個人の中に共存する現象。12章参照）が生じる状況での，fMRIによって脳活動を調べた研究（van Veen et al., 2009）では，認知的不協和が生じているときには，背側前帯状皮質と呼ばれる葛藤の処理に関わる部位と，前部頭皮質と呼ばれる感情に関わる部位が活性化していることが示されている。

## 1.4　社会心理学の歴史と変遷

　社会心理学の位置づけの理解を深めるために，社会心理学がどのような歴史や変遷をたどって確立してきたのかについて，近年の動向も交えながら簡単に整理する。

　社会心理学が学問領域として確立したのは，ヴント（Wundt, W.）が，1879年にライプツィヒ大学（ドイツ）に心理学実験室を開設して以降である。一般的には，心理学者のマクドゥーガル（McDugall, W.）による『社会心理学概論（An Introduction to Social Psychology)』と，社会学者のロス（Ross, E. A.）による『社会心理学（Social Psychology)』が出版された，1908年とされている（サトウ，2008）。前者は，個人が他者，集団，群集から受ける影響に着目したものであり，心理学的社会心理学と呼ばれる。心理学的社会心理学は，「他者は個人の認知，感情，行動に影響を与える」ことに着目している。後者は，社会学で検討されてきた流行，群集に関する現象を，その中にいる人々の心理から説明するものであり，社会学的社会心理学と呼ばれる。社会学的社会心理学は，「個人は他者の認知，感情，行動に影響を与える」ことに着目している。心理学的社会心理学，社会学的社会心理学はそれぞれの立場から，研究が積み重ねられてきた。現在では，いずれか一方の立場ではなく，両者の立場を統合することが重要であると考えられている。

　近年の社会心理学に大きな影響を与えた考え方として，レヴィン（Lewin, K.）の提唱した，**場の理論**（field theory）が挙げられる（Lewin, 1951）。場の理論では，人の行動（Behavior）には，その人の特性（Personality）だけでなく，「場」，すなわちその人が置かれている環境（状況と同義：Environment）が影響していることに着目している（図0-2）。環境と状況のそれぞれが影響して個人の行動が生じることは，「B＝f（P，E）」という，関数を表す式を用いて表現される。個人の認知，感情，行動を考えるうえで，環境（状況）の重要性が強調されており，社会心理学の基本的立場

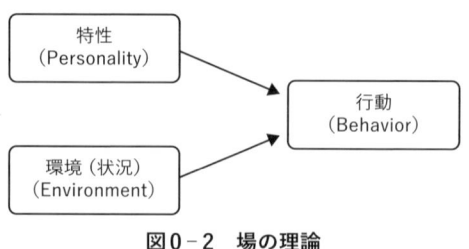

**図0-2　場の理論**

を明確にした理論であるといえる。また，場の理論での「場」は，客観的に決まるものではなく，個人がその場をどのように思うかによって決まるとされている。

　場の理論で想定されている，個人が主観的に「場」を作り出しているという考えは，**社会的認知**（social cognition）の視点に反映されている。社会的認知は，個人を情報処理する存在とみなす。情報処理とは，外から入ってくる情報を，すでにもっている知識をもとに意味づける過程である（10章参照）。社会的認知の視点では，個人が社会と関わる際の個人内での情報処理に，意識的に自覚できる過程だけでなく，自覚できない過程も含めて目を向けている。そして，情報処理に影響する，個人の意思や感情など，人間を特徴づける要素の働きを含めて理論やモデルが構築されている。社会的認知の視点は，近年，社会心理学のさまざまな研究，特に，個人内の認知過程に着目する分野に取り入れられている（10 ～ 14章参照）。

　さらに，近年の社会心理学では，文化という新たな視点も取り入れられている（4章参照）。文化とは，集団内の人たちが徐々に作り上げてきた，考え方，人間関係内での規範，社会的制度を総称したものである。文化に関する研究では，個人に内在化された文化が，個人の認知，感情，行動に影響を与える影響に関心を向けている。

## 2節　心の調べ方

### 2.1　社会心理学での研究の考え方

　社会心理学では，目に見えない心のしくみを調べるために，データを測定して研究する。本書で紹介されている理論やモデルは，研究結果に基づいて生み出されている。

　社会心理学の研究は，現象から法則を導き出そうとする研究と，導き出した法則に基づく仮説（予測）が成り立つか否かを調べる研究に分けられる。前者は探索型研究，後者は検証型研究と呼ばれる（図0-3）。いずれの研究でも，科学的に探究する姿勢

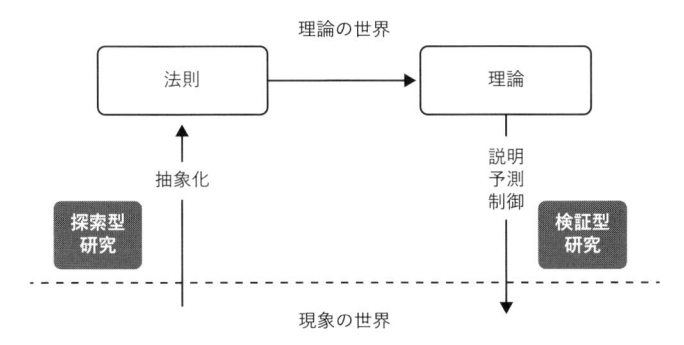

**図0‑3　社会心理学の研究の位置づけ** (菅原, 2009 より作成)

が重視される。科学的な探究では，仮説が研究によって検証できること（実証性），同じような研究では同じような結果が導き出せること（再現性），得られた結果について，誰でも同じ結論が導き出せること（客観性）が必要とされる（Searle, 1999／宮本・渡辺訳, 2005）。社会心理学に関する研究は，いわゆる「理系」の学問と同じ考え方に基づいて進められる。一度，結論が得られた研究でも，追試（実施された研究と同じ方法で，同じ結果が得られるか否かを確かめる研究）によって検証することも，結論の確からしさを確認するために重要である（コラム1参照）。

　社会心理学での研究では，形として存在しない現象や，目に見えない心のしくみを扱うため，それらを仮定する。仮定された「もの」は，**構成概念**（construct）と呼ばれる。本書で紹介される社会心理学に関する多くの用語が構成概念である。

　構成概念を扱うためには，その構成概念がどのようなものかを決める必要がある。構成概念の言葉の意味を決めることは，定義と呼ばれる。定義は，「抽象的にいえばどのような意味か」という**概念的定義**（conceptual definition）と，「実施する研究では，どのようなものとみなすか」という**操作的定義**（operational definition）に分けられる。「人は，周りに他者がいない状況では，ルールを守らない傾向があるか否か」を研究する場合でいえば，まず，概念的定義を定めるため，「ルールを守らない」ことはどのような意味であるかを決める。続いて，操作的定義を定めるため，実施する研究で，「ルールを守らない」ことをどのようなものとみなすかを，対象となる事象のデータを測定できるように決める。例えば，「ルールを守らない」を「利用自粛を要請する掲示が貼られているのにエレベーターを使用する」こととみなすならば，対象者（データの測定対象となる人）がエレベーターを使ったか否かのデータを測定することが考えられる。

　構成概念を定義し，データを測定するために，形として存在しない現象や，目に見えない心のしくみを目に見える形に変換する必要がある。社会心理学では，対象となる事柄についての質問や実際の行動が測定されることが多い。実体のないものを目に見える形に変換するのは容易ではなく，さまざまな工夫が必要となる。文化に着目する研究で，近年，異なる文化間で質問項目が同じ内容を測定しているといえるかという，**測定不変性**（measurement invariance）が問題として取り上げられるようになっていることも，測定の難しさを示す一例である。社会心理学の研究の難しさと面白さは，実体のないものを目に見える形に変換する作業にある。本書の各章で紹介されるさまざまな研究を通して，社会心理学の研究での測定の工夫を味わってもらいたい。

　なお，測定したデータは，統計学の知識に基づいて分析する。測定の対象となる事柄についての質問や実際の行動などのデータは，対象者によって異なり得るものであり，**変数**（variable）と呼ばれる。本書の各章で紹介されている研究でも広く用いられている統計的仮説検定は，条件間の変数の値の差，変数どうしの相関（一方が変化すれば他方も変化するという，互いに関わり合っているような関係）について，その差や相関が有意（偶然に得られたものではない，意味のあるものといえる）か否かを調べる方法である。本書では，「条件間で○○には差がみられた」や「××と△△には相関がみられた」などの記述は，原則として，統計的仮説検定の結果，有意であったという結果に基づいていると考えてほしい。また，統計的仮説検定を行うため，本書で紹介されている研究では，研究法に応じて，何十人から何百人と，ある程度多くの人を対象としている。分析方法の詳細は，心理統計（心理学で用いられる統計）をまとめた書籍を参照してほしい。

## 2.2　実験法と調査法

　本項では，本書の各章で紹介されている研究を深く理解できるように，社会心理学に関する研究で広く用いられている，実験法と調査法の概要を説明する。なお，実験法，調査法以外にも，面接法（研究実施者が対象者に口頭で直接質問する方法），観察法（研究実施者や第三者が対象者の行動や反応を観察する方法）も用いられることがある。詳しくは，心理学の研究法を解説した書籍を参照してほしい。

　**実験法**（experimental method）は，研究実施者が特定の状況を作り出し，原因と結果の因果関係を探る研究法である。実験法を考えるにあたって，二つの変数が重要になる。一つは，**独立変数**（independent variable）と呼ばれる，原因に関する変数である。実験法では，研究実施者がいくつかの条件（水準）を設定し，それぞれの条件を比較する。条件を設定することは，操作と呼ばれる。もう一つは，**従属変数**

（dependent variable）と呼ばれる，結果に関する変数である。操作の効果を検証するために測定する変数である。実験法は，独立変数の操作だけで従属変数に何らかの変化がみられるか否かを検証する研究法であるといえる。例えば，「人は，他者が見ていない状況では，ルールを守らない傾向があるか否か」を実験法によって検証する場合，「周りに他者がいない状況」と「周りに他者がいる状況」での対象者の行動を比較することにする。このとき，「他者の存在の有無」が独立変数，「ルールを守らない」を測定可能な形に変えたもの（例：「エレベーターの利用自粛を要請する掲示が貼られているのにエレベーターを使用するか否か」）が従属変数である。なお，研究によっては，独立変数を複数設定し，従属変数に対する独立変数の組み合わせ効果（交互作用）がみられるか否かを検証することもある。また，複数の従属変数を測定することもある。

　実験法では，従属変数に何らかの変化をもたらす要因を，独立変数「だけ」にする必要がある。独立変数以外が従属変数に影響することを避けるため，独立変数以外は条件間で同じになるよう，**統制**（control）しなければならない。独立変数以外に従属変数に影響をもたらす可能性がある変数（**剰余変数**：extraneous variable）は，できる限り統制しなければならない。例えば，対象者に対する説明の仕方などを詳細に記載した台本を用意し，全員に同じように接するといった工夫がなされる。本書の各章で紹介されている実験法による研究では，統制について極力配慮されていると考えてほしい。

　実験法による研究には，実験室実験，現場（フィールド）実験，質問紙実験といった実施方法がある。実験室実験は，一人，あるいは少人数を対象とし，実験手続きや実験状況を厳密に統制したうえで，実験室で実施する方法である。現場（フィールド）実験は，日常場面で実験を実施する方法である。質問紙実験は，対象者に，質問紙上で，条件によって内容が異なる，操作された文章，写真，イラストなどの刺激を用いて特定の場面を想像（疑似経験）させた後に，質問項目に答えさせる方法である。近年では，ウェブ上でも実施されるようになっている。

　一方，**調査法**（survey method）は，研究実施者が特定の状況を作り出さずに，対象者に言語で表現された質問項目に回答させ，対象者のありのままを測定しようとする研究法である。「Aという変数の得点が高い人ほど，Bという変数の得点が高い傾向があるのか，低い傾向があるのか，それとも高い傾向があるわけでも低い傾向があるわけでもないのか」といった，変数どうしの相関を調べる研究で用いられることが多い。実験法よりもたくさんの変数を測定することができるため，実験法ではわからないような複雑な心のしくみを探ることが可能になる。測定のために使用される質問

項目の多くは，対象となる事柄に関する程度，頻度，態度（12章参照）について尋ねるものである。例えば，「友人関係のあり方と，違反行動に対する態度」の関連を調査法によって検証する場合，対象者に，「友人関係のあり方」に関する質問項目，「違反行動に対する態度」に関する質問項目に回答するように求める。

調査法による研究は，質問を印刷した質問紙を対象者に配布して回答するように求める，質問紙法と呼ばれる方法が広く用いられてきた。近年では，インターネットが普及したことを受け，ウェブ上で回答させる，ウェブ調査と呼ばれる方法も用いられるようになっている。ウェブ調査では，ウェブ調査のモニターを有する会社のサービスを活用して，年齢や居住地がさまざまな人を対象にすることや，「ソーシャル・ネットワーキング・サービス（Social Networking Service：SNS）を利用している高齢者」といった，特定の属性の人のみを対象として調査を実施することも容易である。

## 2.3 実験法と調査法の比較

実験法と調査法を比較するため，主な長所，短所について説明する（表0-1）。

実験法の長所としては，因果関係に関する結論を得られ，対象とする心理事象が生じやすい状況を計画的に設定できる，実際の行動や反応に関するデータを収集できることが挙げられる。一方，短所としては，時間や手間がかかり，一度に多くのデータを収集できないことが挙げられる。加えて，特に実験室実験や質問紙実験では，**生態学的妥当性**（ecological validity）が低い，すなわち，データとして収集される行動や反応が現実世界でみられない可能性があることも短所の一つである。

調査法の長所としては，実験室などの特別な場所や特殊な機材を用意する必要はなく，実施が容易であることが挙げられる。また，時間や手間がかからずに多くのデー

**表0-1 実験法と調査法の主な長所，短所**（太幡，2023より作成）

| 研究法 | 主な長所 | 主な短所 |
|---|---|---|
| 実験法 | • 因果関係に関する結論を得られる<br>• 対象とする心理事象が生じやすい状況を計画的に設定できる<br>• 実際の行動や反応に関するデータを収集できる | • 時間や手間がかかり，一度に多くのデータを収集できない<br>• データとして収集される行動や反応が，現実世界ではみられない可能性がある |
| 調査法 | • 実施が容易で，同時に多くのデータを収集できる<br>• 一度にさまざまな心理事象に関するデータを収集できる<br>• 対象となる心理事象を調査対象者に経験させる必要がない | • 調査対象者が質問内容を理解できないと十分な回答が得られない<br>• 社会的望ましさの影響で調査対象者の回答が歪められる可能性がある<br>• 調査対象者が努力を最小限化しやすい<br>• 因果関係を直接検討することができない |

タを収集できることや，同時にたくさんの変数を測定できることも挙げられる。一方，短所としては，まず，一般的に「こうあるべき」という規範がある事柄については，社会的に望ましいと考えられる，規範に沿った回答が得られやすくなることが挙げられる。例えば，「ルールを守らない」ことは社会的望ましさが低いため，対象者に過去にルールを守らなかった経験の頻度を尋ねると，実際よりも少なく回答される可能性がある。加えて，**努力の最小限化**（satisfice；三浦・小林, 2015）と呼ばれる，対象者が質問項目について十分に考えずに回答してしまうという問題が生じやすいという短所や，変数どうしの相関関係は明らかにできるものの，原因と結果に関する因果関係を明確にすることができないという短所も挙げられる。

　実験法と調査法の対比からわかるように，どちらにも長所と短所がある。面接法，観察法も含め，全ての点で優れた研究法はないため，何を調べたいかによって適した研究法を選択する必要がある。

## 2.4　研究実施上の注意点

　社会心理学に限らず，心理学の研究を実施するにあたり，注意すべき事柄がいくつかある。ここでは主な事柄として二つ説明する。本書の各章で紹介されている研究でも，以下の注意点について十分に配慮されていると考えてほしい。

　一つは，研究実施者が，対象者の行動や回答を歪めないように配慮することである。具体的には，**実験者効果**（experimenter effect）と呼ばれる，研究実施者が仮説や予測を支持する結果が得られるように無意識的に振る舞うことで対象者の行動や回答に影響を与えることを避けなければならない。また，**要求特性**（demand characteristics）と呼ばれる，対象者が状況の影響を受けて，実験者の望む特定の行動や反応をするようになることも避ける必要がある。実験者効果や要求特性は，特に実験法による研究で問題になることが多い。そこで，対象者を条件に割り当てる際に，無作為に（研究実施者の意図が入らないように），偶然に任せて割り当てるようにしている。また，十分に統制した状況を作ることに加え，**カバー・ストーリー**（cover story）と呼ばれる，表向きの研究内容を伝えることもある。

　もう一つは，研究によって生じる倫理的な問題に十分に配慮することである。対象者に与える苦痛や不快感などの心理的負担を最小限に抑える工夫が必要である。問題のある研究例として，1970年代に行われた，刑務所に似せた施設で対象者を囚人と看守の役に割り当てて生活させた，ジンバルドー（Zimbardo, P. G）らの研究グループによるスタンフォード監獄実験（Haney, Banks, & Zimbardo, 1973; Zimbardo, 2007）を紹介する。この実験は，人は与えられた役割に沿って行動するようになることを調

べるため，2週間の予定で実施された。しかし，看守役の攻撃的な言動によって，囚人役の多くが心の問題を訴えて，6日目で中止になった。この研究の問題点として，囚人役だけでなく，攻撃的な言動を強いられた看守役にも心理的負担が大きかったことが挙げられる。このような極端な例はもちろん，対象者の心理的負担を最小限に抑える工夫が必要とされる。例えば，個人情報に関わる質問は必要な場合のみ，最小限にとどめる。また，実施前に対象者に研究内容を説明し，事前に同意を得てから研究に参加してもらう。しかし，研究の目的を対象者に伝えると研究自体が成立しない場合には，カバー・ストーリーを使用せざるを得ないときもある。カバー・ストーリーを使用したときは，対象者に，研究実施後に研究の目的についての「種明かし」，すなわち**ディブリーフィング**（debriefing）をし，対象者の心理的負担を取り除くことが求められる。

## コラム1　再現性問題

「再現性が確認できた研究は100件中39件，全体の39％だった」。

　これは，社会心理学を含む，心理学の主要な学術雑誌に掲載された100本の論文の研究を対象に，追試を実施した結果をまとめた結論である（Open Science Collaboration, 2015）。追試では実施された研究と同様の結果が得られないという**再現性問題**（再現性の危機：replicability crisis）は，近年，科学的方法に基づく研究を実施するさまざまな領域で指摘されている。心理学でも再現性問題の解決方法が模索されている（平石・中村, 2021）。

　再現性が低くなる場合として，渡邊（2016）は，以下の二つを挙げている。一つは，**問題のある研究実践**（QRPs：Questionable Research Practices；池田・平石，2016）に関する，研究方法や分析方法に問題がある場合である。例えば，収集したデータのうち，一部のデータのみを選んで結果を発表することは，QRPsにあたる。もう一つは，研究方法や分析方法に問題はないのに生じる場合である。実施者が認識していない変数（潜在変数）の影響が先行研究と追試研究で異なる場合や，現象自体の生起確率が低い場合が該当する。この二つの場合のいずれが原因なのかを区別することは難しいものの，先行研究の結果が再現できなければ，その結果は確からしさが低いことになる。

　再現性問題に向き合うには，研究者自身がQRPsにあたる研究方法や分析方法の問題を排除した研究を実施することを前提として，対象とする現象の性質や，現象の生起に影響する可能性のある要素を踏まえて研究結果を評価する必要がある（渡邊, 2016）。社会心理学の研究は，扱う現象が複雑であり，現象の生起に関わる要素を網羅するのは困難なことから，再現性が低くなりやすいといえる。社会心理学の研究を理解するにあたっては，追試によって先行研究の再現性を確認することは社会心理学の科学的価値を高めていくために重要であることを念頭に置きつつ，研究で扱われている現象自体が重要な社会問題と関わるものも含まれることを考慮する必要があるだろう。

　ある研究と同様の結果が他の研究でもみられるか否かを確認する重要性は，近年，**メタ分析**（meta-analysis：複数の研究結果を統合して再分析したもの）を取り入れた研究が増えていることにも反映されている。例えば，本章で取り上げた，「他の人が見ている状況」が行動に与える影響に関するメタ分析では，他者の目の刺激があると，反社会的行動は低減する（Dear et al., 2019）ものの，寄付行動といった向社会的行動は増加するわけではない（Northover et al., 2017）ことが報告されている。

# I
# 集団とまじわる

# 1章　集団内のパフォーマンス

　**集団力学**（group dynamics）では，「集団の中にいる人々の行動や思考が互いに影響を受け，また，集団に対しても影響を与える」という点に関心をもち，さまざまな集団を対象にして，集団活動（例：集団の生産性や集団の意思決定，リーダーシップなど）を研究している。本章では，集団メンバーが互いに働きかけて影響を及ぼすことによって，目標に向かって成果を上げる集団について紹介する。また，集団力学の観点に立って，集団の中にいる個人のパフォーマンスに影響を与える社会的促進，社会的抑制，社会的手抜き，リーダーシップについて説明していく。

## 1節　集団とは

### 1.1　集団・集団規範

　**集団**（group）とは，多くの人々からなるまとまりのことである。例えば，集団下校や集団生活など，ある目的をもって集まった人々がコミュニケーションを行ったり課題をしたりするまとまりである。「駅のホームで電車を待っている人々」や「同じ飛行機に乗り合わせた人々」のように，不特定多数の人々が時間的，空間的に接近して同時に存在している場合は群衆と呼び，集団とは区別される。集団には，集団メンバーが互いに働きかけて影響を及ぼすことによって，目標に向かって成果を上げるという特徴がある。フォーマルな集団（例：学校，会社など）からインフォーマルな集団（例：家族，友人，恋人など）まで，集団メンバーの互いの働きかけによって集団は形成される。フォーマルな集団では，達成すべき目標と職務や役割などが組織によって明確に定められている。一方で，インフォーマルな集団は，個人的な人間関係に基づいているため，インフォーマルな交流の中で共通の利害や関心が形成される。また，インフォーマルな集団における人間関係や交流は，フォーマルな集団における行動や役割に影響を及ぼすこともある。例えば，家族というインフォーマルな集団の

中で，子どもが産まれたという喜ばしい出来事を経験すると，その喜びが波及してフォーマルな集団である会社での仕事の成果を通常よりも多く上げることができるといったことである。

　また，集団には，**集団規範**（group norm）という行動の規範も存在する（Levine, 1989; Schachter, 1951）。**規範**（norm）とは，行動や価値，判断の基準のことであり，他者と共有されている暗黙のルールである。規範には，交通規則や校則のように明確に文章として記載されたものもあるが，集団内での暗黙の了解のように文章として記載されていない規範もある。規範を破る人に対する周りの反応にも，忠告や処罰といった明確に示されたものもあれば，周囲からのコミュニケーションや働きかけが減少したり，無視されたりといった直接的にはっきりと示すのではなくそれとなくわかるように示すものもある。この規範は，社会問題にも影響を与えており，集団のメンバーのもっている反社会性を増やす原因の一つとして挙げられている（大渕, 2001）。「仲間を裏切ってはいけない」「大人に秘密を漏らさない」などの仲間に対する忠誠を守らなければならない規範が生まれると，集団はこれを破る者を仲間外れにしたり罰を与えたりする。そうすると，規範は集団メンバーの行動を規制し，結果として「集団凝集性」を強め，非行集団となり社会問題へと発展していく。では，集団凝集性とは何であろうか。

## 1.2　集団凝集性・役割

　**集団凝集性**（group cohesiveness）とは，集団のメンバーを集団に惹きつけて留まらせるように働く力のことである（Festinger et al., 1950）。集団凝集性の高い集団のメンバーは，目標に向かって互いに協力し合う傾向が強く，集団での課題の実施でもプラスに働くことが多い。リーダーの指示も通りやすく，メンバーどうしの関係性も強い。自分自身を集団の一員とみなす集団同一視の傾向も強くなり，他の集団よりも自分の集団に対して「ひいき」する傾向も顕著になる（Karasawa, 1988）。例えば，高校野球の部員を対象とした研究では，集団凝集性を示す集団の親密さ，まとまり，誇りが，試合前の落ち着き，試合中の流れ，終盤の粘り強さに影響を与えることがわかっている（尼崎・清水, 2008）。つまり，普段の練習から部員どうしにチームとしての統制感を築かせることや，部員どうしの親密さが落ち着いて試合に臨めさせていること，部活に対する価値や誇りが試合終盤の粘り強さに影響することなどが明らかになっている。

　このような集団では，異なる地位や役割をもつメンバーの間で効率良く情報交換を行う必要がある。一般に，簡単な課題においては，車輪型（図1-1）のように集団の

図1-1 さまざまな構造

メンバーの一人に情報を集中したほうが高い生産性をうむ（Shaw, 1954）。メンバーのもつ情報量は集団内の地位とも関連するため，このような構造で中心に位置する人物は，他のメンバーに対する影響力も大きくなる。例えば，大学のサークル活動でのリーダーなどは車輪型の交流により，仲間とコミュニケーションをとっている。リーダーが情報を把握し，その情報をそれぞれのメンバーに伝達することにより，集団を運営している。しかし，リーダーとメンバーの間に上下関係ができるため，下になったメンバーは不満をもつこともある。課題が複雑になると全てのメンバーが同じ情報をもつことが集団の生産性においても満足度においても重要になるため，鎖型や円環型（図1-1）のような交流が適することになる。鎖型は，それぞれが情報をもっており全ての仲間どうしで交流が行われているわけではないが，政治家の派閥のように集団としての凝集性は高くなる。円環型は，それぞれが情報をもっており全ての仲間どうしで交流が行われる。全てのメンバーが同じ立ち位置にいるため，上下関係はないが集団での作業は滞りやすい。また，鎖型や円環型のそれぞれにおいて，情報伝達に時間がかかるという問題もある。そのため，課題の性質や集団の特質に合わせてそれぞれの特徴を生かした仲間どうしでの交流が必要となる。ただし，各構造が一つの集団構造の全貌を表しているわけではないことに注意する必要がある。

　さらに，ある地位を占める人がとるべき行動として周囲から期待される役である**役割**（role）も集団では重要なキーワードである。役割が分化することによって，集団の目標の達成のために各メンバーの貢献が効率良く組織化され，集団の機能も安定する（Bales & Cohen, 1979）。役割の内容が明確になっていれば，仮にあるメンバーが集団を離れることがあったとしても，同じ役割を果たす能力をもった別の人への置き換えがスムーズに行える。逆をいうと，役割を補充するための人員が確保できない集団は，集団が形成されてから現在までに役割の内容を集団内で明確にできなかったことになるため，集団の安定性が欠けているということになる。また，集団内での役割は，メンバーにとって単に行動の基準となるだけではなく，精神的健康に影響する要

因になることがある。例えば，ある集団で司会という役割が与えられ，司会をすることにより集団内のコミュニケーションが円滑になり，良いアイデアが生まれ，集団のメンバーから賞賛が与えられたとする。そうすると，自分がその集団で役に立っていると思うことができ，集団の中での自分の位置づけが明確になり，安心感を得ることができる。その結果，集団は自分にとってポジティブな存在となり，今後も集団内での役割を全うし，集団の目標を達成するといった集団への貢献も高まる。つまり，役割は，単なる行動の基準ではなく，モチベーションにも影響を与え，役割を与えられたメンバーは，さらに集団のために貢献する。では，人は，一人よりも集団のほうが目標を達成できるのか。

## 2節　社会的促進と社会的抑制

### 2.1　社会的促進と社会的抑制とは

　何らかの作業をする際，一人で作業をするよりも他の人と一緒に作業をするほうが効率や成績が良くなることがある。例えば，海岸でゴミ拾いをするときに，広大な海岸に途方に暮れることもあるが，友人と一緒にすることで，友人と目標を決めたり，楽しく喋りながらゴミ拾いをすることができるため，途中で諦めず最後までゴミ拾いを行うことができる。これを**社会的促進**（social facilitation）という（Allport, 1920）。社会的促進とは，他者の単なる存在，あるいは一緒に作業をする人や観察者（評価者）の存在によって，行為者の課題遂行の成績が向上することを示す。この社会的促進は，個人と観察者との関わりやコミュニケーションがない場合でも生じる。例えば，目隠しと耳栓をした状態でも，誰かが見ていると知らされた場合には，ただキーボードを押すような単純な課題でも参加者の成績が向上する。トリプレット（Triplett, 1898）は，自転車競技の練習を観察していた際に，選手たちがオートバイと競争しているときが最も早く，一人で練習しているときが最も遅いことに気がついた。これを検証するために子どもたちにリールを巻く作業を行わせた結果，一人で実施するよりも他の子どもと一緒に実施するときのほうがリールを巻く作業が早いことがわかった（Triplett, 1898）。

　しかし，その後の研究では，簡単な課題の遂行は他者の存在によって促進されるが，難しい課題を遂行する場合は，他者の存在によって阻害されることも明らかとなった。例えば，簡単な迷路と難しい迷路を行う実験において，参加者は迷路を1人で行う場合と3人で行う場合に分けられると，簡単な迷路では，3人のほうが遂行が促進され

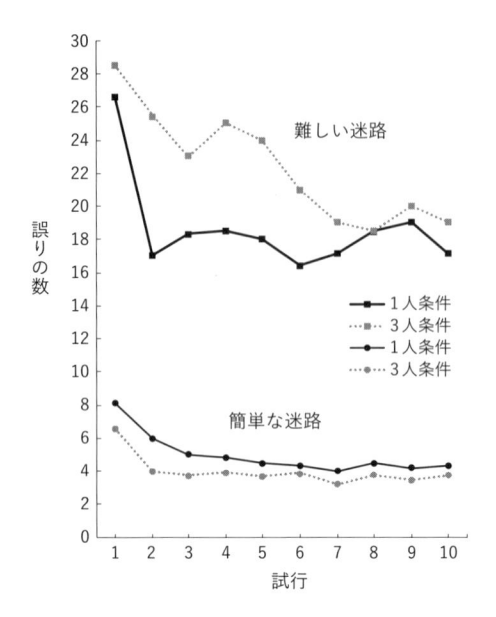

**図1-2　迷路課題における社会的促進と社会的抑制**

（誤りが少なくゴールにたどり着く：社会的促進），難しい迷路では3人のほうが遂行が抑制された（誤りが多くゴールにたどり着く：社会的抑制）（Hunt & Hillery, 1973：図1-2）。このように，他者が周囲に存在することによって，本来ならできるはずの課題が達成できなかったり，課題の達成頻度を低下させたりすることがある。この現象を**社会的抑制**（social inhibition）という（Allport, 1920）。

　マッカーティら（McCarty & Karau, 2017）は，援助行動における**情動表出**も社会的抑制の影響により抑制されると示している。情動表出では，一人の状況に比べて周囲に他者がいると，痛みや困惑の表情，笑いが少なくなることがわかっている。原因としては，人前ではきちんとしているべきであるという社会的学習や，他者からどのように評価されるかを気にするという評価懸念があると考えられている。つまり，ある状況に一人でいる場合に比べて，他者が周囲に存在することによって，行動が期待されているか曖昧な状況においては，ある行動を実行する能力が自分にあるとは思わず，行動が抑制されやすくなるのである。例えば，周囲にも候補者がたくさんいるのに自分がリレーの選手に選ばれたときに，なぜ自分が選ばれたのかわからない状況では，自分には優勝できるぐらいの足の速さはないと思ってしまい，普段よりも足が遅くなってしまう。また，先生から足が速いことを評価されていると考えると試合で足

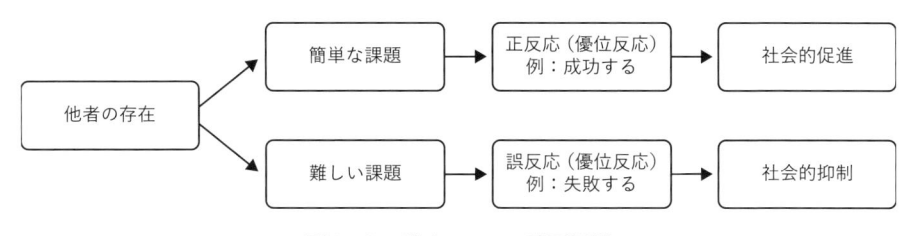

**図1-3　ザイアンスの動因仮説**

が遅くなってしまうように，他者から自分の行動が評価されていると思う場合にも，行動が抑制されやすくなる。

　社会的促進と社会的抑制を説明するために，ザイアンス（Zajonc, 1965）は**動因仮説**を提案し，他者の存在によって，よく行われている行動が出現しやすくなることを指摘した。これを課題遂行に当てはめると，他者の存在によって経験のない難しい課題では誤りを犯すことが，また経験のある簡単な課題ではうまく遂行することがわかっている。すなわち，他者が共行動者（co-actor）であれ，作業を観察するだけの観衆（audience）であれ，単にそこにいるだけの存在（mere presence）であれ，①他者の存在は一般的に行動の活性化の原因になる。②個人の行動レパートリーの**優位反応**（dominant response：それまでの経験によって十分学習され習得された反応であり，十分学習されていない反応よりも勝る反応）をよく引き起こす。③したがって，簡単な課題では優位反応が正反応のため社会的促進が起こり，難しい課題では優位反応が誤反応のため社会的抑制が起こる（図1-3）。

　ただし，他者がそばにいるという他者の存在だけで社会的促進や社会的抑制が引き起こされるのか，他者からの評価を気にかける評価懸念などにより社会的促進や社会的抑制が引き起こされるのかについては見解が分かれている。しかし，生理的覚醒（生理的・身体的変化〔自律神経系反応〕を生じさせること）といった低次のレベルの過程が集団行動の基礎にあることは示されている。生理的覚醒について大平・丹治（1992）は，皮膚電位反応[1]を測定し，社会的促進状況における生理的効果を検討した。具体的に，社会的促進において一般的に影響を与える要因とみなされている他者の存在と評価懸念（課題遂行が他者から評価されることへの不安）を取り上げて，これらの要因が生理的覚醒を上昇させ，課題の遂行量を増やすという仮説を検証した。検証

---

[1] 不安などの感情と関連している汗腺活動から測定される皮膚の電気現象のことで，主に手のひらに計測器を装着して測定される。自律神経系の変化を表すものとして知られており，覚醒の測定などに用いられている。

の結果，他者の存在と評価懸念は皮膚電位反応に影響を与えた。特に，他者が存在する場合でも，個人の成績が問われない共同作業の条件では皮膚電位反応の頻度は増加せず，成績が個人ごとに問われ他者との比較が問題になる独立条件では顕著な増加がみられた。これらの結果は，ザイアンスの動因仮説が予測する他者の存在と評価懸念が生理的覚醒を高めることを示している。

## 2.2　社会的促進と社会的抑制の違い

　他者の存在は当事者のパーソナリティ特性によって異なる影響を与える。物事をポジティブに捉える人は，自分の行為に自信をもっているため，他者の目がある集団の中に積極的に飛び込み，新しいことに挑戦することを好む。それに対して，物事をネガティブに捉える人は，自分が置かれている社会的状況をとても気にするため，他者の存在は行動を抑制し，心理的脅威になる。他者の存在は，ポジティブ志向の人の場合は社会的促進，ネガティブ志向の人の場合は社会的抑制として影響が与えられる（Uziel, 2007）。

　マッカーティら（McCarty & Karau, 2017）は，社会的促進と社会的抑制には二つの点で異なっていると示す。第一に，社会的促進では，課題に焦点が当てられているが，社会的抑制においては，課題というよりも食べる，歌う，他者を助ける，感情表出するなど一般的な行動に影響がある。第二に，社会的促進では，他者の存在によって習熟された行動が増加することに焦点が当てられるのに対し，社会的抑制は，単独のときには実施できていた行動が他者の存在によって抑制されることに焦点が当てられている。社会的抑制では，社会的促進とは逆方向に生じる行動を扱っており，社会的抑制のほうがより広い状況で確認される現象を対象にしている。このように社会的抑制においては，周囲に他者が存在することによって，単独の場合では発現されていた行動が抑制されることを対象にしている。

## 3節　社会的手抜き

　社会的促進や社会的抑制は，他者の存在が個人のパフォーマンスに与える影響であるが，他者も集団の一員として同じ作業に取り組み，かつ集団全体でアウトプットが評価される状況ではまったく別の現象が起こる。その現象を説明する概念を**社会的手抜き**（social loafing）という。社会的手抜きとは，複数の個人が同じ課題を行い，（各個人の業績は評価されずに）集団全体の業績が評価されるような課題において，課題

を実施する人数が増えるにしたがって一人当たりの課題の実施量が低下することである。つまり，集団で課題を行うと，個人の頑張りはあまり評価されないため（貢献度が不明のため），人々はやる気を無くし，課題の実施量が減る。また，集団で課題を行っている場合には，個人に対する注目が低下するため，他人からの評価懸念も低下する。その結果，社会的手抜きが生じる。例えば，綱引きや合唱，クラスでの掃除など，チームやある特定の集団で取り組む課題などが挙げられる。貢献度が不明なこと，評価懸念が低下すること，その他にも性差や文化差があることが社会的手抜きの要因になる。ただし，新商品の開発のように新しいアイデアを生み出すことが要求される課題では，人数が増えても手抜きが起こらない。つまり，課題が集団やそのメンバーにとって重要であったり，魅力的であったりする場合には，集団のほうが遂行レベルが高くなる。

　社会的手抜きは，女性よりも男性において，東洋よりも西洋において，複雑な課題よりも単純な課題において多いことがわかっている。この現象を最初に発見したのは，19世紀のフランス人農学者のリンゲルマンである（Ringelmannm, 1913）。リンゲルマンは，5人に一斉にロープを引かせ，その強さを測定した。ロープを引いた強さは理論上求められる個人の最大値の合計よりも小さな値になり，人数が増えれば増えるほど一人当たりの力が弱くなることがわかった。原因は二つある。一つめは，集団で作業をしていると集団としての目標が明らかにならず，結果として最大限の力を発揮しないという動機的損失である。二つめは，集団で作業をするときに個々の力が十分に発揮できずに集団の能力が低下するという調整損失である。これらの効果は，**リンゲルマン効果**と呼ばれる（Kravitz & Martin, 1986）。また，ラタネら（Latané, Williams, & Harkins, 1979：図1-4）の集団実験も有名である。この実験では，実験参加者が5秒間，一人で応援する条件と拍手する条件，集団で応援する条件と拍手する条件に分けられる。実験の結果，集団よりも一人で応援したり拍手したりするほうが一人当たりの音圧が大きくなることが示された。集団では個人評価に対する懸念が低下し，誰が手を抜いたかがわからなくなるため，責任の分散が大きくなり，一人のときよりも応援しなくなったり拍手しなくなったりといった社会的手抜きが生じやすくなる。

　さらに，自分が手を抜いた部分を他の集団メンバーに補わせて，自分は少なく働くことを**ただ乗り**（free rider）という。ただ乗りは，自分の貢献が不可欠なものではないと考えたときに生じやすく，逆に集団の成功に自分が中心的な役割を果たしていると考えているときには生じにくい（Kerr & Bruun, 1983）。社会的手抜きには，消去する方法も検討されており，小窪（1996）によると，集団作業条件における個々のメンバーのパフォーマンスの違いを明らかにすることや，個々人の貢献の必要性を高める

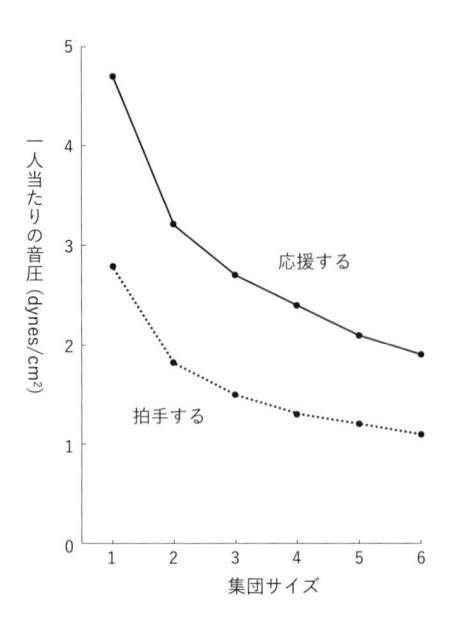

**図1-4　社会的手抜きと集団サイズ**

ことによりただ乗りを無くすこと，課題内容への個人の関与度合いを高めることなど
が提案されている。

　社会的手抜きは現実場面において望ましいといえないことから，六つの防止策が提
案されている（今井，2018）。一つめは，課題遂行量の違いの可視化である。各行為者
の業績の違いを目に見える状態にしていないことが社会的手抜きの大きな原因である
と考えられるため，行為者間の業績評価の違いを目視できる状態にする。課題によっ
ては，あらかじめ課題を行う範囲を行為者間で分担し，割り当てられた課題について，
各行為者に責任をもたせることも必要になる。二つめは，行為者に課題の意味づけや
課題を遂行する意味を理解させることである。意味のない課題を集団で行うと社会的
手抜きが生じやすいため，課題が行為者にとって意味のあるものになるようにする。
簡単な課題は意味が見いだしにくくなるため，その課題を遂行することが将来的に行
為者の能力，スキルとどのように結びつく可能性が高いのかを説明する。三つめは，
課題の遂行目標を明らかにすることである。求められる遂行量を提示しながら具体的
な数値を示したほうが社会的手抜きは生じにくくなる。四つめは，集団メンバー間の
人間関係である。今後も人間関係が維持されることが期待されれば，手抜きが少なく
なる。五つめは，他メンバーへの依存を防ぐことである。集団場面において，特に一

生懸命努力しているメンバーを認識すると，自分が努力しなくても目標を達成できると認識されやすく，他メンバー任せになりやすくなる。その結果として，目標達成が困難になる。集団内に怠けているメンバーを認識すると自分が頑張らなければ目標を達成できなくなると判断した行為者が，他メンバー分も努力するようになる社会的補償効果（Williams & Karau, 1991）が生じるとこのような状況に陥りやすい。メンバー全員が一様に能力を発揮することが必要である。六つめは，行為者の努力の必要性である。全行為者の努力が目標達成のために必要であると明示することによって，一人でも手を抜くと目標が達成できなくなってしまうことを強調する。

## 4節　リーダーシップ

### 4.1　社会的勢力

　社会的手抜きが起きないようにするには，集団のまとめ役やつなぎ役，あるいは監視役が必要となる。すなわち，集団を統率する**リーダー**が不可欠となる。集団が発達し，集団のメンバーが集団の目標を明確に意識するようになると，メンバー間に役割が与えられ，集団は組織化されるようになる。そうした役割において最も重要なのはリーダーの存在である。

　フレンチら（French & Raven, 1959）は，リーダーが及ぼす影響力を社会的勢力（ある人物や組織が他者の行動を左右する力のこと）の概念で説明し，六つの類型に分類した。報酬を与えることによって他者に影響を及ぼす**報酬勢力**（**賞勢力**）は，例えば，お金が欲しい学生が，給料をもらうためにアルバイト先の店長の言うことを聞くことである。懲罰を与えることによって他者に影響を及ぼす**強制勢力**（**罰勢力**）は，例えば，相手を脅すこと（あるいは相手を褒めること）によって，相手に言うことを聞かせることである。要請や指示が権限やルールに基づく正当なものであることに基づいて他者に影響を及ぼす**正当勢力**は，例えば，大学の教員が卒業のために必要な卒業論文の提出を学生に求め，学生が従うことである。影響の受け手側が影響を及ぼす側を自己の模範として同一視し，その指示や要請に対して敬意をもって受け入れるような形で影響を及ぼす**準拠勢力**は，例えば，好きな芸能人がおすすめする商品を購入するファンのことである。重要な情報や特殊な知識，専門的技能に精通していることによって他者に影響を及ぼす**専門勢力**は，例えば，心に問題を抱えているクライエントがカウンセラーのアドバイスを聞くことである。最後に，選択肢そのものがもつ情報を拠り所にする**情報勢力**は，例えば，社会心理学に詳しい専門家がその情報を

駆使してある選択肢を説明し，その選択肢を相手に選ばせることである。

　それぞれを行使するには，その基盤となるリソースをもっている必要がある。報酬勢力や強制勢力には，具体的に報酬や懲罰を与える権限や能力の後ろ盾が必要である。また，正当勢力には，明確なルールや理論性が基盤として必要であるし，専門勢力や情報勢力には，専門的で価値の高い知識や情報を保持していることが必要となる。これらに対して，準拠勢力は，影響の受け手からの信頼や尊敬，同一視によって生まれる影響力が必要であり，人間的な魅力が基盤となる点が特徴である。しかし，強制勢力や報酬勢力の行使は，即座に相手を動かす効果がある一方で，繰り返し行使しようとすると，以前よりも一層強力な懲罰や報酬を与える必要が出てくる。例えば，良い成績を取ったら1,000円あげると伝えて，相手に良い成績を取得するように促すが，時間が経過するにつれて1万円など高額な報酬を与えないと良い成績を取得しなくなることである。また，懲罰や報酬を与える力が失われると，同時に効果も失われる。さらに，懲罰に依存した勢力を用いると，相手が抵抗を示し，本来の意図とは異なる反応を引き起こすこともあり得る。支配者に対して反旗をひるがえす国民などがまさに該当する。正当勢力や専門勢力に関しても，その後ろ盾となる職位やルール，情報の価値が失われた途端に勢力は失われる。つまり，勢力を行使する際には，意図とは異なる副作用的反応を引き起こすことがあることに注意する必要がある。

　社会的勢力は身近な人間関係に応用されている。家族のシステムや構造を理解するために，青年期の親子関係を社会的勢力の観点から検討した野口・若島（2007）の研究では，親に対する準拠勢力と専門勢力が高まり，両親の関係を良いと感じることで，親子間のポジティブなコミュニケーションが高まることを明らかにしている。また，親に対する報酬勢力と強制勢力が高まり，両親の関係を悪いと感じることで親子間のネガティブなコミュニケーションが高まることも示している。いずれの社会的勢力においても，親子間のコミュニケーションが家族の関係形成に影響を与えており，社会的勢力は身近な他者との関係性においても応用できる概念となっている。

## 4.2　リーダーシップとは

　**リーダーシップ**とは，リーダーが集団目標の達成に向けた活動に影響を与える過程を示す（Stogdill, 1974）。集団目標の達成を促進したとき，リーダーシップが発揮されたことになる。その際，メンバー間にリーダーの指示や命令，要請には従うべきだという暗黙の合意が働いて，リーダーの勢力が機能する**特異性効果**（idiosyncratic effect）がみられる。個人や集団に影響を及ぼすときにリーダーが用いる行動スタイルをリーダーシップ・スタイルという。また，リーダーの役割に懲罰や報酬，情報保

持など一定の権限が付与される場合もある。集団目標の達成のために権限を適切に行使することが効果的にリーダーシップを発揮することにつながる。

## 4.3　リーダーシップ理論

　リーダーシップ研究にはさまざまな理論やモデルがある。例えば，三隅（1966）の**PM理論**（PM theory）では，P機能（Performance：目標達成機能）とM機能（Maintenance：集団維持機能）のそれぞれをどの程度備えているかによって，リーダーの行動を4タイプ（PM型，Pm型，pM型，pm型）に類型化し（図1-5），各タイプのリーダーシップが組織の業績やメンバーにどのような影響を及ぼすかを検討している。

　P機能とは，集団の目標達成の働きを促進し，強化する機能である。目標や計画立案，指示などにより集団の成績や生産性を高める。M機能とは，集団メンバーの人間関係を良好に保つことで，チームの維持・強化を高める機能である。これらの特徴をもつPM型は，Pm型，pM型，pm型よりも優れたタイプとなる。PM型は，目標達成も促進し，集団の維持・強化も高めることができる理想的なリーダーといえる。Pm型は，目標達成の行動には長けている反面，集団の維持・強化が苦手なため，チームメンバーのモチベーションやパフォーマンスを低下させる恐れがある。pM型は，集団の維持・強化には優れているが，目標達成の行動は難しくなるため，チームメンバーは良好な関係を保てるが，チームメンバー個々の能力を発揮させることができず，成果を上げにくい特徴がある。pm型は，集団の目標も達成することができず，集団の維持・強化も難しいタイプである。以上から，PM型が最も効果的なリーダーシップであること，pm型が最低のリーダーシップであることが明らかにされている（三隅，1978）。このようにPM理論は，リーダーシップを発揮するうえで有効な行動に着

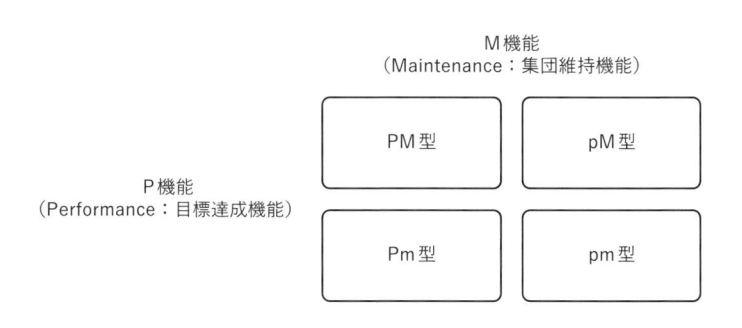

**図1-5　PM理論によるリーダーシップの4類型**

目した理論といえる。

　しかし，優れたリーダーがいたとしても環境に応じて適切にリーダーシップを発揮できるようなリーダーでなければ頼ることはできない。そこで，組織の置かれた状況に応じて的確に対応するリーダーシップを提案したのが**コンティンジェンシー・モデル**（contingency model）である。リーダーが組織をコントロールしやすい状況（リーダーとチームメンバーの間に有効な人間関係が築かれ，目標およびその達成の手順が明確であり，リーダーが権限を有しているような状況）で，目標達成を重要視するのか，集団の維持・強化を重要視するのかは，集団の置かれた環境によって異なるというモデルである（Fiedler, 1967）。リーダーシップ・スタイルの指標として，リーダー自身の最も苦手とする同僚（Least Preferred Co-worker）に対する評価であるLPC得点が用いられる。この得点は，リーダーのパーソナリティや価値観を示すものとされており，高いLPC得点をもつリーダーは人間関係を重視し，低いLPC得点をもつリーダーは目標達成を重視するとされている。この得点によって，リーダーがどのような状況で最も効果的であるかが判断され，適切なリーダーシップスタイルが選択される。コンティンジェンシー・モデルは，LPC得点を用いていることからLPCモデルとも呼ばれる。

　ただし，環境に応じて適切なリーダーシップを発揮できるリーダーがいたとしても，チームメンバーが優れていなければ集団の目標達成や集団の維持・強化は難しい。コンティンジェンシー・モデルを深く掘り下げてチームメンバーの成熟度に着目した理論が**SL理論**（Situational Leadership theory）である。SL理論は，チームメンバーの成熟度に応じて4段階（教示型リーダーシップ，説得型リーダーシップ，参加型リーダーシップ，委任型リーダーシップ）に分類され（図1-6），それぞれの段階で効果的なリーダーシップが示されている（Hersey & Blanchard, 1977）。教示型リーダーシップは，チームメンバーの成熟度が最も低いため，リーダーがチームメンバーに具体的な指示と指導を行い，細かく監督する。説得型リーダーシップは，チームメンバーの成熟度が二番目に低いため，リーダーがメンバーに論理的に情報を伝えて説明し，疑問に答える。参加型リーダーシップは，チームメンバーの成熟度が三番目に低いため，チームメンバーが考えをまとめて意思決定や問題解決に取り組めるように協力する。委任型リーダーシップは，チームメンバーの成熟度が最も高いため，チームメンバーに権限や責任を委任し，課題の遂行を任せる。リーダーは，チームメンバーの成熟度を判断し，成熟度に応じたリーダーシップ（型）を選択し，現在すべきこと，取るべきリーダーシップ・スタイルなどについてチームメンバーと協議し，リーダーとしての役割を果たしていく。

メンバーの成熟度高い

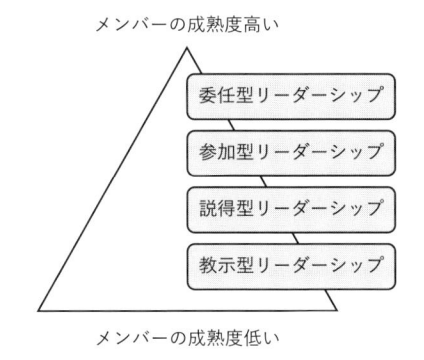

メンバーの成熟度低い

**図1-6　SL理論の4段階のリーダーシップ**

　しかしながら，チームメンバーが成熟しており，集団の置かれた状況に適応できる優れたリーダーシップを行えるリーダーがいる集団だとしても，そもそもリーダーが目標までのプロセスを適切に把握し，指揮できなければ良いリーダーシップを発揮することはできない。そこで，チームメンバーが目標達成に到達するためにどのようなプロセスをたどればよいかをリーダーが把握し，有効な働きかけをすることを目標とした**パス・ゴール理論**（path-goal theory）が提案された（House, 1971; House & Dessler, 1974）。この理論は，リーダーシップ・スタイルを指示型，支援型，参加型，達成志向型の4種に類型化したうえで，集団の置かれた状況やチームメンバーの特性に応じて異なるリーダーシップが必要になると提案する。指示型では，与えられた課題を達成する方法やプロセスをリーダーが具体的に示し，支援型では，リーダーが部下の状態に気遣い，配慮を示す。参加型では，リーダーが決定を下す前に部下に意見を求め活用し，達成志向型では，リーダーが高い目標を示し，部下に努力を求める。つまり，パス・ゴール理論においてリーダーに求められるのは，メンバーが目標（ゴール）を達成するために通るべき道筋（パス）を適切に示すことである。例えば，単純なルーティン・ワークの多い職場では，チームメンバーの感情に配慮し気遣いを見せるような支援型のリーダーシップが有効であり，非定型的な業務（突発的に仕事を任される）の場合には，仕事の進め方を明確に示すような指示型のリーダーシップが有効になる。

　これまでリーダーやチームメンバーに着目してきたが，近年では，リーダーやチームメンバーが所属する組織にも注目が集まっている。コッター（Kotter, 1990）は，変革しなければ企業は生き残れないことに注目し，組織変革のための八つのプロセスを提案した。コッターは，組織変革のプロセスを8段階（①組織変革は緊急課題であ

るという認識の徹底，②強力な組織変革推進チームの結成，③組織変革のビジョンの策定，④組織変革のビジョンの伝達，⑤組織変革のビジョンに向けた人々の行動への支援，⑥短期間で成果を上げるための計画策定，⑦改善事項の定着とさらなる変革の推進，⑧新たなアプローチの制度化）に整理し，それぞれの局面でリーダーが人々を的確に主導することの重要性を指摘している。

　以上のようにリーダーシップ理論にはさまざまな立場があるが，時代の変遷とともにその様態は変化してきた。1980年代は，集団ないし組織の変革を視野に入れたリーダーシップのあり方が注目され，近年では，リーダーが組織や集団のためならば自分の犠牲もいとわないという**自己犠牲的リーダーシップ**が注目されている（淵上, 2009）。自己犠牲的リーダーシップは，他者の権利や幸福を中心に据えるという意味で，リーダー個人の誠実さや道徳性などを捉える倫理的リーダーシップと密接に関連している。また，人を育てるという視点から，自主的・自律的に判断できるフォロワーを育成するリーダーシップへのあり方にも注目が集まっている（淵上, 2009）。

## コラム2　群衆から集団へ

　2018年10月28日午前1時頃，ハロウィーン前の週末，仮装した若者らで混雑した東京・渋谷のセンター街で，通りがかった1台の軽トラックが横倒しにされた。逮捕された4人の容疑者は「酒を飲んだ勢いでやった」「好奇心からやった」などと供述していた。しかし，いくら酒に酔ったからとはいえ，軽トラックを横転させるような行為に及ぶだろうか。おそらく，周囲からの「あおり」や「掛け声」，周囲に人々が存在していることが，軽トラックを横転させる行為に影響を及ぼしたのだろうと考えられる。

　通常，群衆は，不特定多数の人々が時間的，空間的に接近して同時的に存在している場合，つまり，イベントなどで一時的に人々が集まっている場合を示し，そこに何らかの意思疎通や役割は存在しない。だが，群衆が何らかのターゲットを定めてそこに一斉に働きかけると，群衆の力も事件を発生させる恐れがある。集団のように何か役割や地位，共通の目的・目標があるわけではないが，「ただそこに集まって目標を定めて影響を与える」だけで犯罪を促進してしまうのである。いわゆる社会的促進が発生する。このような状態は，群衆が集団に変わったことを意味している。例えば，駅のプラットホームに偶然居合わせた人々は，たまたまそこにいるだけなので集団として自分たちを意識することはない。しかし，何らかの突発的な出来事が起こり，運命共同体的な意識を強く認識するような事態となれば，その群衆の位置づけは集団となり，居合わせた人々のアイデンティティも個人のアイデンティティから集団（社会）のアイデンティティへと変化する（村本，1996）。今回の事件では，群衆の中の酒を飲んでいる一部の人々が偶然通りかかった軽トラックに手を掛けて横転させようとする，通常だとあり得ない状況がその場に居合わせた人たちに一体感を生み，群衆だった人々が集団となり，集団としてのアイデンティティを個人がもった結果，集団として「あおり」や「掛け声」を行い，軽トラックを横転させるという犯罪を促したのだと考えられる。

　この事件だが，警視庁が容疑者の男4人を逮捕するまでに1か月という時間を要している。それはなぜか。現場は群衆をなしており，その場では容疑者が特定できなかったためである。そこで捜査の決め手となったのが，群衆がスマートフォンで撮影してネットに公開した画像や動画だった。群衆から集団に変化したとしても，そこに成員間の利害関係はないため，容疑者逮捕に協力しない成員はいなかったのだろう。

# 2章 集団内での判断

　社会で生きる私たちは，他者と力を合わせることで一人では不可能なことを成し遂げてきた。大規模な建造物は多くの人々の努力の結晶であるし，幾度も訪れる悲惨な災害からそのたびに街を復興できたのは，ともに支え合う仲間の存在があったからこそであろう。一方で，集団や社会での課題遂行は必ずしも良い結果をもたらすわけではない。優秀なメンバーが議論を重ねたはずの計画が散々な結果に終わったり，危機に直面した人々が一致団結ができずに社会問題が悪化してしまうことがある。集団や社会での判断や決定が一筋縄にはいかない背景には，他者がいるからこそ生じる心の働きが関わっている。

　集団と個人の関係から生じる事象のうち，本章では主に集団内での判断に影響を与えるものに焦点を当てる。具体的には，まず個人が集団から受ける影響について考えたうえで，集団としての意思決定や問題解決の背後にあるメカニズムを検討する。

## 1節　集団からの影響

### 1.1　同調

　大勢の前で自分の意見を表明するとき，他の人の態度がまったく気にならないという人はどれくらいいるだろうか。例えば，自分が正しいと思うことをどうやら周りの人は否定的に捉えていることが判明したとき，自分の意見を引っ込める人は多いであろう。このように，集団状況において自分の態度や行動を他者に合わせる人が多いとするならば，少数の意見は集団や社会の判断に埋もれてしまうことになる。

　アッシュ（Asch, 1951）は，**同調**（conformity）と呼ばれるこの現象を実験的に検証した。この実験では8名の参加者が集められ，図2-1の左側のような1本の線分と同じ長さの線分を右側の3本の中から選択するという課題に対して，一人ひとり他の参加者の前で順に答えていくことが求められた。ただし，実は8名のうち真の参加者は

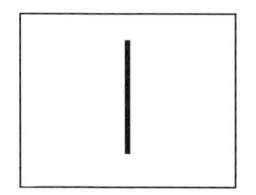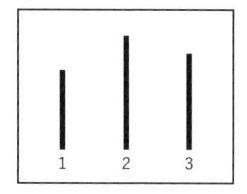

**図2-1　アッシュの同調実験で用いられた刺激のイメージ**
参加者は左の線分と同じ長さの線分を右の3本線の中から選択することを求められた。
（Asch, 1951, 1955を参考に作成）

1名だけで，残り7名は実験者の指示通りに解答する実験協力者であった。彼らは，全18試行のうち12試行で全員が一致して間違った解答をする（つまり，誰の目にも明らかに長さの違う線分を正解として選択する）ように事前に指示されていたため，真の参加者は集団で一人だけ他の人と異なる態度をもつという状況に置かれることとなった。このような状況で，1回でも周囲に同調をして誤答を選択した人の割合は真の参加者のおよそ4分の3にのぼった。実験協力者のいない統制条件では誤答がほとんどみられなかったことを考慮すると，間違いであることが明白な場合であっても，多数派の圧力は個人に同調を促す力があるといえる。ただし，真の実験参加者が1名ではなく2名いる場合，もしくは実験協力者の中に必ず正解を選択する「相棒」がいる場合，誤答率はいずれも大幅に減少した。このことは，多数派の態度が一貫していないとその影響力は弱くなることを示している。

　ドイッチとジェラード（Deutsch & Gerard, 1955）は，多数派への同調が生じる原因として規範的影響と情報的影響を指摘している。**規範的影響**（normative influence）とは，他者や集団からの肯定的な期待に沿うために生じる影響である。他者の期待に沿わない行動は集団からの拒絶を招くため，私たちはそれを避け，集団に受け入れられたいと動機づけられる。例えば，部活動でみんなが居残り練習をしていると，自分もそれに従うといった場合である。一方で，**情報的影響**（informational influence）とは，他者から得られる情報を現実に関する証拠として受け入れるために生じる影響である。私たちは正しい判断をしたいと動機づけられているが，その場でどのように振る舞うか曖昧な場面に直面することも少なくない。例えば，高級レストランでテーブルに並べられたたくさんのナイフとフォークをどの順番で使えばよいかわからない場合，隣の席に座る他者の所作をまねることがある。そのようなとき，私たちはとりあえず他者を参照し，それが正解であると想定して行動に同調しているといえる。

## 1.2　少数派の影響

　現実場面においては確かに多数派が影響力をもつ状況が頻繁にみられる一方で，少数派の意見が集団や社会を動かすこともある。新しい意見や価値観は当初なかなか受け入れられないものであるが，気がつくと社会の常識となっているものも少なくない。例えば，国や政治体制の変革は少数派による粘り強い訴えがいつしか多数派を動かすことで生じるし，新奇なファッションが旧来のものと置き換わることは日常場面でもよく目にする。モスコヴィッチら（Moscovici et al., 1969）は，スライドの色を答えさせる課題において少数派が影響を与えるメカニズムを検証した。この実験では，実験協力者2名が真の実験参加者4名と混じって一グループとなり，スライドに映された色を答えることが求められた。その中で，実験協力者が青色のスライドを一貫して緑色と答え続ける条件において，真の参加者の中で青色を緑色とする回答が8.42％みられた。一方で，実験協力者の主張が一貫しておらず3回に1回は正しく青色と答える条件では，実験協力者に合わせて緑色とする回答は1.25％しかみられなかった。この実験は，社会の少数派であっても終始一貫した態度をとり続けることで，多数派に影響を与える可能性があることを示している。

## 1.3　権威と服従

　私たちはほとんどの場合，複数の集団に所属しており，それぞれの集団で何らかの役割を担っている。例えば，長年勤める会社では部長として部下を評価する一方で，最近参加し始めたスポーツサークルでは新人として先輩に教えを請う，といった場合を考えよう。同一の人物が，あるときは上司という権威ある立場から部下に指示を与えるが，あるときは先輩からの指示に従うという権威のない側になるわけである。このように，私たちの態度や行動は集団での役割や権威のあり方によってある程度規定されているが，それは時に強い力となり個人の行動をエスカレートさせることがある。

　アイヒマン実験とも呼ばれるミルグラム（Milgram, 1974／山形訳, 2008）の実験は，人が権威に対して容易に服従し，暴力的な行為をすることを示している。この実験の参加者は，学習者役の別の参加者（実験協力者）が問題を間違えた際に電気ショックを与える先生の役割を与えられた。学習者役は何問かに一度は間違うことになっており，参加者はそのたびにより強い電気ショックを与えるように指示された。いくつかの実験条件が設定される中で，学習者役の反応が音声でフィードバックされる条件では徐々にうめき声や叫び声が聞こえてくるが，参加者が実験の継続に疑問を抱いた場合でも実験者から継続を促す説明が与えられた。このような状況下で，最終的には62.5％の参加者が最大値の450V（装置の該当箇所には「XXX」とラベルづけされてい

た）まで電気ショックを与え続けた。参加者は実験者という権威の指示・命令に従い，先生としての役割を全うしようとするあまり，極端な行動をとってしまったと考えられる。

　この研究は倫理的な側面で問題をはらんでおり，現在同じような実験を再現するのは容易ではない。一方で，企業や組織の不祥事や学校でのいじめ，さらには戦争時にみられる残虐行為など，集団や社会で生じるさまざまな問題の背後にあるメカニズムとの関連が推測される。集団における権威や役割が時に重大な結果を引き起こすという事実について，集団のリーダーは言うまでもなく，全てのメンバーが意識する必要があるだろう。

## 1.4　没個性化

　前項では集団内の権威や役割関係がもたらす影響について考えた。一方で，私たちは単に集団状況にあるというだけで普段は行わないような行動をとることがある。例えば，スポーツでひいきのチームが優勝したとき，そのファンたちが公共の場で騒いだり飲酒をしたりして，警察が取り締まりに追われるといったことが生じる。また，ハロウィーンなどのイベントに集まった人々が羽目を外しすぎるので，街の治安悪化を懸念した行政側が対策を迫られるといったニュースを聞いたことがある人は多いのではないだろうか。いずれの例でも，人々は単にその場に集まっただけで，普段一人では行わないような行動（これらの例では，社会のルールに逸脱するような行動）をとってしまっているといえる。

　個人がその他大勢の中の一人となるような集団状況では，**没個性化**（deindividuation）が生じることがある。そこでは，自己を観察し評価する程度が減少するとともに，社会的評価への関心が薄れるため，罪や恥などに基づく統制が弱まり，普段は抑制されている行動の閾値が低下することで，適切さに関する規範に反する行動が解放される（Zimbardo, 1969）。実際，ジンバルドーは次のような実験の中で，没個性化の状態を引き起こす条件の一つである匿名性が攻撃性とどのように関連するかを検討した。この実験の参加者である女子大学生は，匿名条件においては自分の顔と名前がわからない状態で，識別可能条件においては顔と名前がわかる状態で，別の女子大学生に電気ショックを与える役割を与えられた。その結果，匿名条件の参加者は識別可能条件の参加者に比べて長い時間電気ショックを与えた。このことは，集団状況における匿名性が暴力的な行為を強める可能性を示唆している。

　しかし，匿名性は必ずしも反規範的行動を強めるわけではなく，逆にそれを抑制することもある（Postmes & Spears, 1998）。スピアーズらはインターネット上でのコン

ピュータを介したコミュニケーションにおける人々の態度や行動を分析する中で，匿名性がその場で顕現化した集団における規範への同調を促す場合があることを**没個性化効果の社会的アイデンティティモデル**（SIDE：Social Identity model of Deindividuation Effects）に基づいて以下のように説明する（Spears et al., 2007）。人は社会的状況に応じて，自分自身を個人としてではなくむしろ集団の一員として捉えることがある。そのような場合，匿名性は個人としての自己からその集団の一員としての自己への認識の移行を促進し，集団との一体感を強化する方向に作用する。その結果，当該集団の規範に沿った態度や行動が生起する。

　SIDEに基づくならば，匿名性はその場で優勢な集団の規範が一般的なルールを逸脱したものであれば反規範的な行動を招く一方で，それが道徳的なものであれば規範的な行動を促進することになる。例えば，インターネット上で見られる有名人に対する誹謗中傷は，書き込みを行う個人が匿名状況において，批判を行っている集団の一員としての意識を強めることで生じるといえる。そして，そのような集団で「この有名人の行為は非難されるべきだ！」という規範が存在するならば，人々はその規範に同調する形で批判をエスカレートさせる。これに対して，人助けやボランティア活動など当該集団内で向社会的な規範が存在するような状況では，匿名性はむしろ肯定的な態度や行動を強める方向に作用することが予想される。

## 2 節　集団意思決定

### 2.1　集団極性化

　職場や部活での会議，友人どうしで旅行の行き先を決める会話など，複数人が話し合い集団に関する何らかの決定を行うことを集団意思決定という。集団での話し合いでは，個々のメンバーがもつ意見が集約されるため，その結論は集団メンバー全員の平均的な考えに落ち着くように思える。しかし，実際はこの直観に反し，当初メンバーがもっていた態度の平均よりも極端な決定がなされることがある。ワラックら（Wallach et al., 1962）は，複数の質問（例：電気技師が，控え目だが十分な給料が得られている今の仕事を続けるか，給料はかなり上がるが長期的な保証がない新しい仕事に就くか）に対してまず個別に意見を尋ねた後，複数人でその質問に対する集団討議を行ってもらい，その集団決定が個別の意見とどのように異なるのか比較する実験を行った。その結果，多くの質問において集団討議を経ることでその判断が危険を冒す方向に変化したのである。一方，その後の研究ではこのようにより危険な方向に偏る

リスキーシフトだけでなく，より慎重で安全な方向に偏るコーシャスシフトも存在することが示されている（McCauley et al., 1973）。これらはいずれも，話し合い前に多数派であった意見が話し合い後により極端になる**集団極性化**（group polarization）として理解することができる。

　集団極性化が生じる原因として，いくつかの説明が可能である。**社会的比較理論**（Sanders & Baron, 1977）では，人は社会や集団において賞賛される立場にありたいと動機づけられていることに注目する。そのため，メンバーはその集団で価値があるとされる意見を確認すると，他者と比較してより望ましい意見を表明するようになり，結果的に集団全体が極端な方向に偏ると説明される。例えば，あるスポーツチームがライバルとの試合前に行う作戦会議を考えてみよう。これまでの練習にある程度手ごたえを感じる多数のメンバーから，「攻撃的な布陣が良いかもしれない」と発言があったとする。それを聞いた他のメンバーは攻撃に重きを置いた作戦を好ましいとする価値が集団として共有されていることを確認する。このような状況では，その意見に沿い，かつ他の人よりも極端な立場の表明はその集団において一層好ましい評価を得ることにつながる。その結果，議論の前は慎重な態度をもっていたメンバーもより攻撃的な布陣に賛成するようになり，結果的に当初のメンバー全員の平均値よりも攻撃的な作戦が選択されるわけである。

　一方で，**説得的論拠理論**（Burnstein & Vinokur, 1977）によると，集団極性化の要因はメンバー間の情報交換である。ある問題に対して賛成または反対の立場を支持する論拠はそれぞれ存在するが，集団での議論において両者は等しく提示されるわけではなく，むしろ集団メンバーが当初にもっていた意見の偏りに依存して，どちらかの意見を支持する要素が他のメンバーの口からより多く，かつ説得力をもつ形で提示される。結果的に，当初自分がもっていたもの以外に自分の立場を支持する論拠に触れることで，自分の意見により確信を深め，態度を極端な方向に変化させるというわけである。先ほどの例でいうならば，攻撃的布陣を支持する論拠（例：攻撃の練習を繰り返してきた）とそうではない論拠（例：大事な試合で守備をおろそかにはできない）はそれぞれ挙げられるはずであるが，集団の中で前者を支持する者が多数派であるとすると，そこで交わされる議論の中で前者を支持する情報はその量においても質においても優勢になる。結果的に，攻撃的布陣を支持する態度が補強されることになり，やはり最初に比べてより攻撃的な作戦が選択されるのである。

　なお，ここで挙げた二つの説明はどちらか一方が正しいというものではなく，両方が組み合わさって集団極性化を生じさせていると考えられる（Isenberg, 1986）。

## 2.2　共有情報バイアス

　ある対象について集団で議論をするとき，メンバー全員がまったく同一の情報を
もっているとは限らない。例えば国や自治体の選挙で誰に投票すべきか議論する場合
を考えてみよう。その選挙における重要な争点や大きなスキャンダルなどは多くのメ
ディアがよく似た内容を報道する一方で，それ以外の要素についてはテレビ番組や新
聞社によって何を伝えるかがまちまちである。最近ではSNSやネット動画でも情報
を得ることができるので，個人が手に入れる情報の多様性はさらに高まっている可能
性がある。このようにしてさまざまな情報に触れた複数の人が選挙について話し合う
場合，すでに多くの人が知っている情報だけでなく，少数の人しか知らない情報も全
員で共有されるのだから，全体としてはその両者を考慮したより偏りのない判断がで
きるように思える。

　しかし，実際はそうならず，少数の人がもっている情報に比べて全員が共有してい
る情報がより重視される**共有情報バイアス**（shared information bias）が存在すること
が知られている。ステイサーとタイタス（Stasser & Titus, 1985）は，学生自治会長
として最もふさわしい人物を4人で話し合うという実験状況を設定し，話し合いの前
に個々のメンバーが知らされる事前情報の数と内容を操作した。表2-1に示す通り，
この実験では，候補者のうちAとBにはそれぞれ8個と4個の肯定的特徴が，またそ
れぞれに4個の否定的特徴が準備されており，共有条件では両候補者の全ての特徴が
メンバー全員に共有情報として知らされた。一方，非共有条件では，Aが本来もって
いる8個の肯定的特徴は分割され，非共有情報として2個ずつそれぞれのメンバーに
与えられたが，否定的特徴については4個全てが全員の共有情報として知らされた。
これに対して，Bのもつ4個の否定的特徴は分割され，非共有情報として1個ずつそ
れぞれのメンバーに与えられたが，肯定的特徴については4個全てが全員の共有情報
とされた。

　話し合いに先立って各個人が事前情報のみから判断を行う場合，共有条件では肯定
的特徴がより多い候補者Aが支持されるのに対し，非共有条件では肯定的特徴がよ
り多い（かつ否定的特徴がより少ない）候補者Bが支持されるはずである。実際，メ
ンバー個人の事前判断はこの予測通りとなった。また，話し合いを経た後の判断につ
いては，共有条件では引き続き候補者Aが支持された。問題は，非共有条件の結果
である。4人のメンバーそれぞれがもつ非共有情報が話し合いで共有されるのであれ
ば，候補者AとBがもつ肯定的特徴はそれぞれ8個と4個となる（さらに，否定的特
徴はいずれも4個と同数となる）から，最終的には候補者Aがよりふさわしい人物と
して選択されるはずである。しかし，結果はそのようにはならず，話し合い後も事前

表2-1　候補者AとBのもつ特徴と，参加者に与えられる事前情報の分布 （Stasser & Titus, 1985 より作成）

| | | | 候補者 A | | | | 候補者 B | | | |
|---|---|---|---|---|---|---|---|---|---|---|
| 候補者の特徴。P は肯定的特徴，N は否定的特徴であり，それぞれの個数に応じて数字を付している。 | | | $P_1$　$P_5$　$N_1$ | $P_2$　$P_6$　$N_2$ | $P_3$　$P_7$　$N_3$ | $P_4$　$P_8$　$N_4$ | $P_1$　$N_1$ | $P_2$　$N_2$ | $P_3$　$N_3$ | $P_4$　$N_4$ |
| 参加者①〜④のそれぞれが，議論に先立って知らされる事前情報。非共有情報は太字で示している。 | 共有条件 | ①〜④ | $P_1$　$P_5$　$N_1$ | $P_2$　$P_6$　$N_2$ | $P_3$　$P_7$　$N_3$ | $P_4$　$P_8$　$N_4$ | $P_1$　$N_1$ | $P_2$　$N_2$ | $P_3$　$N_3$ | $P_4$　$N_4$ |
| | 非共有条件 | ① | $P_1$　$N_1$ | $P_2$　$N_2$ | $N_3$ | $N_4$ | $P_1$ | $P_2$ | $P_3$ **N₁** | $P_4$ |
| | | ② | $N_1$ | $P_3$　$N_2$ | $P_4$　$N_3$ | $N_4$ | $P_1$ | $P_2$ | $P_3$ **N₂** | $P_4$ |
| | | ③ | $N_1$ | $P_5$　$N_2$ | $P_6$　$N_3$ | $N_4$ | $P_1$ | $P_2$ | $P_3$ **N₃** | $P_4$ |
| | | ④ | $N_1$ | $P_7$　$N_2$ | $P_8$　$N_3$ | $N_4$ | $P_1$ | $P_2$ | $P_3$ **N₄** | $P_4$ |

情報に基づく判断のまま候補者Bがふさわしいとされたのである。この結果は，話し合いの場面では全員が共有してもっている情報がより重視され，結論に反映されやすいことを示唆している。

　共有情報バイアスと呼ばれるこのような現象はなぜ生じるのであろうか。一つの要因は，共有情報は多くのメンバーが知っているために，非共有情報よりも話題とされる確率が高いことである（Stasser et al., 1989）。別の説明として，共有情報は非共有情報に比べ正しくもっともらしいとみなされやすいことが挙げられる（Parks & Cowlin, 1996）。議論においてある情報が受け入れられるためには，提案者はそれが事実として確かに存在することを示す必要がある。その際，多くの人が言及する情報は正当性を獲得しやすい一方で，一人しか知らない情報はそうではない。結果として，共有情報が最終判断により強い影響力をもつというわけである。少数のメンバーがもつ情報を有効に活用するためには，このようなメカニズムを念頭に置いたうえでの議論の工夫が求められるであろう。

## 2.3　多元的無知

　社会や集団では，誰も望まない状況や規範が生じることがある。成功の見込みが低いと皆が感じているアイデアが会議で採用されたり，時代遅れに思われるルールに大勢が従ったりといったことが起こり得るのである。**多元的無知**（pluralistic ignorance）

とは，「集団の多くの成員が，自分自身は集団規範を受け入れていないにもかかわらず，他の成員のほとんどがその規範を受け入れていると信じている状況」（神，2009，p.300）のことであり，公的な行動と私的な思いの対応についての認識が自己に対する場合と他者に対する場合で食い違うことから生じる（Prentice & Miller, 1996）。私たちは，自分自身の行動が内面と乖離する場合があることを知っており，実際に，その場の空気や社会的な規範に合わせて自分の意に沿わない振る舞いをすることは少なくない。一方で，私たちは他の人にも同じことが言えるとは思わず，他の人の行動はその人自身の内面の表れであると考えがちである。その結果，自分が心の中では反対する規範について他の人がそれに従う行動をとっていると，他の人はその規範に賛成しているのだと勘違いをしてしまい，多くのメンバーが望む方向とは異なる状況が維持されるというわけである。

　宮島と山口（Miyajima & Yamaguchi, 2017）は，日本において育児休業取得率が低い原因の一つに多元的無知が存在することを示している。この研究の中で，20 ～ 40 代の男性の多くは育児休業の取得を肯定的に捉えていた。一方で，そのように個人的には育児休業に肯定的態度をもつ人の中でみると，他の男性は育児休業に肯定的ではないと考える男性は，他の男性も肯定的態度をもっていると考える男性に比べ，実際に子どもが生まれた場合に育児休業を取得しようという意図が弱かった。つまり，個人レベルでは育児休業を受け入れる価値観が浸透しつつあるにもかかわらず，「他の人たちはきっと育児休業を快く思わないだろう」という誤解が育児休業取得の意思決定を抑制してしまうわけである。多元的無知はこの他にも，多くの人が望まない偏見や差別が維持されたり（O'Gorman, 1979：11章参照），緊急事態で対処が遅れてしまう（Latane & Darley, 1968：8章参照）といった現象を説明すると考えられている。

## 2.4　集団浅慮（集団思考）

　これまで見てきたように，集団での議論ではさまざまな偏りが生じ，それが集団に愚かで誤った意思決定を導く可能性がある。このような誤りはどのような場合も避けたいものであるが，それが多くの人に影響を及ぼす重要な判断である場合（例：国の将来を左右するような政治的判断場面）でも生じているとすれば特に問題である。一般的に，このような判断場面では経験豊かな政治家やその道の専門家が集められるため誤りは生じにくいように思われる。しかし，これまでの研究は，有能な人物が集められた集団意思決定場面においても誤った判断が行われることを示している。ジャニス（Janis, 1982／細江訳, 2022）は完全な失敗に終わったケネディ政権のピッグス湾侵攻や真珠湾攻撃に伴う大損害など複数の歴史的事例を丹念に読み解く中で，「人々

先行条件

**意思決定者が凝集性のある
集団を構成している**

**組織の構造的欠陥**

1. 集団の隔絶
2. 公平なリーダーシップの伝統の欠如
3. 適正な手続きを求める規範の欠如
4. メンバーの社会的背景とイデオロギーの均質性
など

**引き金となる状況的背景**

1. リーダーのものより良い解決ができる望みが低いことに伴う外部の脅威からの高いストレス
2. 以下の事項によって引き起こされる低い自尊心
   a. メンバーが不適切な意見表明をすることによる最近の失敗
   b. 個々のメンバーの自己効力感を低める現在の意思決定課題における極度の困難さ
   c. 道徳的ジレンマ：倫理的な基準を侵すこと以外に実行できる選択肢の明らかな欠如
など

一致を求める（集団浅慮傾向）

**集団浅慮の症状**

タイプⅠ. 集団の過大評価
　1. 不敗幻想
　2. 集団に内在する道徳性についての信念
タイプⅡ. 閉鎖的な考え方
　3. 集合的合理化
　4. 外集団をステレオタイプ化する
タイプⅢ. 全員一致への圧力
　5. 自己検閲
　6. 全員一致の幻想
　7. 反対者への直接的圧力
　8. 進んで心のガードマンになる

**欠陥のある意思決定の症状**

1. 別の選択肢の不完全な検証
2. 対象について不完全な検証
3. 選好された選択肢の危険性を検証しない
4. いったん拒否された選択肢の再検証をしない
5. 貧弱な情報収集
6. 手近な情報だけを処理するという選択的偏向
7. 状況即応的に計画を立てることをしない

**成功する帰結の蓋然性の低さ**

**図2-2　集団浅慮の理論的分析**（Janis, 1982／細江訳, 2022より作成）

　が凝集性の高い内集団に深く関与しているとき，メンバーが全員一致を強く求めることによって，他のとりうる行為を現実的に評価するという動機づけを無視してしまうときに人々が引き込まれる思考様式に言及する，簡潔で簡易なしかた（pp.15-16）」を**集団浅慮**（groupthink：**集団思考**と訳されることもある）と呼んだ（凝集性については，1章参照）。

　ジャニス（Janis, 1982／細江訳, 2022）は，図2-2のように集団浅慮の生起メカニズムを示した。まず，集団浅慮傾向を生じさせる先行条件として，集団凝集性が高いこと，組織に構造的な欠陥があること，さらに引き金となる何らかの状況的背景が存在することが挙げられる。集団浅慮に陥った集団は自らの集団を過大評価し，閉鎖的な考え方をもち，さらにメンバー全員の考えを一致させるような圧力が強まるといった症状を示すようになる。そのような集団では，問題の対象やそれに対してとり得る選択肢の検討，および情報収集がずさんになり，さらに変化する状況に応じた計画立案が不十分となるため，結果的に集団として誤った意思決定が行われる見込みが高ま

ると考えられている。

　ジャニスのモデルはその後多くの研究者によって検証されてきたが，集団浅慮を引き起こす先行条件については十分な支持が得られているとはいえない。バロン（Baron, 2005）は，集団内での判断と関連するそれまでのさまざまな研究知見を分析する中で，集団浅慮は当初想定されていたよりも広範囲に適用可能であるとするモデルを提唱した。このモデルによると，集団浅慮の先行要因は，①社会的アイデンティティ（3章参照），②顕在的な規範，③メンバーの低い自己効力感であり，集団凝集性をはじめとするジャニスが想定していた先行要因は必須ではないとされている。確かに，私たちの日常生活を振り返ったとき，ことさら集団凝集性が高いとはいえないグループの活動の中でも集団浅慮の症状を経験したことがあるという人は多いのではないだろうか。集団浅慮に関する知見はより一般的な場面で意識されるべきものであり，そうすることで集団意思決定の質を高めるためのヒントをもたらしてくれるといえるだろう。

## 3節　社会的ジレンマ

### 3.1　社会的ジレンマとは

　社会生活を送る中で，個人の利益が集団や社会全体の利益と相いれない場面は多くある。例えば，新型コロナウイルスの感染拡大に伴う外出自粛要請を無視して買い物や食事に出かけることは，個人にとっては楽しいことかもしれない。しかし，全員が外出すると，感染が拡大して結局社会全体が不利益を被ることになりかねない。また，ゴミの分別は個人にとって面倒であるが，全員が分別を怠ると適切に回収されなくなり，町中がゴミだらけになるかもしれない。同様の問題は，ハーディン（Hardin, 1968）の「共有地の悲劇」の中でも指摘されている。ここでの共有地とは複数の牧夫が家畜の放牧のために利用している牧草地のことである。一人の牧夫にとっては，家畜を一頭でも増やせばそれだけ自分の利益は増加する。しかし，全員が同じように考えて自己利益を追求すると，家畜の頭数は際限なく増えてゆき，結果的に集団全体に悲惨な結果（牧草が食べつくされてしまう）が待っているのである。

　個人が利益を追求することで結果的にその集団や社会に所属する全員が不利益を被ってしまう構造にあるこのような問題は，**社会的ジレンマ**（social dilemma）と呼ばれる。ドウズ（Dawes, 1980）によると，社会的ジレンマは次のように定義される。①その社会に所属する個人は協力か非協力を選択することができる状況にあり，②そ

の社会に所属する他のメンバーがどのような選択をしようとも，個人にとっては協力を選択するよりも非協力を選択したほうが良い結果を得られるが，③その社会の全員が非協力を選択すると，全員が協力を選択する場合に比べて，全員にとって悪い結果となる。

　この枠組みに基づいて新型コロナウイルス感染拡大に伴う外出自粛要請について改めて考えてみると，①個人にとっては外出を自粛する（協力）か外出する（非協力）かのいずれかを選択可能であり，②他の人が外出を自粛しようがしまいが，個人にとっては外出したほうが便利だしストレス発散にもなる（良い結果）。ところが，③全員が同じように考えて商店や娯楽施設に人があふれる事態になると，ウイルスが拡大しやすい状況が生まれ，結果的に社会全体で感染者が増大する（悪い結果）というわけである。

## 3.2　社会的ジレンマの解決

　では，社会的ジレンマ状況において個人の協力率を高めるにはどうすればよいのであろうか。大沼（2007）によると，その解決策は構造変革アプローチと自発的協力促進アプローチの二つに分けられる。**構造変革アプローチ**とは協力行動が有利になるように社会全体の構造を変えるやり方であり，具体的には以下の四つが挙げられる。第一は利得構造の変革であり，協力することの利益を増やしコストを引き下げることで協力行動を増加させる方法である。第二は選択的誘因と強制であり，協力行動への報酬や非協力への罰則などを設けることで協力行動を促す方法である。第三は区画化と私有化であり，共有物の管理範囲を分割し少人数集団に割り当てたり，個人の財として管理を委ねる方法である。第四はリーダーシップであり，判断を個人にではなくリーダーに委ねることで社会や集団全体の利益を担保するという方法である。

　一方で，**自発的協力促進アプローチ**とは個人的な信頼や期待を強めることで協力行動を促すやり方であり，具体的には以下の五つが挙げられる（大沼，2007）。第一は対面的相互作用とコミュニケーションであり，他者との話し合いを通じて相互の依存関係や他者からの期待を知ることで，協力への規範が強化されることが知られている。第二は情報と知識であり，ジレンマ状況での非協力行動がもたらす結果への理解を深めることで，協力行動の増加が期待できる。第三は他人行動に対する期待であり，他者が協力してくれるという期待をもつことができれば，自分も協力しようと考える個人が増えることが知られている。第四は信頼であり，特定の相手が協力するだろうという個別の信頼だけでなく，ほとんどの人は信頼できるという一般的信頼もまた協力行動を高める効果をもつことがわかっている。第五は意思決定の公表と非公表であり，

協力を選択するか非協力を選択するかという個人の意思決定が公になる状況では，個人の協力行動が促進されることが多い。

　このようにさまざまなアプローチが検討されているものの，現実社会にはいまだに解決されないジレンマが多く存在している。社会的ジレンマの解決を困難にする一つの要因は，自分が協力しても他の人が協力してくれないこと，つまり「正直者が馬鹿をみる」ことを恐れる気持ちであろう。山岸（2008）は，現代日本が抱える問題として人々が他者を信頼できない状況があることを指摘したうえで，お互いが信頼できるような**臨界質量**（critical mass）の達成がジレンマを解決する手がかりであると主張する。ここでの臨界質量とは，多くの人が協力行動をとるかとらないかの分かれ目となる割合のことである（コラム3参照）。山岸によると，ほとんどの人間は他の人が協力するなら協力を選択する「みんなが」主義者である。それゆえ，協力行動をとる人が少しでも臨界質量を超えれば，後は雪だるま式に協力行動が増え，社会的ジレンマは解決に向かうと予想される。先ほどの外出自粛の例に当てはめると，自粛する人の割合が一定割合を上回ると，その後は自然に「他の人も協力しているなら，自分も自粛しよう」という人が増えるというわけである。このように考えると，社会的ジレンマを解決するためには，協力者の割合が臨界質量に到達するように正直者が得をする社会を作ることが重要であるといえる。

## コラム3　臨界質量

　ウランなどの物質は一定の質量を超えると連鎖的に核分裂反応が生じるが，この一定の質量を物理学では臨界質量と呼ぶ。一方，社会においても特定の行動をとる人が一定の割合を超えるとその行動が周囲の人を巻き込んで雪だるま式に増加することがあり，その潮目となる割合を心理学でも臨界質量と呼ぶ（山岸，2008）。

　山岸（2008）は，教室に一人のいじめっ子と一人のいじめられっ子がいる場合，周囲の人がいじめを止める（協力行動をとる）か否かという状況を想定して，そのメカニズムを説明する。図2-3の横軸は実際にその教室内でいじめを止める行動をしている人の割合，縦軸はそれだけ協力者がいれば自分も協力しようとする人の割合で，曲線はこれらが交わる点をプロットしたものである。例えば，最初に教室の半数の人が協力行動をとったとする。横軸の50％は縦軸の58％に対応している。これは50％の人がいじめを止める行動をとっていれば，58％の人がいじめを止める側に回る，ということを意味する。こうなると，いじめを止める側は58％に増えるので，今度は横軸の58％に対応する縦軸の数値，つまり68％の人がいじめを止める側に回ることになる。これを繰り返すと，最終的にいじめを止める人は87％で安定することになる。

　一方で，最初の協力者が30％だった場合はどうであろうか。30％しか協力者がいないと，全体でいじめを止める側に回る人は20％に減る。20％しか協力者がいない状況では13％しか協力者は現れないので，協力者はますます減少し，最終的にいじめを止める人はわずか10％で安定してしまう。

　このように，集団や社会においてどの程度協力者が存在するかは，その初期値によって決まるといえる。そして，その分かれ目となる数値が臨界質量であり，今回の例では40％を少しでも上回れば教室はいじめを止める側であふれ，反対に少しでも下回れば傍観者であふれることになるわけである。

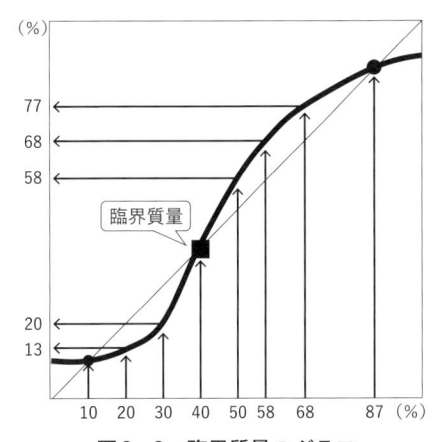

**図2-3　臨界質量のグラフ**
この場合，最初の協力者が40％を超えるかどうかが潮目となり全体の協力者の割合が決まる。（山岸，2008を参考に作成）

# 3章　集団間の関係

　ある集団が他の集団と関係性をもつと，そこには必然的にポジティブあるいはネガティブという評価が生じる。対人関係同様，ポジティブな関係の場合は協力や援助が，ネガティブな関係の場合は紛争や支配が生じる。そこで本章では集団間関係に関する社会心理学の研究成果について，まずは社会的アイデンティティ理論について解説し，続いてネガティブな関係である集団間紛争の心理過程とその理論，さらにポジティブな関係である集団間協力に関する心理過程について解説する。

## 1節　社会的アイデンティティと自己カテゴリー化

　人々が「自分は何者であるか」と考えるとき，根拠として注目するのが個人的特徴と社会的属性である。パーソナリティや身体的特徴，能力などの個人的属性に基づく自己概念を個人的アイデンティティという。しかし人々が自己を定義する際に用いられる情報としては，国籍や人種，所属する学校，組織，集団といった社会的属性を用いるほうが一般的である。例えば就職活動のように自己をアピールする場合は，「英語が得意である」「他人と協調して仕事ができる」といった個人的特徴に関する情報を用いるだろう。しかし能力をアピールする必要がない場合は「大学生である」「日本人である」といった，社会的属性に基づいて自己を説明するだろう。このような社会的属性に基づいて形成された自己概念が**社会的アイデンティティ**である。

　どのような社会的属性が社会的アイデンティティの根拠として用いられるかは，個人が置かれた状況によって変わる。例えば，同年代の男女が集まっている場合は性別が，高齢者と若者が集まっている場合は年齢が，そしてさまざまな大学から学生が集まっていれば大学名が，社会的アイデンティティを規定する属性となりやすい。一方で，どの社会的属性を社会的アイデンティティの根拠として用いるかは，恣意的に選択されることもある。タジフェルとターナー（Tajfel & Turner, 1979）の**社会的アイ**

デンティティ理論（social identity theory）によれば，人々はポジティブな自己概念をもつこと，それによって**自尊心**（self-esteem）を高めることが動機づけられている。そのため，人々が社会的アイデンティティを獲得しようとするときには，自尊心を高める社会的属性が選ばれやすいと考えられる。例えば社会的評価が高い大学や企業に所属している人は，国籍や性別といった他の属性よりも，自分が属している大学や組織を社会的アイデンティティとして強く意識するようになる。それが「わたしたち」意識を生み，集団の評価を自己の評価へと拡張することで自己をポジティブに捉えるようになる（Abrams & Hogg, 1990）。このことは「望ましいわたしたち」と「劣ったかれら」という差別的な集団認知を生み出す。

　「わたしたち」と「かれら」という認知を生み出すメカニズムについて，ターナーら（Turner et al., 1987）による**自己カテゴリー化理論**（self-categorization theory）がある。この理論では，人々が社会的アイデンティティの形成に用いる社会的属性をより抽象的な「カテゴリー」として捉え，どのようなカテゴリーが選択されるかは**メタコントラスト比**（meta-contrast ratio）の大きさによって決まると考える。メタコントラスト比は，カテゴリー内のメンバーがお互いに類似しているほど，そしてカテゴリー間ではメンバーの差異が大きいほど，比率が高くなる。例えば同じ大学内の学生はみな保守的な思想をもっているけれど，別の大学の学生はリベラルな思想を特徴としている場合，所属大学はカテゴリーとして選ばれやすくなる。これはメタコントラスト比が高いので，自分の社会的アイデンティティが他の集団やカテゴリーと明確に区別できるという認知的なメリットがあるためである。

　自己カテゴリー化理論では自己ステレオタイプ化という現象についても説明している。これは社会的アイデンティティを強く意識することによって，独特な個人としての意識を消失する脱個性化と，集団の規範を自己の規範と捉える集団規範への同化を通じて，自分を典型的な集団メンバーと捉えることである。

　自分が属するカテゴリーの「わたしたち」と属さないメンバーである「かれら」との差異を強調し，「わたしたち」をより望ましく評価することで相対的に「かれら」への評価を低下させることは，結果としてかれらを劣った人と認知する偏見や，その偏見に基づいて不当な扱いをする差別を引き起こす原因ともなる。さらには「かれら」に対する対抗意識を生み出し集団間紛争を促進する重要な要因ともなる。

## 2節　集団間葛藤と紛争

### 2.1　集団間葛藤と集団間紛争

　集団間葛藤（intergroup conflict）は，二つ以上の集団の間で，金銭や領土といった希少資源，正邪などの価値観，他の集団に影響を与える勢力といったものをめぐって，集団間で共有不可能であると知覚することである（Katz, 1965）。このような集団間葛藤は認知（例：ステレオタイプや偏見），感情や情動（例：恐怖や憎悪），行動（例：差別や攻撃）に影響を与える。特に集団間葛藤が長期化することによってその程度が激しくなり，暴力的手段を伴った対立行動に至ったものは**集団間紛争**と呼ばれる。集団間葛藤や集団間紛争は成員のパーソナリティによって影響されることもあるが，集団どうしが置かれた状況によっても影響を受ける。さらには集団に所属し，そこからアイデンティティを形成することによっても生じる。

### 2.2　パーソナリティ要因

　集団間紛争に影響を与える特性（パーソナリティ）要因として，最も古くから検討されてきたものが，アドルノら（Adorno et al., 1950）の**権威主義的パーソナリティ**（authoritarian personality）である。権威主義的パーソナリティの特徴は権威に対する絶対的服従にあり，それが下位者への弾圧およびそれに対する受容を引き起こす。アドルノによれば，これは幼少期における階層的・権威主義的親子関係の結果として獲得される。権威主義的パーソナリティの概念をより現代的に再検討したのが「右翼的権威主義」（right-wing authoritarianism）である（例として日本語版の尺度では「日本が危機を乗り越える唯一の方法は，伝統的な価値観に立ち戻り，力強いリーダーに権力を握らせ，悪事を働く連中を黙らせることである」「日本が本当に必要としているのは，よからぬ人々を粉砕し，本来あるべき姿に戻してくれる，強力で決断力のあるリーダーである」といった質問によって測られる；高野ら, 2021）。質問紙調査の結果，右翼的権威主義傾向の高い人は，規範に反する人たちを処罰し，統制することを好むことが報告されている（Duckitt & Farre, 1994）。

　また，外集団に対する偏見や差別に影響を与える個人差としては，シダニウスとプラット（Sidanius & Pratto, 2001）の**社会的支配志向**（Social Dominance Orientation：SDO）も挙げられる。SDOの特徴としては内集団による支配と集団的不平等志向の是認が挙げられる（Ho et al., 2015）。それは集団レベルでの社会階層を支持する心理

を説明し，年齢，性別，人種，民族，宗教，所属，性的志向など集団に基づく階層に対して，上位層にはより高い地位と強い勢力を与える。SDOの強い人は階層間の不平等を正当化し，それによって差別も正当化し，反対にSDOが弱い者は階層性の正当化が弱く，そのため集団間の平等が促進される。

## 2.3　状況要因

　現実に存在する集団は必ず他の集団と何らかの関わりをもつことになり，それが紛争の原因となり得る。特に他の集団と比べて「経済的に裕福である」「政治的影響力をもっている」あるいは「単に成員数が多い」といった特徴は，集団間関係において有利に働く。反対に「経済的に貧しい」「政治力がない」「マイノリティである」といった特徴は，集団間関係で不利に働き，それを改善しようとして集団間の対立が動機づけられると考えられる（Hogg & Abrams, 1988）。このように現実世界では限られた資源＝希少資源が存在し，それが集団間紛争の原因になると主張したのが，キャンベル（Campbell, 1965）の**現実的集団葛藤理論**（realistic group conflict theory）である。

　この理論によると，パーソナリティ要因とは無関係に，集団として活動を続けるのに必要な資源，例えば食料などが全集団に行き渡らない場合，生き残るために他の集団を妨害したり攻撃したりすることで自分たちの資源を確保しようとする。そうした利己的活動によって集団間紛争が発生，激化する。複数の集団が存在する状況ではさまざまなものが希少資源となり，それらが必然的に集団間紛争を生み出すのである。

　現実的集団葛藤理論の実証研究として有名なのがシェリフら（Sherif et al., 1961;1988）の通称「泥棒洞窟実験」（別名「サマー・キャンプ実験」）である。この実験は大きく分けて3段階に分かれており，最初の集団形成段階では，21人の少年たちを「友達どうしが別の集団の成員」になるよう二つの集団に分け，お互いの集団どうしが接触しないように離れた場所で，1週間程度グループごとに共同生活を送らせた。すると子どもたちの間で仲間意識が芽生え，集団内でのルールやリーダーが生まれた。この段階で子どもたちに「キャンプ参加者全員の中で，仲の良い友達は誰か」を尋ねたところ，そのほとんどが今は別の集団にいる友人ではなく，現在の集団メンバーの中から選ばれた。つまり既存の友人よりも，現在共同生活している人を友人として重要視するようになったのである。

　実験の第二段階の目的は，集団間紛争が発生し激化する過程を調べることであった。ここではそれまで別々の場所で共同生活を送っていた二つの集団を1箇所に集め，競争課題を行わせ，勝利した集団には賞品が与えられた。これは「希少資源」をめぐる「現実的葛藤」状況に少年たちが置かれたことを意味している。その結果，子どもた

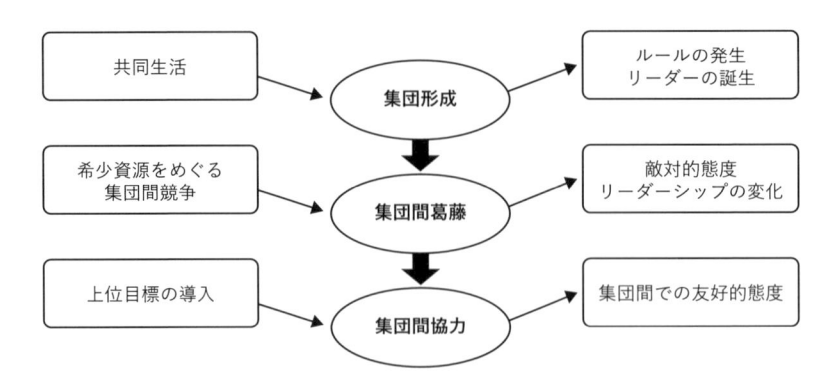

**図3-1 泥棒洞窟実験における心理的変化のプロセス**

ちは相手の集団に対して敵対的になり，競技中に相手の集団を口汚く罵り，反則やラフ・プレーが増えていった。さらに食堂では食べ物を投げつけ合い，果てには相手の留守中にキャンプを襲撃して部屋の中を荒らすという行為まで発生した。集団の内部においても，以前は面倒見のよい「民主的」な子どもがリーダーとして支持を集めていたが，集団間競争が始まった後では，過激で攻撃的な子どもがリーダーとして支持を集めるようになった。

　集団間の対立が高まったところで，第三段階として，シェリフらはこれを解消するための**上位目標**（superordinate goal）を設けた。上位目標とは両集団にとって共通の利益となるが，両集団が協力して初めて達成できるというものである。例えばこの実験では，食料を運ぶトラックが脱輪したので，引っ張り上げてほしいが，一方の集団だけでは力不足なので，両集団の子どもたち全員が参加して達成する必要があるという状況が設けられた。このような上位目標を複数達成する経験を通じて，他集団の子どもたちに対する態度は友好的な態度へと変化していった。

　これらの心理的変化のプロセスをまとめたものが図3-1である。まずもともとはあまりよく知らない人どうしであっても，一緒に生活し協力し合うことを通じて集団が形成された。そしてその集団は単なる集まりではなく，例えばルールや役割分担など，その集団の独自性，集団文化と呼べるものが生まれる。次に集団が別の集団と接触する機会が生じ，希少資源をめぐる競争を経験すると，もともとは仲の良かった友達もいる別グループ＝外集団に対しても，自分たちの集団＝内集団と外集団という認知の変化が生じる。内集団に対しては，競争的・攻撃的であることが好まれる文化やリーダーシップが変化し，また外集団に対しても敵意や憎しみをもつようになり，破壊行動などの攻撃的行動もみられるようになる。そしてそのような集団間葛藤が強

まった状態で。集団間で共通の目標である上位目標を設け、内集団と外集団という区別を超えると認知した態度を示すように。このように、集団を形成し、他の集団との競争的な関係となることで、個人的に恨みがない相手に対して「不本意であっても」外集団と協力せざるを得ない状況が、集団間の関係を変えることでも。この研究結果は示している。

## 2.4　アイデンティティ要因

内集団の成員を外集団の成員よりも優遇するということが生じると考えられている。しかし実際には単に集団の一員となるだけでも、内集団成員を外集団成員よりも優遇する**内集団びいき** (ingourp favoritism) という現象が生じることが、タジフェルら (Tajfel et al. 1971) の最小条件集団パラダイム (minimal group paradigm) の実験によって報告されている。この実験では、初めに14〜15歳の少年48名に抽象画であるパウル・クレーの絵かワシリー・カンディンスキーの絵のどちらが好きか回答させ、その回答に基づいて、参加者は「クレー集団」「カンディンスキー集団」という集団の一員に振り分けした。最小条件集団とは、絵の好みという「最小限の条件」以外には集団分けの根拠がない集団という意味である。その後で簡単な課題を行い、子どもたちには実験参加の謝礼を渡すと説明した。その際、自分自身が受け取る報酬は決定できないが、自分以外の同じグループの実験参加者と別のグループの実験参加者にいくら与えるかは決定できること。そしてそれを決める際には例えば表3-1のような組み合わせで表が与えられ、a〜iの選択肢からどれか一つを選ぶというやり方で決めると説明した（表3-1では、わかりやすいように報酬を日本円での表記に変更）。

一般的には、社会構造や歴史的経緯から生じると考えられる差別は、

この場合、実験参加者はどれを選んでも自分の個人的な利益とは無関係である。もし親切心から他の人たちの報酬を最大化してあげたいと考えれば、右端の「i」を選ぶのが一番良い選択となる。しかしその場合、内集団成員が受け取る報酬（170円）は外集団成員が受け取る報酬（210円）よりも少なくなる（170円−210円＝マイナス40円）。つまり内集団成員は相対的に少ない報酬を受け取ることになる。逆に左端の

**表3-1　最小条件集団実験での報酬分配表の例**（単位は円）

| | a | b | c | d | e | f | g | h | i |
|---|---|---|---|---|---|---|---|---|---|
| 内集団・034番 | 90 | 100 | 110 | 120 | 130 | 140 | 150 | 160 | 170 |
| 外集団・495番 | 50 | 70 | 90 | 110 | 130 | 150 | 170 | 190 | 210 |

「a」を選んだ場合，内集団成員（90円）は外集団成員（50円）よりも多くの報酬をもらうことができ，その差も最大（90円−50円＝プラス40円）になる。しかし金額だけに注目すれば，他集団成員はもちろん，自集団成員も報酬が最も少ない，つまり一番損をさせてしまう選択となる。

　このような選択肢に対して，実験に参加した子どもたちの間で最も多くみられた選択は，集団間で平等に分配する「e」であった。このことは他人が受け取る報酬とはいえ，基本的には他の人たちを平等に扱うべきであるという規範を子どもながらにもっていることを示唆している。しかしそれ以上に興味深い結果は，「d」を選ぶ実験参加者も同程度に多かった点である。選択肢「d」の特徴は内集団成員が外集団成員よりも多くの報酬をもらえる選択肢（a〜d）の中で，報酬が一番多い組み合わせとなっている。ここより左（選択肢a〜c）を選ぶと外集団成員よりも多くの報酬を内集団成員に与えることができるけれども，内集団成員が受け取る金額も小さくなる。つまり選択肢「d」は内集団の実験参加者の報酬を最大化しつつ，外集団の実験参加者が受け取る報酬とは差を設けようとする選択肢なのである。このことは，内集団成員には外集団成員よりも多くの利益を与えるという「差別」は，集団の一員となるだけで起こること，しかもそれによって利益の絶対的金額は少なくなるとしても，外集団との有利な差異を強調したいという心理過程が人々にはあることを示唆している。

　この内集団びいきは1節で上述した社会的アイデンティティ理論（social identity theory）によって説明されている。社会的アイデンティティ理論では，人々はポジティブな自己概念をもつことを好み，自尊心（self-esteem）を高めようとする自己高揚動機（14章参照）をもつとされている。その結果として，それは内集団を外集団よりも望ましい，より高い地位の集団とすることで，自分自身の自尊心を高めようとするため，結果として内集団びいきが生じる（Rubin & Hewstone, 1998）。

　人々の自尊心が所属集団によって決まるのならば，自尊心が低くなるような集団に所属している場合，人々はどうするだろうか。ホッグとエイブラムス（Hogg & Abrams, 1988）によれば，そのような状況にある人々は個人的移動や社会変化が動機づけられる（図3-2）。個人的移動とは，現在所属している集団を抜けて，より社会的評価の高い集団に新たに所属することである。その際に重要となるのは集団間で移動可能かどうかであり，これを**透過可能性**という。人種や性別は遺伝レベルでの差異なので透過可能性はきわめて低いと考えられる。人々が集団間の透過可能性を高く知覚すれば，個人的移動が動機づけられる。しかし透過可能性が低いと知覚した場合は，人々は社会変化が動機づけられる。タジフェルとターナー（Tajfel & Turner, 1979）によれば，それは社会的創造と社会的競争の2種類の方向性をもっている。そ

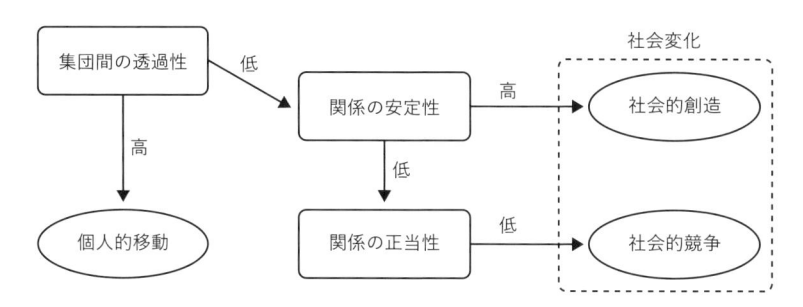

**図3-2　社会変化が動機づけられる心理プロセス**

の際に重要となるのは，内集団と外集団の関係の安定性と正当性である。集団間関係が安定していて，簡単にはそれが変化しないと判断したときに社会的創造が動機づけられる。例えば大学の学業レベルでは負けていても，自分の大学の学生のほうが社交的であると主張したり（新しい次元の発見），学業レベルだけが大学の価値ではないと考えたり（価値の再定義），自分の大学よりも評判の悪い大学と比較する（新しい比較集団の発見）などである。一方，現在の集団間関係が不当であり，また不安定だと判断した場合，社会的競争が動機づけられる。革命運動などで現在の政治体制の不当性を主張し，新しい政治体制を立ち上げることなどがその例である。一方，集団間関係の正当性が高いと判断された場合は，自集団に対する処遇は妥当であるとして，現状を受け入れる。

## 2.5　閉ざされた一般交換理論

　内集団びいきに関しては，利得計算に基づく期待の結果という指摘もある。山岸ら（Yamagishi et al., 1999）の**閉ざされた一般交換理論**（theory of bounded generalized reciprocity）によれば，人々が内集団を外集団よりも優遇するのは，後に内集団から優遇を返報してもらえることが期待できるからである。ここで重要なのはそのような返報が，「同じ集団に所属しているから」という理由で決められる点である。それによって，直接利益を提供した相手からだけではなく，集団内の成員全般に対して利益を提供し合う「一般交換」の状態にあれば，いずれ自分にも利益が提供されるという間接互恵性（indirect reciprocity）を期待できると考える。上述の通り，返報関係は内集団成員に対してのみ限定されているので「閉ざされた」一般交換と呼ばれている。

　この閉ざされた一般交換のシステムに関わり，維持するためには，内集団成員に対して，「自分は内集団に対して協力・援助をしている」という評判を得る必要がある

（例：感染症が広まったときに感染対策に積極的協力し，非協力的な人たちを非難するなど）。このような観点から，閉ざされた一般交換理論では，内集団びいきを集団間の差異の強調のためではなく，人々が内集団成員に対してポジティブなイメージを形成し，それによって返報性の可能性を高めるためと考える。この点に関して，山岸ら（Yamagishi et al., 1999）の実験では最少条件集団間での分配課題において，参加者は，分配相手である内集団成員が，自分も同じ内集団成員であることを知っていると説明された場合のほうが，相手は自分が同じ内集団成員であることを知らないと説明されたときよりも，内集団びいきが強くなっていたことを報告している。言い換えると，ひいきする相手は「内集団成員からひいきしてもらった」ということに気がついていないと考えると，参加者は内集団成員に対して，自分がいかに集団に協力的であるかを示そうとは考えなくなるため，内集団びいきをしなくなってしまうのである。

## 3節　外集団への感情に対する集団間関係の影響

### 3.1　ステレオタイプ内容モデルと集団間情動理論

　外集団に対する認知および情動は，集団間関係からも大きく影響を受ける。フィスクら（Fiske et al., 1999; 2002）の**ステレオタイプ内容モデル**（stereotype content model）によれば，外集団に対するステレオタイプ（10章および11章参照）は，その対象となる外集団が自分の所属している内集団と比べて高地位か低地位かと，その外集団と内集団が競争状態か協力関係かによって決まる。内集団よりも地位の高い集団は能力が高いと認知され，反対に内集団よりも地位が低い集団は能力の面で劣った集団であると認知される。また内集団と競争状態にある集団は「冷たい」と認知され，反対に協力関係にある外集団に対しては「温かい」と認知される。この地位差と関係性の2次元の組み合わせによって，外集団がどのような集団であるかについてのステレオタイプが決まる。例えばお金持ちに対しては「有能だが冷たい」というステレオタイプをもち，「きっと贅沢な暮らしをしているけれど，心から信頼できる友人はいないだろう」といったイメージをもつようになる。2次元の組み合わせから外集団に対する認知とそれによって生じる情動は大きく分けて4種類となる（表3-2）。

　外集団に対するステレオタイプによって，生じる情動反応も影響を受ける点については**集団間情動理論**（intergroup emotion theory；Mackie et al., 2000; Mackie & Smith, 1998）でも指摘されている。この理論では対象となる外集団のステレオタイプに基づき，外集団の動機が内集団と一致しているか，不一致か，そして外集団は内集団より

表3-2　集団間関係と地位が外集団認知と情動に与える影響 （括弧内は典型的情動）

| | | 集団間関係 | |
|---|---|---|---|
| | | 協力 | 競争 |
| 外集団の地位 | 高地位 | 崇拝（尊敬・賞賛） | 羨望的偏見（羨望・嫉妬） |
| | 低地位 | パターナリズム的偏見（憐れみ・同情） | 軽蔑的偏見（怒り・嫌悪） |

も地位が高いか低いかによって，情動反応が異なると主張している。例えば外集団と内集団の動機が一致していない，言い換えると競争関係にある場合，外集団のほうが内集団よりも高地位にあると認知すれば「恐怖」を感じる。一方，内集団のほうが外集団よりも高地位にあると認知すれば，外集団に対しては「嫌悪」を感じる。

## 3.2　偏見の統合脅威理論

　現実的集団葛藤理論のような外部環境の構造的要因と，社会的アイデンティティ理論のような心理的要因の両面から集団間紛争に大きな影響を与える脅威の知覚とその影響を説明したのが，ステファンとステファン（Stephan & Stephan, 2000）の**偏見の統合脅威理論**（integrated threat theory of prejudice）である。この理論では，脅威を個人的脅威と集団間脅威として区別している。個人的脅威とは自分自身の資源や個人的アイデンティティに関する脅威である。一方，集団間脅威とは集団の自由，信念などを危険にさらすものである。また脅威の内容も現実的脅威と象徴的脅威の二つに分類される。現実的脅威は内集団の治安，経済，政治，福祉に対するリスクなど，内集団の物質的資源に対する脅威の知覚である。一方，象徴的脅威は内集団の道徳性，価値，規範，態度，尊敬といった非物質的なものに関する脅威である。脅威が「個人か集団」「現実的か象徴的」かの組み合わせから，それぞれ異なる反応が生じる。集団に対する脅威は「怒り」を喚起するが，個人的脅威は「恐怖」を喚起する。現実的脅威は「不安」と「欲求不満」を生じさせるが，象徴的脅威は「軽蔑」や「嫌悪」といった外集団に対する低評価を生み出す。一般的には，ある脅威が知覚されたとの確信が強まれば強まるほど，危険度および感情的・行動的反応の緊急性が高いと知覚される。リークら（Riek et al., 2006）によるメタ分析の結果からも，集団間脅威はネガティブなステレオタイプ，外集団の意図の曲解，さらには脱人間化の可能性を高めることが報告されている。さらに脅威にさらされた集団の勢力も影響することが報告されており，勢力の強い集団は，強制的な方法で反応する傾向がある。反対に勢力の弱い集団は，報復を避けるためにより慎重になり，例えばサボタージュや不服従といった反応をする（Stephan & Stephan, 2000）。このように統合脅威理論では，集団間紛争にお

ける現実的脅威と象徴的脅威の両方の重要性を強調しており，構造的要因と心理学的要因がともに，ネガティブな集団間行動をどのように引き起こすかを説明している。さらにステファンとレンフロ（Stephan & Renfro, 2002）では，SDOのようなパーソナリティや文化差が，脅威の知覚に与える影響についても指摘されている。

## 4節　集団間関係の改善

### 4.1　カテゴリーの変化および集団間接触

　社会的アイデンティティ理論によれば，集団間紛争が生じるのは社会的カテゴリー化の結果であって，集団間のネガティブな相互依存関係のためではない。そのため集団間紛争を解決するためのアプローチとしては，**脱カテゴリー化**（decategorization）による解決方法が検討されてきた。これは外集団成員を，それぞれ個性をもった個々人として見ることを通じて，社会的カテゴリー化による影響を解消することであり，それを支持する研究結果も得られている（Bettencourt et al., 1992）。また**再カテゴリー化**（recategorization）というアプローチでは，集団間の関係を「わたしたち対かれら」という認知から，より包括的なカテゴリーの強調を通じて両集団を「わたしたち」と認知させるという方略を用いる。このような高次のカテゴリー化は実際に集団間のバイアスを低減させることが報告されている（Dovidio et al., 1995）。

　しかしながら，このように社会的カテゴリーを変化させることは，一方で，個々人がもつ差異化と同化に対する欲求に対して脅威となることも指摘されている（Hewstone et al., 2002）。そのため，個々人のアイデンティティを守りつつ，集団間紛争を解決するために，**集団間接触**（intergroup contact）の効果が検討された。競争的・対立的関係にある外集団の成員と個人的に接触する機会を設けることにより，外集団の成員を個々人として認知し，その結果，外集団のステレオタイプが解消されるというのがその基本的メカニズムである。このアプローチは古くからオルポート（Allport, 1954）によって検討されており，それが成功するための条件も指摘され，対等な地位，共通目的，権威による支援，友好的相互作用などが必要とされている（例：異なる民族の小学生が同人数選出され，地域の活性化について教師の指導のもとで共同作業を行うなど）。このような形で解消された外集団に対するステレオタイプは，直接接触した外集団成員だけでなく，外集団成員全体に一般化されることで，集団間関係が改善されると主張されている。

### 4.2　集団間援助

　集団間関係に関する心理学研究は紛争という側面から研究されることが多いが，それ以外のアプローチもある。その一つが**集団間援助**（intergroup helping）である（対人間の援助については8章を参照）。ある集団が他の集団を援助するというポジティブな集団間関係は，それ自体が善意や道徳心に支えられていることも考えられる。しかしサッチデフとボウリス（Sachdev & Bourhis, 1987）が指摘したように，現実社会の集団間関係はその多くが勢力と地位において不平等である。そのため集団間援助の動機や目的も，この社会的勢力や地位（1章参照）の影響を大きく受けている。

　外集団に援助を提供するか，反対に外集団からの援助を受容するかは，集団間の地位関係が大きく関わってくる。ハラビとナドラー（Halabi & Nadler, 2017）の**地位関係としての集団間援助**（Intergroup Helping as Status Relations：IHSR）モデルは，援助関係と社会的アイデンティティの関係について説明している。外集団から援助を受けるということは，内集団が外集団に依存することであり，内集団は外集団に対して劣った集団であることを自ら認めることになってしまう。そのため集団間援助は自尊心を低下させ社会的アイデンティティの脅威となるので，援助の拒絶を引き起こすこともある。例えば白人から頼んでもいないのに援助を受けたアフリカ系アメリカ人は，ネガティブな感情の生起と自己価値観の低下を示した（Schneider et al., 1996）。同様のことはイスラエル国内のアラブ人市民にもみられた（Halabi et al., 2011）。

　この集団間援助に対する集団間地位階層の影響に関して重要となるのは，**地位階層の安全性**である。安全な地位階層は，正当であり安定しているゆえ変化しにくいと認知される。一方，危険な地位階層は，不当かつ不安定であり，変更可能と認知される。IHSRモデルによれば，優勢集団と劣勢集団の援助関係は安全な地位階層と危険な地位階層とで異なったものとなる（Nadler, 2002; Nadler & Halabi, 2006）。集団間地位階層が安全である，言い換えると集団間の地位差が固定的であると知覚された場合，優勢集団は劣勢集団から必要なときにはいつでも援助することを期待される。それは優勢集団が劣勢集団よりも資源や勢力を備えているからである。この場合，援助しても集団間の地位差は変化しないため，優勢集団は脅威を感じることなく，自集団の優越性を確認しそれによって自尊心を高めることができる。そして優勢集団による援助は問題を直接解決する方法をとるが，それによって受け手である劣勢集団は非力で受け身的と認知される。このような援助は**依存志向的援助**（dependency-oriented helping）と呼ばれる。例えば食料が不足している集団に対して，食料を買い与えるという援助は依存志向的援助となる。それに対して援助の受け手に問題解決能力があるため必要な手段・道具の提供をするという援助は**自律志向的援助**（autonomy-oriented helping）

と呼ばれる（Nadler, 1998）。例えば食料が不足している集団に対して，農業技術，商品化，流通などの知識を教育し，自給自足を可能とする援助は，自律志向的援助である。集団間の地位が固定的である場合において，劣勢集団は援助を受けることを受け入れ，感謝することを期待される。劣勢集団のそのような反応によって，不平等な社会構造と集団間地位関係が「慈悲」や「親切」といった形で正当化され，さらには制度化されることもあり，以降の依存志向的援助をより強めることになる。

　集団間援助がより大きな問題を引き起こすのは，地位階層が不当で不安定であると知覚されるときである。そのような状況では，劣勢集団の人たちは自分たちの立場を変更可能であると考え，より望ましい社会的アイデンティティを獲得するための地位向上が動機づけられる（Tajfel & Turner, 1979）。そのような動機と優勢集団への依存に矛盾を生むため，劣勢集団の人たちは優勢集団からの援助を望まず，それを拒否しようとする。特に劣勢集団の反発は依存志向的援助に対して強くなる。実証研究においてもモデルの予測は支持されており，例えば実験操作によって集団間関係が不安定であると認知させられた劣勢集団の実験参加者は，優勢集団からの援助に対して，自律志向的援助のみを求めるようになった（Nadler & Halabi, 2006）。

　一方，優勢集団の成員は，危険な地位階層が生み出す脅威から自分たちの優越性を維持しようとするために，社会構造に疑問を呈してくる劣勢集団に対して相当量の依存志向的援助を与えるようになる。集団間の地位が不安定な状況では，優勢集団の人たちは地位変化によって社会的アイデンティティに備わったポジティブさが低下し，その結果自尊心が低下する危険性がある。そのため，自集団の優越性を自集団メンバーのみならず，外集団メンバーにも再確認させるために援助を行おうとする。しかし援助によって劣勢集団が勢力を強め，地位階層が変化しては意味がないので，依存志向的援助を与えるのである。例えば優勢集団（＝イスラエルのユダヤ人）のうち，SDO得点の高い人たちは，それが低い人たちと比べて，劣勢集団（＝イスラエルのアラブ人）に対して依存志向的援助をより多く提案していた（Halabi et al., 2008）。このような優勢集団が自分たちの特権的地位に対する脅威から劣勢集団に依存志向的援助を与えることを，ナドラーら（Nadler et al., 2009）は**防衛的援助**（defensive helping）と呼び，劣勢集団がそれを望むかどうかにかかわらず行われると述べている。

　このように集団間の勢力・地位関係が安全であると認知されるときには，依存志向的援助であっても，正しく慈善的な行為と評価される。しかし集団間関係が異なると，同じ援助行動でも受ける側の自尊心を低下させ，社会的アイデンティティに脅威を与えるため，不平等を再生産する非道徳的な援助と評価されてしまう。このような点からも集団間関係は人々の認知，感情，行動に大きな影響を与えているのである。

## コラム4　SNSが集団と社会的アイデンティティを変える？

　インターネットが日常生活から切り離すことのできない必需品にまで成熟した現在では，それが人々の社会的アイデンティティに与える影響もまた無視できないほど大きくなってきたといえる。その代表がSNS（Social Networking Service）による集団の形成である。

　SNSの特徴の一つはその手軽さである。スマートフォンが1台あれば，24時間，世界中の情報にアクセスできるだけでなく，自分から情報発信をすることができる。新聞，ラジオ，テレビの時代には一部大手メディアに独占されていた情報発信技術が，インターネットの登場によって個人でも行うことが可能となった。SNSはそれに加えて，専門的な知識が不要であり，そして何よりも安価なため，幅広い世代に活用されているといった点が挙げられる。SNSの普及とそれによるサービスの充実の結果として，人々の集団への加入と離脱も一層容易になった。例えば猫の動画（ちなみにYouTubeの記念すべき最初の動画は猫の映像だったそうだ）が好きな人は，同じ趣味の人をSNSですぐに見つけることができ，「フォロー」することでその人が用意した情報交換の場に参加したり，自らそのような環境を設けたりすることもできる。そのため，日常生活ではめったに出会うことのない，極端な思想や意見をもつ人でも，世界中のどこかでは見つけることができ，集団の仲間として加入し，社会的アイデンティティを獲得することが容易になっている。さらには離脱の容易さもSNSの特徴で，ほんの数ステップで，それまで参加していた集団から離脱し，縁を切ることができる。このような手軽さは，集団内で意見が異なる人がいた場合に，その人の考えを理解するように努力する気を起こさせないだろう。このような離脱の手軽さから，最終的には自分にとって気持ちの良い情報のみと接し，自らの意見を変えることのないまま生活することを可能にしている。

　そして重要な点としては，単なる趣味ではなく，イデオロギー，道徳的信念，社会規範といった，集団にとって重要な要因を共有する集団もSNS上で形成され，社会的アイデンティティに影響を与えていることである。例えばテロリストが若者を勧誘したり，政治や思想の問題にもSNSは大きな役割を果たすようになっている。SNSやインターネット上で形成された集団は，単に熱しやすく冷めやすい集団なのか，それとも外部からの影響を受けにくい，硬直的な集団なのか，SNSでは集団の境界線やカテゴリーはどのように認知されるのか。これらが集団間関係，さらには社会全体に与える影響（社会の分断など）を考えると，今後，新しい知見が求められる重要な研究テーマだといえるだろう。

# 4章 文化

　人の社会は，狩猟採集から農業，産業革命を経て現在私たちが目にするものへと変化したが，こうした社会の進展は人々が世代を重ねる中で知恵や考えを受け継ぐことで生まれたものである（Richerson & Boyd, 2005）。英語のcultureが，「cult（耕す）」と「-ure（もの）」で構成されるという事実は，人々が生活の中で折り重ねてきたものの重要性を物語っている。本章では，社会心理学にとっての「文化」の重要性と，異なる文化の間で心を比較する意義を紹介する。そのため，まず文化の定義を説明し，それを用いた心の研究について，いくつかのアプローチを紹介する。そのうえで現代的な文化の問題である異文化間葛藤や適応といった応用的な観点にも触れたい。

## 1節　文化とは

　筆者が北米に留学したての頃，無性に米が食べたくなることがあり，大学近くにある，日本出身ではない店主が開く日本料理屋で何度かカレーを食べた。その日もカレーを食べて席を立つと，突然店主に小言を言われた。聞いてみると，「貴方はこれまで何度か食事をしているものの，店のサービスは悪くないのに，いっこうに『チップ』を支払わないのはなぜなのか」という言い分であった。

　北米ではそれなりのレストランで客はチップを支払う習慣がある。客は，来店した店のサービスを良いと感じた程度に応じ，サービスへの対価として妥当と感じた金額を購買に上乗せして支払うことになっている。興味深いことに，例えば，学生が飲食店でアルバイトをする場合，額面の給料はまず低賃金で，稼ぎの真価はサービス良く客を迎えることで得られるチップだという場合もある。読者の中にも飲食店でアルバイトをした方がいることと思うが，さて，これまで日本で，あなたは客やアルバイトとして上記のようなやり取りの理解，客への感じ方をしたことがどれほどあるだろうか。日本にはチップの習慣はない。それだけでなく，客として受けたサービスの良さ

を推し量りながらカレーを食べることもなければ、客を上機嫌にするよう話しかけて自分の取り分を増やしめようという気持ちで接客をしたこともないのではないか。

**文化**（culture）とは、「ある集団に特徴的な所産にみられる、象徴によって獲得・伝播された、明示・暗黙両方にわたる行動様式であり、その中核には「歴史的に受け継がれ、選択されてきた伝統的な考え（idea）や、親しまれている価値観（value）がある」（Kroeber & Kluckhohn, 1952, p.357）。北米のサービス業では、客は自身の受けたサービスの満足感に目を向け、アルバイトはサービスを提供した対価を、それを意味（象徴）するチップを介して受け取るという一連の流れと、それをスムーズに行う物事の捉え方や感じ方、振る舞いの仕方（行動様式）がある。チップにまつわるある行動様式は、その背後に、一方的な無償奉仕を良しとしない、本来的に人は平等であるべきだといった価値観や、自らの奉仕に依って他者から報酬を獲得できるといった自己統制的の価値観があるのかもしれない。なお、文化は国の境界のみで異なるものではない。筆者は静岡出身の妻には、しばしば「笑いにまつわる行動様式に何かまだわかっていない。と冷ややかに尋ねられる。おそらく「その話のオチは何か」と冷ややかに尋ねられる。おそらく「その話のオチは何か」と冷ややかに尋ねられる。筆者には大阪出身と静岡と大阪の話のみで異なるものではない。筆者は静岡出身の妻には、大阪出身の違いがあるのであろうが、筆者にはそれが何かまだわかっていない。

ここで「文化」の操作的定義は難しい問題であり、まさにここれを巡って、疑問に思う読者もいるかもしれない。文化の操作的定義は難しい問題であり、まさにここれを巡って、いくつかの研究の流れがある。次節では、三つの著名な潮流について順に紹介する。まず、「説明次元的アプローチ」では、メンバーの価値観に基づいて集団の特徴を特徴とする。「批判的アプローチ」では、少数の解釈的なものさしを位置づける操作を特徴とする目的とする。特定の文化に偏った心理学のデータを対照化し、特定の文化に偏った心理学のデータを是正する目的とする。「要因特定的アプローチ」で単純な一般化の限界を示すための操作を特徴とする。操作化の特徴と社会集団のばらつきの背後に、それを生み出した要因を考える。操作化の特徴と社会集団のばらつきの背後に、それが異なる社会集団を比較し、その要因を実験的に操作して社会集団と同様の違いを再現できるかが検討される。普遍的な環境要因を考えて、それが異なる社会集団を比較し、その要因を実験して社会集団と同様の違いを再現できるかが検討される。

[1] 「集団に特徴的」なので、異なる文化をもつ社会集団どうしを比較する。「明示・暗黙両方にわたる行動様式」を扱うので、調査や観察、自己反省できない認知過程を社会集団どうしを比較する。心理学では参加者から収集した個々人の行動をデータとすることが多いが、文化の研究では、ある社会集団で得られたもの（例：絵本、新聞、人の名前など）も研究対象となり得る。さらに、「考え」や「価値観」が反映した行動や、日常生活の文脈で行動のもつ意味を研究する。

## 2節　文化の操作的定義

### 2.1　文化に対する説明次元的アプローチ

　ホフステーデ（Hofstede, 2001）は，人に普遍的な価値観の項目を用いて，国の違いを説明する価値観の次元を抽出した。価値観項目に対する同一国の参加者の回答を平均し，国どうしがばらつく少数のものさし（以下，「次元」）を探る因子分析を行った。その次元は，「個人主義－集団主義」「権力格差」「不確実性の回避」および「男性性－女性性」であった。後年，儒教的な項目で再検討を行った研究（Chinese Culture Connection, 1987）から「長期志向－短期志向」の次元が，幸福感に関する研究を踏まえ（Minkov, 2009），「充足性－抑制性」の次元が追加された（表4-1）。

　この中でも「**個人主義－集団主義**」の価値観次元は，その国のメンバーが内集団との間にもつ結びつきの程度に関わる次元である。個人主義－集団主義の次元は，ホフステーデの研究では「現在のあなたの仕事に関係なく，理想と思う仕事を考えてく

#### 表4-1　ホフステーデによる国を単位とした価値観の次元
（岩井・岩井, 1995 および Hofstede insights（https://www.hofstede-insights.com/）より）

| 次元名 | 定義 |
| --- | --- |
| 個人主義－集団主義 | （個人主義を特徴とする社会では）人はそれぞれ，自分自身と肉親の面倒を見ればよい。 |
| | （集団主義を特徴とする社会では）人は生まれた時から，メンバーどうしの結びつきの強い内集団に統合される。内集団に忠誠を誓う限り，人はその集団から生涯にわたって保護される。 |
| 権力格差 | それぞれの国や制度や組織において，権力の弱い成員が，権力が不平等に分布している状態を予期し，受け入れている程度。 |
| 不確実性の回避 | ある文化の成員が不確実な状況や未知の状況に対して脅威を感じる程度。 |
| 男性性－女性性 | （男性性を特徴とする社会では）社会生活の上で男女の性別役割がはっきりと分かれている。男性は自己主張が強くたくましく物質的な成功をめざすものだと考えられており，女性は男性より謙虚でやさしく生活の質に関心を払うものだと考えられている。 |
| | （女性性を特徴とする社会では）社会生活の上で男女の性別役割が重なり合っている。男性も女性も謙虚でやさしく生活の質に関心を払うものだと考えられている。 |
| 長期志向－短期志向 | （長期志向を特徴とする社会 / 現実的社会では）教育で倹約と努力を重視し，未来に備えようとする。<br>（短期志向を特徴とする社会 / 規範的社会では）伝統や規範を維持しようとし，社会の変化に疑念を抱きやすい。 |
| 充足性－抑制性 | 育てられ方に応じて，教育で生来の欲求や衝動を統制しようとする程度。 |

ださい。理想的な仕事を選ぶうえで，次に挙げる項目はあなたにとってどれくらい重要ですか」という教示のもと，「1. 自分のための時間，家族と過ごす時間が十分にあること」「2. 雇用の安定性があること」「3. 興味のある仕事に従事すること」「4. 家族や友人から尊敬される仕事に就くこと」の4項目に，「1：最優先的に重視する」〜「5：殆ど／まったく重視しない」から評定された社会人のデータで抽出されている。

　個人主義−集団主義の次元は，ある国でどれほど民主主義的政治が支持されているか，労働場面で個人の業績が重視されているか，コミュニケーションで自己主張がどれほど好まれるか，核家族化が進んでいるか，教育場面でどれほど教師が生徒個人の意見を重視しているかなど，「個人とその自由」に価値を置いた結果だと解釈できる国の変数との相関がみられ（Hofstede, 2001, p.503, appendix 6参照），社会心理学が研究対象とする実にさまざまな社会行動の社会集団による違いを説明した。ここで，北米は，世界でトップクラスの個人主義の国であった。

## 2.2　心理学の一般化問題に対する批判的アプローチ

　心理学は北米で確立したが，北米が個人主義の国だとすると，研究データや研究者の発想自体に，欧米の（Western），教育歴をもつ（Educated），産業化社会（Industrialized）で，豊かな暮らし（Rich）をする，民主主義の政治（Democratic）の下で初めて成り立つものがあったのだろうか（Henrich et al., 2010）。この疑問は，人間心理の研究として北米の研究ばかりであると人の代表性に欠けるという指摘，すなわち**心理学のWEIRD問題**につながった。この問題に対しては，既存の心理学の理論に反証的な例を示すことが意味をもつ。例えば，一部の鳥のみを見て全ての鳥には翼があると言われているところで，その言説の限界を示すために翼のない鳥を見つければよいことに似ている。文化人類学と，心理学と言語学を基盤に興された文化心理学（Schweder & Sullivan, 1993）がこれを担った。

　社会心理学では，自尊心や自己呈示など，自己（self）は重要な主題である。それは，私たちの社会的な心の働きが，自分はうまくやっているか，自分は他者にどのように見られているかなど，自己を中心としていることが多いためである[2]。また，社会的行動は，自己のみならず一般的な人（他者）をどのように理解しているかに基づいて生じることも多い。例えば，人は一般的に自分の力で報酬を得ようとする存在だと理解していれば，チップで稼ぐアルバイトを雇用するのは当然かもしれない。一般的な

---

[2]　機能主義を掲げ，北米で哲学から現代的な心理学を打ち立てたウィリアム・ジェームズも，人の自己評価は理想と現実との自己の状態の比であるとし，人が自己を省みる際，認識する主我（I）と認識される客我（me）に整理されるなどとした。

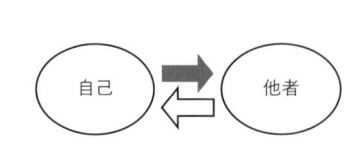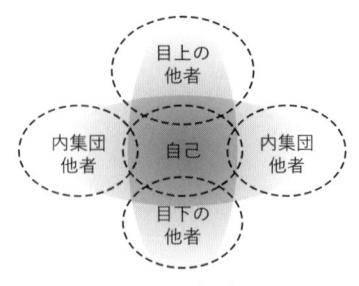

■**独立的な文化における自己観**
- 自分の面倒は自分でみることができる
- 人と違って個性的である
- 自分が他者に影響を与えることができる
- 自由である
- （平等だが）自分は素晴らしい存在である

■**協調的な文化における自己観**
- （内集団の）他者との人間関係を保つ
- 自分は（内集団の）他者たち並み
- （内集団の）他者に求められることに対して
  自分を合わせる
- 内集団に根付いている
- 内集団の序列に従おうとする

**図4-1　文化的自己観**（Markus & Conner, 2013をもとに作成）

人についての理解は，チップを用いる社会集団のメンバーどうしで，それがどういったものかが広範に受け入れられ，雇用から食事中の考えにわたって意味が共有されることで機能する。このように，ある社会集団のメンバーに共有され，広範に受け入れられている自他を含む人のあり方に関する前提を**文化的自己観**という（図4-1）。そして，先述のWEIRDな人々の間で共有されている自己観に特徴があるという指摘がある。具体的にそれは，人は①互いに独立し，②個性的で，③他者に影響を与え，④自由で，⑤平等であるというものである。人のあり方がこのようであるという前提に立つと，普段の社会行動にはどのような行動様式がみられるのだろうか。

　人は，人の行動の原因を説明しながら暮らしている。例えば，なぜあの人はテストで良い点を獲れたのかなど，行動の原因を説明することは今後の生活をある程度予測できるものとする。ここで，WEIRDな文化的自己観のもとでは，他者の行動を説明する際，行為者のパーソナリティや能力，態度などの内面に着目する（Morris & Peng, 1994）。例えば，テストで良い点を獲れた人は有能だったのだろうといった説明をする。実は，その人は受験日に調子が良かっただけかもしれず，こうした状況的・外的な要因が行動の原因かもしれないところで，内的要因に行動の原因を求める。これは，人は一般的に自由であるという前提のもとでは，ある行為はしばしばその個人の内的要因に基づいて生じるものだと考えられてしまうためである。さらに，WEIRDな文化的自己観のもとでは，人々は個性的な人であろうとする。そのために，自分が他者と異なって個性的であることを感じた状況で生じる感情（例：誇り）を感

じやすい（Kitayama et al., 2000）。これは，人は一般的に個性的であるという前提の
もとでは，何かを選ぶ際，人とは異なる自分であることを目指すためである。また，
先述のチップの話のように，自分が望むように環境を左右できるというコントロール
感（Morling et al., 2002）や，自分はこれでよいのだという感情だとされる自尊心も
高い（Heine et al., 1999）。この文化的自己観を，人々が互いに自他を切り離された存
在と捉えたものという意味で**独立的自己観**と呼ぶ。

　独立的自己観の存在を指摘するには，WEIRDでない人々に共有される文化的自己
観と対比するとわかりやすい。例えば，詩人「相田みつを」の作品に，「いいことは
おかげさま，悪いことは身からでたサビ」というものがあるが，このように自己を卑
下し，他者との関係を優先する教えは，独立的自己観のもとでは起こりにくい発想だ
と思われる。日本の伝統的な価値観を形成することに一役買った教え —— 仏教にみ
られる他者への慈愛の精神や，儒教にみられる一族を中心とした序列の重要性は，自
分と他者との調和や平穏な関係性に価値を置いた人のあり方を奨めている。こうした
東洋的な教えに基づく一般的な人についての理解は，人は互いに本来的に関係してい
る存在として捉えるものであろう。こうした教えの伝統をもつ東アジア圏では，人は
①互いに関係し合い，②共通性があり，③状況に柔軟で，④内集団に根ざし，⑤階層
的なものとされているかもしれない（Markus & Conner, 2013）。東アジアでは北米に
比べ，他者の行動の説明に内的要因だけでなく外的要因（例：状況，役割，他者の期
待など）も用い，自他が調和する感情に敏感で，状況順応的で自尊心は高くない，と
いった心理的な特徴がみられる（Markus & Kitayama, 2003）。こうした自己観を，
人々が互いに自他を関係した存在として捉えたものという意味で**協調的自己観**と呼
ぶ。

　文化的自己観について重要なのは，自己観という用語であるものの，これがパーソ
ナリティのように個人に内在するものではなく，人とはこういうものだという理解で
あり，それがある社会集団に共有されていると考えるべき点である。例えば，大阪で
流れるテレビ番組には「お笑い」が多いとする。大阪で暮らす人々の会話には，当然
のようにお笑い特有の展開である「ボケとツッコミ」が用いられる。これは，会話は
基本的にボケとツッコミの流れに沿うという前提が，大阪を中心に共有されているこ
とを述べた例であるが，文化的自己観の場合，人とはどういうものかについての前提
があり，WEIRDな社会集団では人は互いに独立していると共有されているのである。

　これに対し，「私は大阪出身だがボケない」などといった反論もあろう。[3]　まず，お
笑い番組の影響下にある人々が「ボケツッコミ会話観」を共有しているとして，番組
を視聴する頻度は各家庭／個人ごとに異なって然りであり，したがって個人差はある。

　ただし，そうした個人差を超えて，大阪で他者（たち）とそれなりの社会生活を送ろうと思ったなら，人はしばしばボケとツッコミをもって会話に臨むことが期待され，その慣習に参加しないことには冷ややかな視線を浴びて生活に支障が出る。ゆえに，ボケない人であっても，どこかの局面でボケとツッコミを支える考え方（例：常識と逸脱）や感じ方（例：掛け合いの楽しさ）のいずれかは体現する必要が出てくる（Kitayama et al., 2009）。これが世代や発達を超え，ボケとツッコミの行動様式を繰り返し生み出す。文化的自己観は，このように，ある種の課題として私たちの生活の質を左右するともいえる（コラム5参照）。このように，メンバーの間で共有される文化的自己観は，個人に内在するものではなく，その影響下にある個人どうしが関わり合う意味的な場にこそ存在しており，それゆえ明確な境界線がなくて当然ともいえる。このため，省みた自己を強く連想させる「自己観」という用語を用いるよりは，**主体のモデル**（models of agency；Markus & Kitayama, 2003）と呼ぶほうが事実に沿っているのかもしれない。

　東洋と西洋の他にも，歴史的にはラテンアメリカ，中東，北アフリカ，南アジア，そしてアメリカ南部を中心に共有されているという**名誉の文化**の研究もある。北米では，激しい争いを「ハットフィールドとマッコイだ」と表現することがある。両者は19世紀後半のアメリカ南部で川を挟み暮らしていた2家の家名である。両家ともに密造酒を含む事業を展開するような家であったが，ある日，境に迷い込んだ一匹の家畜（豚）がどちらの家のものであるかで揉め事となり，これが裁判沙汰となって，ついには両家で複数の死者や死刑者が出る数代にわたる抗争となった。両家の争いは，ギャング映画『ゴッドファーザー』のモデルとなり，両家の停戦協定が結ばれたのは2003年6月である。

　アメリカ南部の大草原地域では，17世紀からアイルランド系移民による牧畜が盛んであった。人々は，収益に乏しい牧畜を生業とし，家畜という，当時は泥棒に盗まれやすい資源で生計を立てる人が多かった。さらに，開拓時代，この地域は無政府状態に近いものであった。こうした環境下では，資源の奪い合いが発生しやすく，自分の身は自分で守らなければならない状況に陥る。身を守る方法はタフで強いこと，または，他者から搾取されることを未然に防ぎ，そうされたような場合は報復することで自らが弱い存在ではないと搾取者に知らしめることである。すなわち「名誉」を傷

---

[3]　ややもすると文化的自己観理論は固定観念の一種であるとすら思われるかもしれない。ここで注意したいのは，固定観念とは，ある集団の一部の人に当てはまることを，同じ集団カテゴリーをもつ他者にも当てはまると根拠もなく押し広げることである。これに対し文化的自己観理論は，社会集団で共有される人のあり方についてまず理論的に求め，それに応じる文化対比的な実証データを伴って主張しているという点で，固定観念とは一線を画している。

つけられた場合は報復を正当とするような理解が適応的となる。コーヘンら（Cohen et al., 1996）は，この行動様式が①資源が流動的（例：奪われやすい）で，②争いを収める制度（例：政府や警察）が弱いという条件が揃った社会集団で生じると考えた。

　名誉の文化では，競争的な文脈で行動するという点で自己評価は個人の力に依るものの，維持すべき名誉は他者の目に映る評価であるという点で，個人の力を超えて社会的である。[4] 興味深いことに，牧畜をしていない現在の大学生でも，アメリカ南部で育った者は，侮辱を受ける条件（例：すれ違いざまに「ばか野郎」と言われる）でのみ，攻撃的行動やその準備となるホルモン分泌がみられた。また，自分の子どもがいじめられたら「父親として何と教えるべきか」を尋ねると，南部では北部よりも「やり返せ」という回答が優勢であった。架空の就職活動生を装い北部と南部の企業に面接の依頼を出した研究では，履歴書に「バーで恋人が別の異性にちょっかいを出されたことで小競り合いになり，意図せず相手を死なせてしまった」前科のある応募者を装った場合，南部企業から面接を許可する返信が北部より多かった。これらが示すのは，①文化が社会環境のもつ特徴によって生み出されることと，②過去の社会環境で求められた適応的な行動様式は，教育や人選など，一端の社会人になる過程を左右する規範となり，次の世代が同じ環境条件に直面しておらずとも伝えられる可能性である。

## 2.3　文化に対する要因特定的アプローチ

　文化は，社会集団が直面した適応上の問題や，それに関わる歴史的な出来事から生まれ，伝えられた結果なのかもしれない。これは，翼がある鳥とない鳥の違いに，昔地上に天敵がいたかどうかという原因があることに似ている。この観点は，文化の要因を解明する要因特定的アプローチである**社会生態学的心理学**と機を一つにする。

　パンデミック下で，見知らぬ人にできるだけ会わない行動規範が生じたことは読者も記憶に新しいと思う。感染症ウイルスは動物の天敵であり，私たちの祖先は，たびたび襲う感染症に行動的に対処する（例：見知らぬ人を避ける）必要があった。ここで，過去にそうした感染症脅威を生き延びた社会集団では，感染症が収まった後も見知らぬ人を避け，近しい人々に関係性を閉じる行動様式が伝わった可能性がある。過去に感染症（マラリヤやチフス，結核菌などを原因とする）の脅威が大きかった国では，「ウチソト」を明確に分ける行動様式，すなわち集団主義的な行動様式が根づいたという説がフィンチャーら（Fincher et al., 2008）に提案されている。彼らは68か国を通して，ホフステーデらの個人主義−集団主義の価値観次元上で集団主義の方向に高

---

[4]　加えて，特に恥に敏感であることや，自分を助けてくれた人にはお返しをするべきという「返報規範」が強いこと，報復のために非合理的な判断が許容されるなどの特徴がみられる。

い得点をもつ国ほど過去の感染症リスクがより高かったことを示した。

感染症と集団主義的な行動様式との関連は，出版物に使用された集団主義的な言葉（例：We）の時代的な推移を用いても検討されている。グロスマンとバーナム（Grossmann & Varnum, 2015）は，北米内の過去100年以上にわたる歴史的な出来事の各年推移に伴って，集団主義的な行動の現れの推移も異なっているか検討した。その結果，出版物に含まれる集団主義的な単語，新生児に与えられる名前の一般性や，離婚率の低さ，単独世帯割合の少なさ，世帯人数，子どもの数，三世代世帯，高齢単身世帯の少なさに，年ごとの感染症の流行と時系列的な共変関係がみられた。

社会集団の適応を左右するものに，先述した牧畜などの**生業**がある。人類史上，社会集団の生活を維持したのは牧畜，漁業や農業であった（Uskul et al., 2008）。特に農業は，地理的に固定された資源（例：水田）を定住して維持する生業である。中国の水田稲作農耕の地域差と，分析的−包括的な思考スタイルとの関係を検討したタルヘルムら（Talhelm et al., 2014）は，水田稲作が優勢な地域ほど東アジアで優勢とされる包括的な思考スタイルがみられることを示した。思考スタイルの違いは，「手袋」が「マフラー」と一緒か，「手」と一緒と考えるかなどと問う課題で測定される。物事を抽象化して分類する思考法であれば，手袋は「衣類」なので前者が選ばれる。一方，物事を抽象化せず関係で捉える思考法であれば，後者が選ばれる。前者は**分析的思考スタイル**と呼ばれ欧米で優勢であり，後者は**包括的思考スタイル**と呼ばれ東アジアで優勢である。さらに，この地域差の一部を利用し，カフェの客が，行く手を阻む障害物を自ら退けるという自己統制の行動を観察したところ，水田稲作地域ではこの行動が少ないこともわかった（Talhelm et al., 2018）。

見知らぬ他者を避けて定住することは，人口動態としては**流動性**が低いことである。反対に，住む場所が変わり，身近な関係が変わりやすいことは，固定された集団に所属する必要性を減らす（Oishi & Graham, 2010）。引っ越しの多い地域ほど，地元に貢献する向社会的行動が少なく（Oishi, Rothman et al., 2007），引っ越しが多かった北米の学生ほど，自分の個人的特徴を認めてくれる他者との交流を楽しいと感じる（Oishi, Lun et al., 2007）。流動性の高い生活を描いたシナリオを読ませると不安が喚起され，自分が見慣れたものをより好ましく感じる。このことで，移住しても好みの物品を提供してくれるチェーン店は流動的な地域ほど売上が高い（Oishi et al., 2012）。流動性が高い社会環境では，自分が新たな関係に受け入れられる手段として自己評価を高め（Sato & Yuki, 2014），身近な他者も自分のもとに居続けるわけではないため，恋人などに対して積極的に親密さをアピールする（Kito et al., 2017）。

これらの研究を生んだ社会生態学的心理学は，心理（i.e., 主体のモデル）の先行要

因に社会環境上の特徴を想定し，その要因から行動に至る過程の実験的検証も伴うという点で（Oishi & Graham, 2010），客観的に捉えた行動を環境刺激との関数として理解しようとしたワトソンの「行動主義」や，グループの意思決定方法がメンバーである子どもの関係性に効果をもつことを指摘したレヴィンの「場の理論」（序章参照）などと同様，社会的な要因が行動に影響すると捉える観点である。価値や意味に普遍的な原因があるならば，同じ要因が現れたような場合，直面した社会集団にその後現れる文化を予測することも可能かもしれない。

## 3節　現代的な文化の問題

### 3.1　異文化間葛藤

　ハンチントン（Huntington, 1997）は，その著書『文明の衝突』の中で，大戦後は欧米に一極集中した政治経済にはならず，人間のアイデンティティを規定する文明圏の間で心理的な衝突が起きることを予測した。集団間で物事の意味づけや価値観に違いがあり，それに伴って，道徳や感情も異なるならば（Graham et al., 2009），異文化間葛藤は根強いものに発展しかねない。3章で学んだように集団間葛藤には現実的脅威と象徴的脅威があるが，文化は価値観や規範を支えるために象徴的脅威を生む要因となり得る。異なる社会集団どうしは接触が少ないため，お互いの知識や情報が不足し，不信や不安，誤解や共感の低下，外集団としての認識が高まる要素もある（Pettigrew & Tropp, 2008）。移民問題などともなれば現実的脅威も伴う（Rohmann et al., 2008）。

　**集団間代理報復**（Lickel et al., 2006）とは，A集団のメンバーaがB集団のメンバーbから加えられた危害に対し，A集団の別のメンバーa'が報復をする現象である。国や民族といった文化的な社会集団は，そのメンバーが代替わりしても伝わるものであるため，時代を超えた報復の連鎖を生む可能性もある。また，集団の「実体性」の認知（Castano et al., 2003）により，本来内部に多様性があるはずの社会集団を一枚岩に認知する（i.e., 欧州はEUである）ことで，相手集団に対する価値的印象が強まる（i.e., 良性／悪性の関係であればより肯定的／否定的に捉える）。さらに，文化は普段，世界観や物事の意味の拠り所であるため，そうした世界観が脅かされるような不合理な刺激（例：意味のわからない文章や絵）を提示されると，人は自文化に対する同一化を高め，異文化接触にはつきものの不確実な事態を避ける（i.e.,「予測できない人々と一緒にいるのは嫌だ」と考える）という報告もある（Proulx et al., 2010）。

　これらに対し，文化的な心の過程が異文化理解に貢献するという観点もある。文学や美術といった文化的産物を生み出すのに不可欠な「創造力」が高い個人ほど，異文化に適応した経験をもつ（Maddux & Galinsky, 2009）。人が異文化に適応する際は創造力を発揮すると考えられ（例：ここでは左手を不浄なものと捉えているのかな？），異文化との交流では，生まれ育った文化の考え方から離脱するような心の強さが発揮されるのかもしれない。実際，集団間・対人間の葛藤に対してこれを調停するような「賢明な思考」をする人は，①葛藤を起こしている両社会集団の視点に立ち，②その妥協点を探そうとし，③葛藤について自らが無知であるゆえに学ぼうとすることが指摘されている（Kross & Grossmann, 2012）。

## 3.2　異文化間適応

　産業化と情報化といった社会の変容により，現代の私たちは，個人が慣れ親しんだ文化ではない異文化に適応を迫られる機会が増えている。読者にも，進学や留学，引っ越しといった形で，出身の文化とは異なる文化のメンバーとなった経験がある方がいるのではないだろうか。異文化間適応を左右する個人特性（i.e., パーソナリティ特性，態度，信念や能力）の研究がある中で[5]（中尾・渡辺, 2023），個人と社会集団との組み合わせを重視する観点もある。リルシュナイダーら（Leersnyder et al., 2011）は，韓国から北米，トルコからベルギーへの移民を対象にさまざまな感情の経験頻度を尋ね，それが移民先であるホスト文化の人々の平均的な感情の経験頻度と類似性がみられる者ほどホスト文化の人々への関わりが多いことを指摘した。ハイネとリーマン（Heine & Lehman, 2004）は，日本とカナダとの間で留学や就労を目的に学生が移動する前後で，個人内で自尊心の得点が半年間で変化することを指摘した。具体的には，日本で暮らしたカナダ人の自尊心は低くなり，カナダで暮らした日本人の自尊心は高まり，その傾向は積極的にカナダへ適応しようとした日本人ほど高かった。

　異文化間適応が個人と社会集団との組み合わせならば，社会環境の特徴が，そこに来ようとする個人の誘引となることもあるかもしれない。都市部は開放性が高く，異なる価値観に対して肯定的で，経済的な機会が多い。つまり，都市部は多様性と寛容性が高い社会環境であるため，創造性の高い職種の人や，異文化出身者が集まりやすく，経済的に発展するという特性がある。一方で，都市部へは機会主義的な移住も増

---

[5]　例えば，異なる文化の出身者との相互作用が求められる多文化状況に対して効率的に対処できる能力とされる**文化的知性**（Ang et al., 2006），そうした特性を発揮する際に自らの行動を新しく求められるものに調整する**文化的調整**（Leung et al., 2014），自らの出身文化を，他文化の観点からみて相対的に理解できる**異文化間感受性**（Hammer et al., 2003）などが研究されている。

え，結果としてリスク志向的な人も集まる。実際，北米の都市部へ移住したいという意向をもつ者ほど，「膨らませるほど得点できるが，ある程度膨らませると爆発して失点してしまう風船」を用いた課題で失点が多い（Sevincer et al., 2021）。また，日本の首都圏でも，首都圏外から転入した者は，そうでない者に比べ，刺激を好む外向性や，新しいものを好む開放性のパーソナリティが高い傾向がみられている（Yoshino & Oshio, 2022）。

　社会が急速に変化し，個人がそれまでに伝統文化から培った主体のあり方が，変わりゆく社会では奨励されないということもあるかもしれない。ノラサクンキットと内田（Norasakkunkit & Uchida, 2011）は，文化的自己観に関わる内発的動機づけの課題を，「ニート・ひきこもり尺度」の得点の高い日本人学生と低い日本人学生を対象に実施した。伝統的には失敗課題により従事する内発的動機づけの行動がみられた日本人学生の中で，上記尺度得点の高い日本人学生は，成功課題により従事したカナダ人学生に類似した反応を示した。この背景には，20世紀後半より急速にグローバル化した日本社会で，独立的な主体のあり方を獲得した個人が若者に生じており，こうした若者は伝統的な主流日本社会を敬遠しつつも国際的な要求に応じることも難しいという状態に陥っているのかもしれない。

　本章では「文化」を集団の一形態として論じ，文化の概念的位置づけと，いくつかの代表的なアプローチを紹介することを通じて個人主義と集団主義，文化的自己観，異文化葛藤，異文化間適応などについて紹介した。文化は，人間の集団的生存にとって重要であったと同時に，私たちの自己や価値の拠り所として，その変わらぬ様と移ろいゆく様に実証的なアプローチが求められる社会心理学の一研究領域である。

## コラム5　よく生きることの意味

　本章では，文化が，私たちの主体のあり方や物事の意味づけに関わることを紹介した。物事の意味といってもいろいろあるが，その中でもとりわけ「よく生きる」とはどういうことか，という意味づけは，自己の精神的な健康や，それを支える社会のあり方に関わるという点で重要なものである。世界保健機関憲章（1948）では，よく生きることを「ウェル・ビーイング」と呼んでいる。本章3節で，文化的自己観がある種の課題として生活の質を左右するとしたが，では，文化によって，「よく生きる」ことの意味も異なるのであろうか。

　一般的に，心理学で個人のウェル・ビーイングを測定する場合，「ほとんどの面で私の人生は私の理想に近い」「私はこれまで自分の人生に求める大切なものを得てきた」などの項目で測定される。ところが，タイ王国でこうした回答に際し，参加者が思い浮かべたことを尋ねると，「まぁ，人並みの生活ができているし」「家族が健康だしね」などといった発言がみられた（Hitokoto et al., 2014）。つまり，従来のウェル・ビーイングの項目には「理想的（i.e., こうしたい）・個人的な自分」や「能動的な行動」を前提とした項目が含まれているが，「義務的（こうすべき）・関係的な自分」や「平穏無事の状態」を前提とした含意を捉えようとすると，微妙に異なる測定が必要なのかもしれない。また，日米の学生に「幸せ」の意味を列挙させ，分類させた内田と北山（Uchida & Kitayama, 2009）でも，実に95%が肯定的な含意で満たされた北米の幸福感とは異なり，日本ではそれが60%止まりで，残り40%は中性的（i.e., 失うまで気づかない）・否定的な含意（i.e., 幸せになると誰かから妬まれる）であった。つまり，東アジアの幸福感には，個人的快楽だけでなく，関係性のバランスなど，社会的な含意が伴うように思われる。

　2023年の世界幸福度ランキング（World Happiness Report）において日本は47位であった。TOP10には欧州圏，15位までに北米圏，と並び，この順位傾向はコロナ禍以前からみられる。こうしたデータは従来のウェル・ビーイングの測定 ―― 「私」の人生の評価 ―― に基づいているのだが，果たして，人が「よく生きている」ことの測定は，文化的な差異や観点に対して公平に行われているといえるのであろうか。

# II
# 人とかかわる

# 5章　対人コミュニケーション

　本章では，人が一日の中で最も長い時間行っていると言っても過言ではない「対人コミュニケーション」のメカニズムやプロセス，機能や効用について紹介する。対人コミュニケーションの様相と対人関係は密接に関連していることからも，対人コミュニケーションを社会心理学的に研究していくことは非常に面白く，得られる知見を日常の生活に還元し生かすこともできる。本章の最後では，対人コミュニケーションにまつわるトラブルにどう対処したらよいかを読者にも考えていただきたい。

## 1節　対人コミュニケーション

### 1.1　対人コミュニケーションとは

　「コミュニケーションとはどういうものですか？」と問われたら，答えられるだろうか。「コミュニケーション」という言葉は頻繁に日常生活の中で使われているにもかかわらず，何を指しているのか，どういうものであるのかなど，定義を明確に答えることは容易ではないだろう。なぜなら，コミュニケーションという用語のもつ意味や，指し示す事象が実に多様だからである。

　そのような中，深田（1998）は，多数あるコミュニケーションの概念を次の三つに大別した。①相互作用過程的概念タイプ：当事者がお互いに働きかけ，応答し合う相互作用過程のことである。コミュニケーションを通して相互理解と相互関係が成立すると考える立場である。②意味伝達過程的概念タイプ：一方から他方へと意味を伝達する過程のことである。当事者は，コミュニケーションを通して意味を共有できると考える立場である。③影響過程的概念タイプ：一方が他方に対して影響を及ぼす過程のことである。コミュニケーションを通して，人間は他者に影響を与えることができると考える立場である。しかし，これらのタイプのどれかが正しいとか，それぞれが相反するタイプであるというわけではなく，コミュニケーションのどこに重きを置い

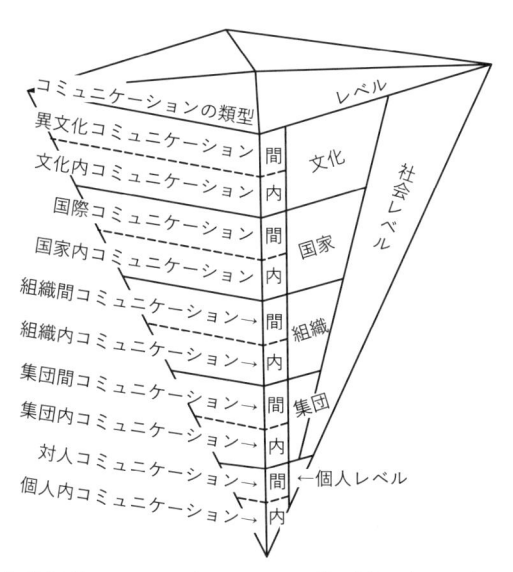

**図5-1　岡部（1996）のシステム・レベルに基づくコミュニケーションの類型**

て概念化したかという違いである。

　そして，人間どうしのコミュニケーションに限定しても，多様な種類のコミュニケーションが存在する。岡部（1996）は，システム・レベルの次元と，システム内－システム間の次元という二次元からコミュニケーションの分類を行っている（図5-1）。レベルには，個人，集団，組織，国家，文化があり，さらにレベルごとにシステム内とシステム間のコミュニケーションがあり（例：個人内コミュニケーション，個人間（対人）コミュニケーション，集団内コミュニケーション，集団間コミュニケーション……），それぞれが異なる特徴をもっている。この分類に基づくと，本章で取り上げる**対人コミュニケーション**（interpersonal communication）は，個人レベルの，しかも個人間で行われるコミュニケーションのことである。

　深田（1998）によると，対人コミュニケーションの本質的特徴の一つは，二者間で交わされるコミュニケーションを基本とするというものである。ただし，個人と個人の間で交わされるコミュニケーションであるという本質的特性が保障されるような場合は，少人数によるコミュニケーションも対人コミュニケーションに含めることがある。本質的特徴の二つめは，送り手と受け手が固定しておらず，当事者間で送り手の役割と受け手の役割が交代することである。そして三つめは，対面状況でのコミュニケーションが基本であるというものだ。ただし，スマートフォンなどのパーソナル・

メディアを介したコミュニケーションを対人コミュニケーションとみなす研究があるように，現代日本人のコミュニケーションと対人関係を検討する際には，コンピュータを介したコミュニケーションは無視することのできないコミュニケーション事態である（3.2項参照）。

## 1.2 対人コミュニケーションのモデル

　かなり古いが，シャノンとウィーバー（Shannon & Weaver, 1949）が提唱した有名なコミュニケーション・モデルというものがある（図5-2）。発信者が伝えたいメッセージを信号に変換し，回路を通してその信号を受信者に運搬する。受信者は受け取った信号を解読するというものである。ただし，もともとこのモデルは情報工学や通信という発想のもとに考案されており，伝達という意味ではわかりやすいが，双方向のやり取りである対人コミュニケーションを説明するモデルとしては必ずしも十分ではない。

　一方，深田（1998）は，送り手と受け手が固定されず，当事者間で送り手の役割と受け手の役割が交代するダイナミックな対人コミュニケーション事態の図示を試みた（図5-3）。図5-3から，対人コミュニケーションがどのような要素で構成され，そしてどのようなプロセスで行われるかが理解できるだろう。

　図5-3からわかるように対人コミュニケーションは多数の要素で構成されているが，基本的構成要素は，①送り手，②メッセージ，③チャネル，④受け手，⑤効果である。誰か（送り手）が，誰か（受け手）に，何かを伝えたいと思い，それを記号（メッセージ）に変換し，その記号をいずれかの経路（チャネル）で送信し，受け手がそれを受け取り，その結果何らかの効果が生じるというのが，対人コミュニケーションのプロセスである。効果には，メッセージの受け手が何かを理解したとか，良い気分になったとか，送り手に腹を立てたなどが含まれる。

### ●送り手

　**送り手**は，伝達したい情報を記号（符号）というメッセージに変換して，その状況で使用可能なチャネルや媒体を用いて受け手に伝える。その伝えたい情報を言語符号や非言語符号に変換する作業を，記号化または符号化（encoding）と呼ぶ。

　深田（1998）は，伝達したい情報内容，および，符号化の正確さと様式は，送り手がどのような人物であるかによって異なるとし，送り手の特性としては，①性別や年齢などの人口学的特性，②職業や社会的地位などの社会的特性，③パーソナリティや能力などの心理的特性，④過去経験が重要であるとしている。

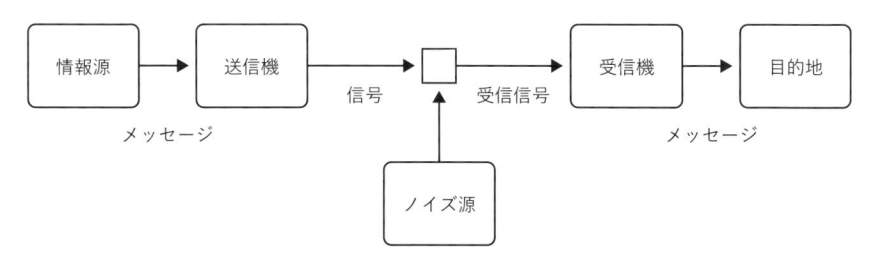

**図5−2　シャノンとウィーバーのコミュニケーション・モデル**
（Shannon & Weaver, 1949の図を筆者が翻訳）

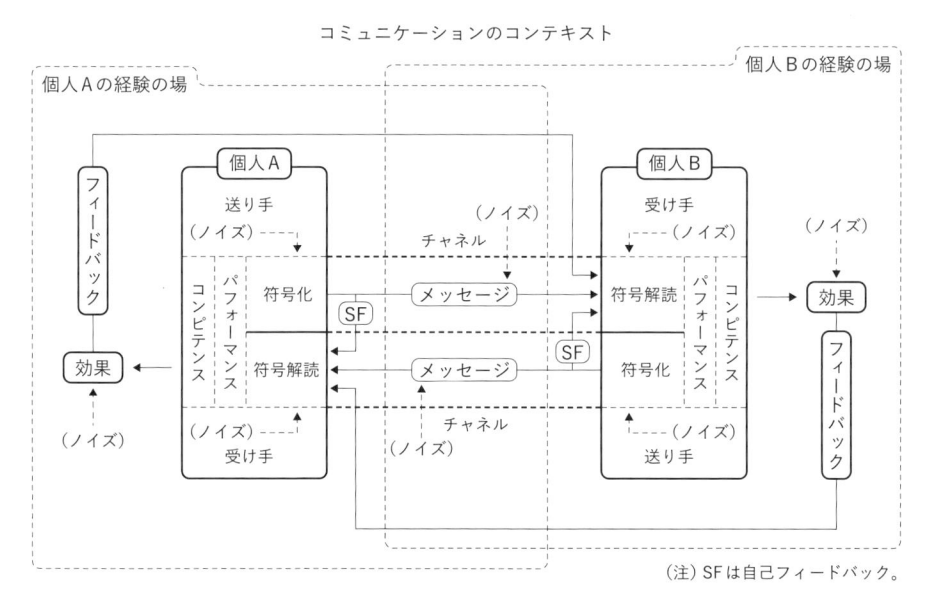

**図5−3　深田（1998）の対人コミュニケーション・プロセス・モデル**

　③のパーソナリティや能力などの心理的特性には，伝えたいことを適切な方法で効果的に受け手に伝えるスキルである**記号化スキル**などが含まれる（コラム6参照）。スキルとは，学習可能なもので変容し得る技能のことである（相川, 2009など）。記号化スキルの個人差を測定する尺度も開発されており，例えば，フリードマンら（Friedman et al., 1980）が作成した**感情的コミュニケーションテスト**（Affective Communication Test：ACT）がある。これは，コミュニケーションにおける非言語的表出性に限定したものであるが記号化スキルの一側面を測定するもので，大坊

（1991）によって日本語版も作成されている。「私は，電話ででも，たやすく感情を表すことができる」「私は，その気になれば，人を引きつける眼差しができる」などといった内容の項目が13個用意されており，それぞれについて9段階で評定し，得点が高いほど非言語的表出性が高いとされるテストである。

### ●メッセージ

　メッセージとは，送り手によって符号化された記号の集合体のことであり，**言語的コミュニケーション**（verbal communication）と**非言語的コミュニケーション**（nonverbal communication）に分けられる。図5-4はメッセージを構成する主な要素を整理したもので，①が言語的コミュニケーション，②〜⑤が非言語的コミュニケーションにあたる。

### a. 言語的コミュニケーション

　言語は記号の一種である。成毛（1993）によれば，記号は，自然的記号（信号）と人為的記号（象徴）に分かれており，言語は後者の人為的記号にあたる。例えば，「ボール」という言語は，物理的存在であるボールそれ自体ではなく，物理的存在を象徴する人為的記号である。成毛（1993）は，全ての言語に共通する特徴として以下の6点を挙げている。①伝達性：言語の主要目的は伝えることにある。②生産性：文章はその場で作り出すことができる。③時間的・空間的広がり：言語では，現在，過去，未来の事柄について語ることができる。さらに，実世界には存在しない想像上のものについても語ることができる。④即時性：話しことばはすぐに消えてしまう。一方，書きことばは保存できる。⑤恣意性：言語と指示対象との間に必然的な関係はない。⑥学習性：言語は文化的に学習され継承される。

### b. 非言語的コミュニケーション

　メラビアンの法則というものを聞いたことがある人は多いのではないだろうか。インターネットの検索サイトで「メラビアンの法則」と検索するだけで，2023年12月時点で85,000件以上のページがヒットする。インターンシップ研修や会社の新人研修などでもよく紹介されるようだ。これらで紹介されている内容の多くは，「人と人とのコミュニケーションにおいて，言語情報が7%，聴覚情報が38%，視覚情報が55%のウェイトで影響を与えている。つまり，非言語的コミュニケーションが93%もの影響を与えている」というものである。非常にインパクトのある内容で，信じてしまう人が多いようだが，実はこれは誤解である。

　この法則の元になっているメラビアンとウィーナー（Mehrabian & Wiener, 1967）

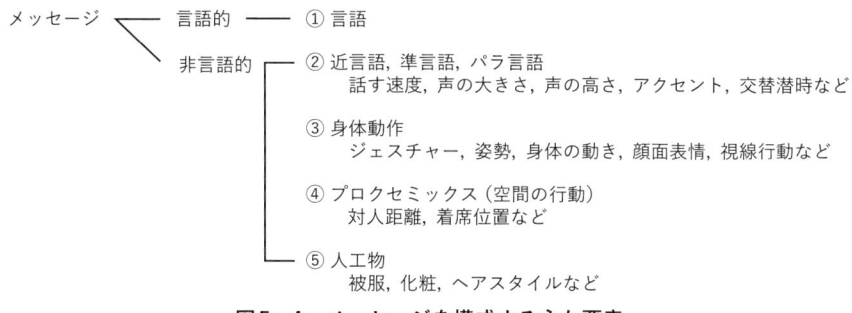

**図5-4　メッセージを構成する主な要素**

が行った実験では，肯定的もしくは否定的な言語的内容にもかかわらず，口調や表情が言語的内容と矛盾しているメッセージを刺激として呈示して，送り手の意図を判断させていた。例えば，「Love」という肯定的な言語を，否定的な口調や表情で発するというようなメッセージが刺激となっている。つまり，言語情報と聴覚情報と視覚情報の内容が矛盾する非常に限定的なコミュニケーション状況では，口調や表情といった非言語的コミュニケーションに重きを置いて送り手の意図を判断するという結果である。また，この結果は，送り手の感情や態度に関するメッセージを送る場面限定でもある。したがって，対人コミュニケーション全般に当てはまることではなく，メラビアンらも論文の中で，実験結果は一般的な対人コミュニケーション場面に当てはまるわけではないと明記している。

　しかし，メラビアンらの実験以外で，一般的な対人コミュニケーション場面を想定した研究などが行われており，社会的な意味の60％から65％が非言語的なものによって伝達されているという結果（Birdwhistell, 1955），69％が非言語によって伝達されていることを示した実験を紹介した研究（Burgoon, 1994）などがある。このように研究によって割合は異なるものの，非言語的コミュニケーションが言語的コミュニケーションと同等もしくはそれ以上の大きな影響を与えていることは事実のようである。リッチモンドら（Richmond & McCroskey, 2004 ／山下編訳, 2006）は，「言語要素と非言語要素の両方がとても重要であり，通常，伝えられる意味はどちらか一方の要素にだけではなく，二つの要素の相互作用に依存するのである」とも述べている。何を言うか，送るか（言語的コミュニケーション）も重要であるが，どのように言うか，送るか（非言語的コミュニケーション）も非常に重要である。非言語的コミュニケーションの分類も研究者によって異なるが，図5-4に示したものが代表的な分類である。

　では，非言語的コミュニケーションにはどのような働きがあるのだろうか。パター

ソン（Patterson, 1983）は，非言語的コミュニケーションの機能を五つ挙げている。①情報の提供：基本的には，全ての非言語行動は潜在的に情報提供行動である。送り手が示す非言語行動全てが受け手に何らかの情報を提供している。②相互作用の調整：会話の進行状態を円滑にする働きであり，比較的自動的かつ熟慮なしに行われる。③親密さの表出：行為者が非言語行動を通して受け手に親密さ（相手に対する好感や愛情，あるいは興味や思いやり）を伝える働きである。④社会的統制の行使：社会的勢力と支配，説得，フィードバックと強化，欺瞞，印象管理といった社会的影響過程において，非言語行動を用いて他者に影響を与える働きを指す。⑤サービスと仕事上の目標の促進：個人的特性や社会的関係を表さないサービスや仕事上の目標を促進するために使用される非言語行動がこれにあたる。例えば，医師と患者や，美容師と客の身体接触などである。

　ところで，私たちが対人コミュニケーションを行う際は，単独の非言語的コミュニケーションのみが使用されるのではなく，同時に複数の非言語的コミュニケーションが組み合わされてメッセージが生成される。その複数の非言語的コミュニケーションの組み合わせによって，異なる意味をもつことがあり，また複数の非言語的コミュニケーションが相互に影響を与え合うこともある。アガイルら（Argyle & Cook , 1976; Argyle & Dean, 1965）は，二者間の親密性に絡む複数の非言語的コミュニケーション間のダイナミズムを示した**親密性平衡**（intimacy equilibrium）**モデル**というものを提唱した。このモデルによると，二者間関係においては，それぞれの関係に応じた快適な親密性レベルが存在する。そして，その親密性レベルを維持しようとする圧力が働く。しかし，親密性を構成する行動の一つが変化すると，その均衡したレベルを維持するために他の一つあるいは複数の行動が逆方向に変化する。この親密性を構成する行動には，視線交錯（eye-contact），身体的近さ（physical proximity），話題の親密さ（非言語的コミュニケーションではないが），微笑量などがある。アガイルら（Argyle & Dean, 1965）の実験では，実験参加者と実験協力者に会話をさせる際，実験協力者が参加者との対人距離を約60センチ，約1.8メートル，約3メートルに操作し，会話中の視線交錯時間を測定した。男女それぞれ同性と異性ペアを設定したが，結果はいずれのペアでも，対人距離が遠くなるほど視線交錯時間が長くなるというものだった。非常にシンプルな実験ではあるが，対人コミュニケーションを捉える際には，マルチ・チャネルに着目していく必要があることを示す好例といえるだろう。

### ●チャネル

　メッセージが運ばれる経路を**チャネル**という。受け手がメッセージを知覚するた

めに使用する感覚器官に基づいて，視覚的チャネルや音声聴覚的チャネルなどと呼ぶ
こともある。例えば，対面で話しているときは，言語や近言語というメッセージが音
声聴覚的チャネルを使って運搬され，送り手の表情などの身体動作が視覚的チャネル
を使って運搬される。メールによるコミュニケーションでは，文字という言語的メッ
セージが視覚的チャネルで運搬される。実際のコミュニケーションでは，同時に複数
のチャネル（マルチ・チャネル）によって複数のメッセージが送受信されているが，
マルチ・チャネルによるメッセージを捉えることの困難さから，研究としては単一
チャネルによって運搬される単一メッセージのみに着目することが多かった。リアリ
ティのある対人コミュニケーション事態を把握するためにも，マルチ・チャネル・ア
プローチによる研究の増加が期待されている（村井, 2005; 小川, 2011）。

　なお，研究者によっては，メッセージを運ぶ手段としての媒体（メディア）のこと
をチャネルと考えることもある。そのような場合には，パソコン，電話，手紙，テレ
ビ，新聞などのメディアのことをチャネルと呼ぶ。

## ●受け手

　**受け手**には，送り手によって符号化されたメッセージの意味を解釈する，符号解
読（decoding）という役割がある。メッセージはあくまで記号であり，メッセージそ
のものに意味が付与されているのではなく，受け手がメッセージを解読することで初
めて意味が生まれる。したがって，メッセージを確実に受け取り，そのメッセージの
意味，そして送り手の意図や感情までも的確に受けとめ推測するには，受け手として
の解読スキルが必要である。ローゼンタールら（Rosenthal et al., 1979）は，解読スキ
ルを測定するために，**非言語的感受性プロフィール**（Profile of Nonverbal
Sensitivity：PONS）**テスト**を開発した。このテストは，刺激人物がさまざまな行動を
演じているシーンを全身，顔のみ，胴体のみ，音声のみなど多様な形式で解読者に呈
示し，解読の正確さを測定するという手続きである。PONSテストの結果，男性より
も女性のほうが解読が正確であることや，年齢と正確度が直線的な関係であることな
どが示されている。

　受け手には，**聴くスキル**という重要かつ基本的なスキルもある。そもそも「聴くこ
と」は，情報を受け取る行為であると同時に，相手に「存在の肯定」「注目」「尊敬」「同
情」などの社会的報酬を与える行為である（相川, 2009）。したがって，受け手は単に
情報を受け取るだけでなく，送り手に社会的報酬を与えられる聴き方をしなくてはな
らない。相川（2009）は，聴くスキルとして次のような具体例を挙げている。相手の
話を途中でさえぎらない，話題を変えない，道徳的判断や倫理的非難をしない，送り

手の感情を否認したり否定したりしない，時間の圧力をかけないなどのように「受容的な構えになること」である。さらに，送り手に「話すきっかけを与える」，そして，話を聴いているときは黙って聴いているのではなく，相づちや非言語的チャネルなどを用いて「反射させながら聴く」「からだを使って聴く」ことも必要だと述べている。また，話題に関連した質問をすることで，送り手の話に興味があるということを示すことも大切である。聴くスキルは，聴くことのプロであるカウンセラーが基本姿勢として身につけているものであるように，日々の会話の中で発揮することができれば良好な対人コミュニケーションにつながる。

## 2節 目的に応じた対人コミュニケーション

### 2.1 対人コミュニケーションの機能

　そもそも，人はなぜ対人コミュニケーションを行うのだろうか。ニューカムら（Newcomb et al., 1965）は，送り手と受け手の間に情報などの不均衡による緊張が生じると，その緊張を低減したいと動機づけられるため，均衡状態を目指してコミュニケーションが行われるという。私たちは各々，異なるパーソナリティを保有しており，考えや意見や好みも異なり，置かれている状況や立場も異なる。したがって，どれだけ親しい関係や家族であっても，人と人との間には情報などの不均衡が生じている。相手が何を考えているのか知りたい，相手に知ってもらいたい，わかってもらいたいというのは，双方の間の情報の差を埋めたいと思うことであり，それゆえに対人コミュニケーションが行われるのである。そして，大坊ら（大坊, 2001; 大坊・磯, 2009）が指摘するように，対人コミュニケーションによって両者の理解が一致する行動が展開され，安定した状態が築かれたとしても，ある時点での合意や安定は，他の面についての落差を浮き上がらせることになるため，一層マクロな理解を人は目指し，さらなる行動を必要とする。よって，対人コミュニケーションが終わることはなく，日々，繰り返されているというわけだ。

　機能的観点からコミュニケーションを次の二つに分類することがある。何らかの目標を達成するための手段としてコミュニケーションを行う**道具的コミュニケーション**（instrumental communication）と，コミュニケーションを行うこと自体が目的である**自己完結的コミュニケーション**（consummatory communication）である。対人コミュニケーションも，この二つの機能に大別できる。なお，後者は，表出的コミュニケーションや消費的コミュニケーションと呼ばれることもある。

### 2.2　対人コミュニケーションの効用

　次に，対人コミュニケーションの効用について考えてみる。例えば，対人コミュニケーションを通じて多様な情報を得ることで，知識の増加や新たな発見をすることがある。また，自分の意見や行動が適切であるかどうかの判断基準を得ることもできる。ニューカムら（Newcomb et al., 1965）が指摘するように，交換を通じて共通の情報を獲得していくことは，認知的な均衡状態を生じさせ，不安低減につながる。

　情報交換によってサービスや作業目標の遂行，課題解決が図られるのも対人コミュニケーションの効用である。対人コミュニケーションは他者に影響を与える行動でもあり，他者の態度変容を目的とした説得コミュニケーション（13章参照），他者を騙そうとする欺瞞のコミュニケーション，他者を攻撃するコミュニケーションなど，社会的コントロールという効果をもたらすこともある。

　さらに，交換される情報が当事者に関する内容である場合，当事者間の対人関係の形成・発展・維持をもたらす効用がある。なぜなら，自己に関する情報をさらけ出す行為は，受け手に対する開示者の好意や信頼を意味し，受け手にとって社会的報酬となることから，自己開示という対人コミュニケーションを繰り返すことで，互いの好意が増し，親密化過程が進行することがあるからである（6章と14章参照）。

　また，他者が援助を求めているときに，具体的な解決策を提供したり，励ましの言葉をかけたりすることがある。前者は，問題解決のために必要な資源の提供や，その人が資源を入手できるような情報を与える働きかけといった道具的サポートであり，後者は，他者の心理的な不快感の軽減や，自尊心の維持・回復を促す機能をもつ情緒的サポートである。つまり，対人コミュニケーションには他者を支え，援助するといった効用もある。

## 3節　対人コミュニケーションにまつわるトラブル

### 3.1　誤解

　1節でも解説した通り，私たちはなにげなく対人コミュニケーションを行っているが，そこには非常に多くの要素が存在し，そしてそれらが相互に影響を与え合いながら対人コミュニケーションは行われている。図5-3を見ても感覚的に理解できると思うが，対人コミュニケーションとはこれほど複雑な行為なのだから，うまくいかなくても何ら不思議ではない。うまくいくことのほうが珍しいという姿勢でもよいのかもしれない。適切に伝えたつもりでも正しく伝わっていなかった，正しく理解したつ

もりだったが相手の意図は違っていたなど，対人コミュニケーションに誤解はつきものである。では，なぜ誤解が生じるのかについて，いくつか心理学的な要因を整理してみたい。

## ●透明性の錯覚

　送り手の意図と受け手の解読結果にズレが生じるのは，人が自己中心的な社会的判断をしてしまうことが原因の一つにあると考えられている。そして，自己中心的な社会的判断の一つに，**透明性の錯覚**（illusion of transparency）と呼ばれる現象がある。

　透明性の錯覚とは，思考や感情などの自分の内的状態が他者に見透かされていると過大に見積もる傾向のことである（Gilovich et al., 1998）。ギロビッチら（Gilovich et al., 1998）は，実験参加者に嘘をつくよう求めたり，まずい飲み物を飲ませたりしたうえで，その嘘やまずいと感じていることを観察者に見抜かれないようにするよう教示した。そして，観察者のうちの何人に自分の内的状態を見抜かれるかを推測させたところ，実際に実験参加者の内的状態を見抜いた観察者の人数よりも，実験参加者が自分の内的状態を見抜かれたと推測した人数のほうが多かった。さらに，透明性の錯覚は他者に気づかれたくないと思っている場面でのみ生じるのではなく，自分の内的状態を相手に伝えたいと考えられる場面でも生じることがわかっている（武田・沼崎，2007）。また，送り手側の透明性の錯覚だけではなく，受け手側にも透明性の錯覚が生じることが示されている（Swann & Gill, 1997; 武田・沼崎，2007）。つまり，受け手も，送り手が伝えようとした意図を自分は正しく読み取っているという過大な推測をしてしまう。

## ●言語内容の誤解に関する心理学的要因

　三宮（2017）は，対人コミュニケーションにおいて言語内容に関する誤解が生じる心理学的要因として，次の五つを挙げている。

### a. 情報の非共有に起因する誤解

　送り手と受け手の間で情報が共有されていない場合に生じる誤解というものがある。三宮（2008）はそれを3種に大別しており，一つめは，言語の意味が送り手と受け手で共有されていない「語（言葉）の意味の非共有」である。深田（1998）はこれを「意味的ノイズ」と呼んでいる。例えば筆者は生粋の名古屋人のため，疲れていそうな人を見たときに「えらそうだね（意味：疲れているようにみえるね）」という名古屋弁が口をついてしまうことがある。相手が同じ名古屋出身者ならば「疲れていることを心

配してくれた」と受け取ってもらえそうだが，名古屋弁を知らない人には「偉そうだねと言われた」と受け取られる恐れがある。このように方言，外国語，若者言葉などは，送り手と受け手の間で語の意味の非共有による誤解が生じる可能性がある。

　二つめは，「省略語（省略された言葉）の非共有」である。私たちは日頃，言葉を省略してメッセージを送ってしまうことが多い。しかし，省略された語が，送り手と受け手で共有できていないと誤解が生じることになる。例えば，「車で送るよ」と言われたが，車酔いをしてしまうので「大丈夫，地下鉄で帰る」と答えたら，「私の車に乗りたくないんだ」と誤解されてしまったなどという例がこれにあたる。車に乗らない理由を省略してしまったがために生じる誤解である。

　三つめは，「含意（言葉の背景にある意図）の非共有」である。送り手が言語としては発していないが発話に込めた意図である含意が，送り手と受け手で共有されないということは頻繁に起こる。送り手が婉曲表現，社交辞令，皮肉などを発する際には，要注意である。

### b. 予想・期待に起因する誤解

　私たちは常に構えをもっているため，受け手は送り手のメッセージを，自分の予想や期待に基づいて解読しようとする。そのため，予想や期待に合致する方向にメッセージの解釈が歪められることがある。他者に対する先入観やステレオタイプなど，対象に関する既存の期待が情報の処理過程に影響を与えることが明らかにされている（池上, 2001）。フィスクとテイラー（Fiske & Taylor, 1991）は，体制化された知識構造としての期待，すなわちスキーマに一致する情報が，これと矛盾する情報よりも多くの注意をひき，記憶に残りやすく，推論や判断の根拠として用いられやすいことを指摘している。つまり，ステレオタイプが構えとなって働き，「こういう話に違いない」などと勝手に予想をして，受け取ったメッセージを曲解してしまう可能性があるということだ。

### c. 記憶の歪みに起因する誤解

　人間の記憶がいかに危ういものであるかは十分知られていることであろう。実際には起こっていないことを思い出したり，実際に起こったこととは異なることを思い出したりすることを，**虚偽記憶**（false memory）という。ロフタス（Loftus, 1997）が行った有名な実験を簡単に紹介しよう。まず，実際にそれまでに起こった出来事（例：熱を出して入院した）と，実際には起こっていなかった出来事（例：ショッピングセンターで迷子になった）を複数，実験材料として用意した（実際に起こっていたか否かは，あらかじめ実験参加者の親などに確認しておいた）。そして，実験者が実験参加者に面接を行い，これらの出来事について思い出すように教示した。最初の面接で思い出し

ても思い出さなくても，続けて2回，3回と繰り返し思い出す努力をしてもらった。そうすると，実際には起こっていなかった出来事についても，あたかも体験したかのような「記憶」が生じたのだ。ショッピングセンターで迷子になったことはないにもかかわらず，そのときに助けてくれたおじいさんのシャツの色についてまで語りだしたという。メッセージを受け取ったつもりが，記銘や保存されずに消えてしまい，「言った」「聞いてない」といったトラブルに発展することがある。送り手も，言ったつもりになっているだけで，実は違うことを言ってしまったということもあるかもしれない。対人コミュニケーションにおいても，記憶を過信しないほうがよいだろう。

### d. 他者視点の欠如に起因する誤解

対人コミュニケーションに重要なことは，相手の視点に立ってメッセージを生成・送信し，相手の視点になってメッセージを解釈するということである。受け手はどのような状況でメッセージを受け取るのか，受け手はどのような知識をもっているのか，受け手にとって理解しやすいメッセージはどのようなものかなどを考えて，メッセージは生成されるべきである。一方の受け手も，送り手はどのような状況でこのメッセージを生成したのか，送り手はどのような知識をもっているのか，送り手の属性やパーソナリティはどのようなものかなどを考えて，メッセージの解読をする必要がある。こうした他者視点をとることを怠れば，誤解は生じやすくなる。

### e. 気分・感情に起因する誤解

対人コミュニケーションは，感情によっても大きな影響を受ける。気分が良いときにはポジティブな情報を，気分が悪いときにはネガティブな情報をというように，気分と同じ感情価をもつ項目の記銘および想起が促進される**気分一致効果**（mood congruent effects）という現象があるが（Bower, 1981），気分一致効果は記憶課題だけでなく，社会的な判断や対人認知などにおいても報告されている（Forgas & Bower, 1987; Forgas et al., 1984：10章参照）。対人コミュニケーションにおいても，自身の気分・感情によって生成されるメッセージが変化したり，メッセージの解読が変化したりしてしまうことが考えられる。

三宮（2017）は，こうした数々の誤解を減らすためには，「コミュニケーションのメタ認知」が重要であると主張している。コミュニケーションのメタ認知とは，自他のコミュニケーションを客観的に捉えて調整することである。まずは，前述したような誤解が生じやすい条件や場面はどのようなものかを知り，日々の対人コミュニケーションの中で意識をしていくことから始めてみるのがよいだろう。

## 3.2 CMCにまつわるトラブル

### ●CMCとは

対人コミュニケーションの本質的特徴の一つは対面性であり，対面状況でのコミュニケーションのことをFace-to-Face（FTF）Communicationと呼ぶ。それに対して，メディアの中でも，電子メール，ショートメッセージ，電子掲示板などのようにコンピュータを介したコミュニケーションを，**Computer-Mediated Communication**（略してCMC）と呼ぶ。SNSによるコミュニケーションなどもCMCの一種である。近年，対人関係の様相を捉えるためにCMCを無視することはできないことから，最後にCMCについて触れておく。

CMCは，コミュニケーションの距離的，時間的制約を解放し（五十嵐，2009など），既知の人々とのコミュニケーションの機会を増加させる一方で，未知の人々とのコミュニケーションも可能にした。したがって，人々は，CMCの利用に伴って，多様な対人関係を形成することが可能になった。また，CMCが人々の心理的側面や対人関係にどのような影響を与えるかについては，さまざまな議論がなされている。インターネット依存症，敵対的あるいは攻撃的メッセージのやり取りを行うフレーミング合戦の問題（Joinson, 2003），出会い系サイトをきっかけとした犯罪の増加など，望ましくない側面が注目されることもあれば，自由な自己表現の場や，多様な対人関係形成の場であるという肯定的な見方もある。つまり，どのような道具・技術でも同じことだが，CMCも利用者の使い方次第で素晴らしい道具にもなれば凶器にもなる。

### ●コミュニケーションツールの特徴に留意する

ここではCMCの中でも一対一のコミュニケーションにおいて留意すべきことを整理したい。友人どうしのコミュニケーションだけではなく，仕事上のコミュニケーションでもCMCが使われることは多いことから，それらを想定して，対面，固定電話，スマートフォンなどでの音声電話，テレビ電話，電子メール，LINEなどによるチャットというコミュニケーションツールの特徴を比較してみる（表5-1）。

まずはメッセージの要素についてである。図5-4で示したように，メッセージは，言語的コミュニケーションと非言語的コミュニケーションに分けられ，非言語的コミュニケーションにはさらに声の高さや大きさ，表情やジェスチャー，服装や化粧などといった多様なものが含まれる。したがって，対面による会話であれば言語だけでなく，非言語的な情報も多様に相手に送ることができ，受け手にとっても解読の手がかりが豊富である。しかし，固定電話やスマートフォンなどでの音声通話では，音声のみしか情報を送信することができず，受け手は言語の意味と声のトーンなどの音声

表5-1　各コミュニケーションツールの特徴

| | 対面 | 固定電話 | スマートフォンなどでの音声通話 | テレビ電話 | 電子メール | LINE などによるチャット |
|---|---|---|---|---|---|---|
| メッセージの要素 | 多様 | 音声 | 音声 | 動画 | 文字添付ファイル | 文字, 画像, 添付ファイル |
| 即時性 | あり | あり | あり | あり | なし | なし |
| 時間の制約 | あり | あり | あり | あり | なし | なし |
| 記録性 | なし | なし | なし | なし | あり | あり |

的手がかり（近言語）のみで相手の意図や感情などを解読しなくてはならない。それに対してテレビ電話であれば，対面による会話に近く，視覚的情報を送ることもできる（表5-1に「動画」とあるのはリアルタイムで動画が送られているという意味である）。そして，電子メールやLINEなどによるチャットでは，音声情報すら送ることができなくなる。しかし，電子メールでの顔文字や，チャットでのスタンプなど（画像）は，表情や声による情報が送れない代わりに，自身の感情状態を表す情報として利用されている。また，電子メールやチャットでは，文書や写真などのファイルを添付することも可能である。私たちは非言語的コミュニケーションによって，微妙なニュアンスを伝えたり，相手の感情や真意を読み取ったりしている。したがって，手がかりが少なくなればなるほど伝えたいことが不明瞭になり，解読も不正確になる（大坊, 1998）。つまり，メッセージの要素が少ないコミュニケーションツールを使う際は，手がかりとなる情報が少ないということを意識して，限られた情報だけでわかりやすく的確に相手に情報を伝える工夫が必要になる。

　次に，即時性と時間の制約についてである。即時性とは受け手がメッセージを受け取ったらすぐに返事がもらえるかどうかというものである。そして，時間の制約とはメッセージを送ることで相手の時間を拘束するかどうかというものである。この即時性と時間の制約は関連しており，対面による会話，電話，音声通話によるコミュニケーションは，受け手がメッセージを受け取ってくれたら（つまり相手を捕まえることができたら）即座に返事がもらえるというメリットがある一方で，相手の時間を拘束してしまうというデメリットも兼ね備えている。一方，電子メールやチャットには即時性や時間の制約がない。もしかすると，チャットは即時性が高いものだと認識している人が多いかもしれないが，それは送信者の期待にすぎず，コミュニケーションツールの特徴としては，受け手がメッセージを受け取ってもしばらく放置することは可能である。すぐに返事が欲しいのか，相手の時間を拘束するほどの重要な用件なのかなどを考えて，コミュニケーションツールを選ぶ必要がある。

　最後は記録性についてである。重要な用件は，後から「言った」「聞いていない」などというトラブルが起きるのを防ぐためにも，記録が残るコミュニケーションツールを選択したほうがよいだろう。たとえ対面や電話でメッセージを伝えたとしても，改めて確認のメールを送っておくなどという工夫が必要になることもある。わかりやすく，正しく相手に情報を伝えることは，コミュニケーションの基本である。そのためにはどのコミュニケーションツールが最も適切かを考え選択し，そして時には複数のツールを用いてコミュニケーションを行うとよいだろう。

　コミュニケーションは，送り手であっても受け手であっても，相手のことを考慮し配慮する姿勢が非常に重要である。相手は今どのような状況に置かれているのか，相手は何を知っていて何を知らないのかなど，相手のことをいろいろと想像し，どのツールを使ってどのようなメッセージを送るのがよいかを考えてコミュニケーションを行っていけば，トラブルを減らすことができるだろう。

## コラム6　コミュニケーション力を高める

　さまざまな場で「コミュニケーション能力」や「コミュニケーション力」が必要であるということを耳にするようになった。企業が求める人材として「コミュニケーション力がある人」と示されていたり，書店には「コミュニケーション力を伸ばすためには」といった内容の本が平積みされていたりする。長年，対人コミュニケーションに関する研究をしてきた筆者ですら，コミュニケーション力に偏重しすぎなのではないかと心配になるほどである。

　コミュニケーション力が高い人というのは，わかりやすく楽しく話ができる人のことだと思っている人も多いようだ。しかし，本章で解説した通り，対人コミュニケーションは送り手としてだけでなく，受け手としての役割も重要で，相手の話をきちんと聴いて，正しく解読することもできなくてはならない。つまり，真のコミュニケーション力とは，送り手と受け手の両方の役割における適切かつ効果的な力を所有していることである。

　では，コミュニケーション力を高めるためには，どうしたらよいのだろうか。経験を重ねるという意見もあるだろうが，まずはコミュニケーションのしくみや法則性などを知識として獲得することが必要だということがわかってきた。対人コミュニケーションに関する正しく豊富な知識は，メッセージを適切に作り出し，的確に他者の意図や感情を読み取るといった対人コミュニケーションの良し悪しに影響を及ぼす。まだ十分な研究の蓄積はできていないが，筆者らは複数の実験から，対人コミュニケーションに関する正しい知識を多く所有しているほど，他者の感情や状況を正しく読み取ることができるという結果を得ている（Ogawa & Hall, 2018など）。また，欺瞞の手がかりに関して正しい知識をもっている人ほど，嘘を見破ることができるということもわかっている（Forrest et al., 2004）。

　しかし，「正確な」知識を獲得しなくては意味がない。本章でメラビアンの法則の誤解について説明したように，コミュニケーションに関しては人々の知識や信念が正しくない場合が多くある。例えば，ヴレイは，どこに着目したら嘘を見破ることができるかという欺瞞の手がかりについての人々の信念の多くが誤りであることを明らかにしている（Vrij, 2008）。誤った知識や信念によって，効果的でない，もしくは望ましくないコミュニケーション行動をとってしまうこともある。世の中には根拠のない，信頼できないマニュアル本もたくさん出回っているため，情報の真偽を見極めて，対人コミュニケーションに関する正しい知識を身につけよう。

# 6章　対人関係の形成

　私たちは他者と出会い，さまざまな対人関係を形成して日常生活を営んでいる。新しい環境に身を置く，あるいは何の情報もない見知らぬ他者と出会うたびに，私たちはその都度対人関係を形成する。大学へ進学し，それまでは存在さえ知らなかった他者を知り，少しずつ仲良くなっていつの間にか唯一無二の親友となっていた，という過程を今まさに体験している人もいるかもしれない。本章では，私たちが他者とどのように対人関係を形成するのか，対人関係を構築し進展させるために機能するさまざまな要因について取り上げる。

## 1節　対人関係の形成過程

　どんなに仲の良い相手でも，初めはお互いの存在を知らない未知の関係性から何らかのきっかけで知り合うようになり関係性を深めていく。対人関係が展開するこのような過程について，レヴィンジャーとスヌーク（Levinger & Snoek, 1972; 池上・遠藤, 2008）は四つの水準で説明している（図6-1）。

　まずお互いの存在を知らない「接触なし」の段階から始まり，相手の存在に一方的に気づく「覚知」の段階に進展する。この一方的な気づきの段階では，相手の存在を認識してはいるが，会話などのコミュニケーションはまだない状態である。見た目の特徴や偶然に見かけた様子といった断片的な情報から相手への関心が生まれれば，一方からもう一方へのコミュニケーションが発生して関係性は次の段階へ進む。

　次は一方だけが気づいている関係性から，お互いの存在を認識し合う関係性へ発展する。ただし，この段階では強い関心はまだ伴っておらず，「表面的接触」の段階にとどまる。あいさつや当たり障りのない会話を通して関心が高まれば，関係性はさらに進展する。

　最後は互いに個人的な情報をやり取りして関係性を深める「相互性」の段階である。

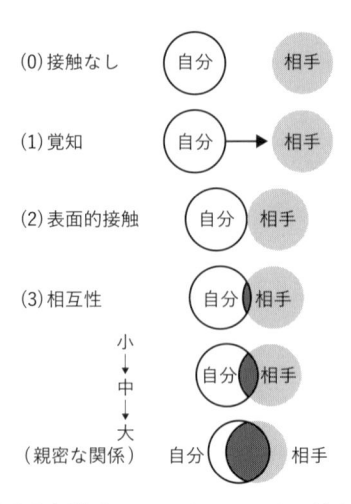

**図6-1　関係性の4水準**（Levinger & Snoek, 1972; 池上・遠藤, 2008より）

　浅い関わりから中程度の関わり，深い関わりへと親密度を高めるためには，会話を通じて自分しか知り得ない情報を相手と共有する**自己開示**（14章参照）を行う必要がある。関係が親密であればあるほどお互いに共有している情報が多くなり，共有する情報の質にも違いが生じるようになる。深い関わりの親密な関係性では，態度や価値観といった内面的な情報を共有するようになり自分と相手が一体化するような関係性へ展開する。

　アルトマンとテイラー（Altman & Taylor, 1973）が提唱した**社会的浸透理論**（social penetration theory）においても，関係の親密度によって自己開示し合う内容に違いがあることが指摘されている。親密な関係性を形成するプロセスには，個人の表面に現れていることを超えて，その個人の内なる自分についての知識を獲得して「入り込む」ことを必要とし，それは深さと幅という二つの次元を通して生じると説明されている（Taylor et al., 2000）。図6-2に示されているように，あまり親密でない見知らぬ者どうしでは，二者間で行われるコミュニケーションの内容は表層的で狭い。その日の天気やテレビの話題といった無害で無難な当たり障りのない情報のやり取りにとどまり，会話のバリエーションも少ないため画一的な内容となってしまう。それが，知り合い，親友と親密度が増すにつれて相互にやり取りされる情報は深く幅の広いものになっていく。その人でなければ知り得ない非常に個人的な情報，意見の相違があるような思想信条に関わる話は親密であるからこそ可能になる深い会話であり，個人による違いがあるため多様な内容となる。

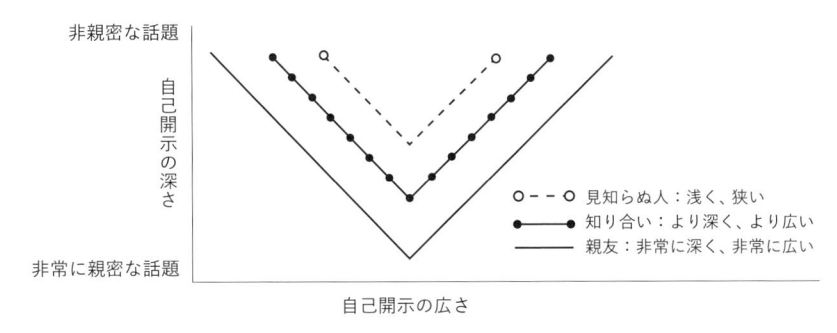

**図6-2　自己開示の広さと深さ**（Taylor et al., 2000）

　私たちは人生の中で多くの他者と出会うけれども，出会った人全てと対人関係を形成するわけではない。相手へ注意が向き，関心をもつことから始まって，互いの情報を交換し合いながらゆっくりと関係を育んでいくのである。

## 2 節　対人魅力の規定因

　前節でも触れたように，対人関係の進展には相手への関心が必要になる。関係が進展するにつれて，友好的な深い対人関係が構築されることもあれば，表面的な関係にとどまることもあるだろう。敵対的な関係にさえ陥る可能性もある。ここで影響力を及ぼすのが**対人魅力**である。対人魅力とは，他者に対して「好き」「嫌い」という評価を行うことを意味する。対人魅力は，対人関係がどのように進展するか，どのような対人関係が構築されるかを左右する要因の一つなのである。

　では，私たちはどのような他者に対して対人魅力を感じるのだろうか。私たちは個人的な好みとして他者の特徴に魅力を感じるだけではなく，誰もが共通して魅力を感じる特定の外見的特徴があること，また，置かれている状況や，感情の状態によって他者に魅力を感じやすくなることもわかっている。本節では，対人魅力を規定するいくつかの要因について解説する。

### 2.1　外見的要因

　「人を見た目で判断してはいけない」と教えられたり，「人は見かけによらぬもの」ということわざで他者を容姿で判断することを控えるよう戒められたりするのは，私たちが端的に外見的要因の影響を受けやすいためである。近年，外見や見た目の良し

悪しによって個人を優遇したり蔑んだりする外見至上主義（ルッキズム）が批判され
ているように，外見的要因が差別や不平等につながることは好ましくないが，対人関
係において外見的要因が私たちの注意を惹きつける有力な要因であるということもさ
まざまな研究から指摘されている。

## ●容貌

　私たちが見た目の美しさで人物についての評価を行っていることを実証したのが
ディオンら（Dion et al., 1972）である。彼らはさまざまな男性と女性の写真を「魅力
的」「中間」「魅力的でない」と評価される三つの群にあらかじめ分けておき，それぞれ
の写真に写っている人物が社会的に望ましいパーソナリティの持ち主かどうか，将
来において社会的により良い生活を送るかどうかといった判断に違いが生じるかを確
認した。その結果，外見が魅力的あるいは中間の人物は魅力的でない人物よりも望ま
しいパーソナリティで，社会的にも良い生活を送るだろうと評価されることが示され
た。より具体的には，魅力的あるいは中間的な人物は，魅力的でない人物よりも結婚
への適性がある，社会的に成功する，生活全般において幸福度が高いと判断されてい
た。人物への評価には写真の情報以外は与えられていなかったにもかかわらず，見た
目の美しさだけでパーソナリティの良し悪しや将来の社会的成功まで異なって判断さ
れてしまうことが実証されたのである。

　どのような特徴が魅力的であると評価されるのかということについてもさまざまな
研究結果がある。カニンガム（Cunningham, 1986）は，女性の顔写真を用いた研究で，
大きな目，小さな鼻や顎といった幼児的な顔の特徴が対人魅力と関連があることを明
らかにした。そして，顔の幼児的特徴は子どものような心理的特性をもっていると印
象づけられやすく，温かく誠実で嘘がないと感じられるために高い魅力につながると
考えられている（Berry & McArthur, 1986）。また，男性の顔を用いた研究では，高
い頬骨と大きな顎といった成熟した顔の特徴が魅力的であるとみなされることも示さ
れており（Cunningham et al., 1990），大人っぽい成熟した顔の特徴が異性としての牽
引性をもっていることもわかっている。未成熟な幼い顔も成熟した大人っぽい顔も本
人の人格的な特徴と関連がないにもかかわらず，私たちはその相手が特定の心理的特
性をもっていると認識しやすいのである。

## ●身体

　身体的特徴についても対人魅力との関連が示されている。シン（Singh, 1993）は，
ウエストとヒップの比率（Waist-to-Hip Ratio：WHR）が対人魅力に影響を及ぼすこ

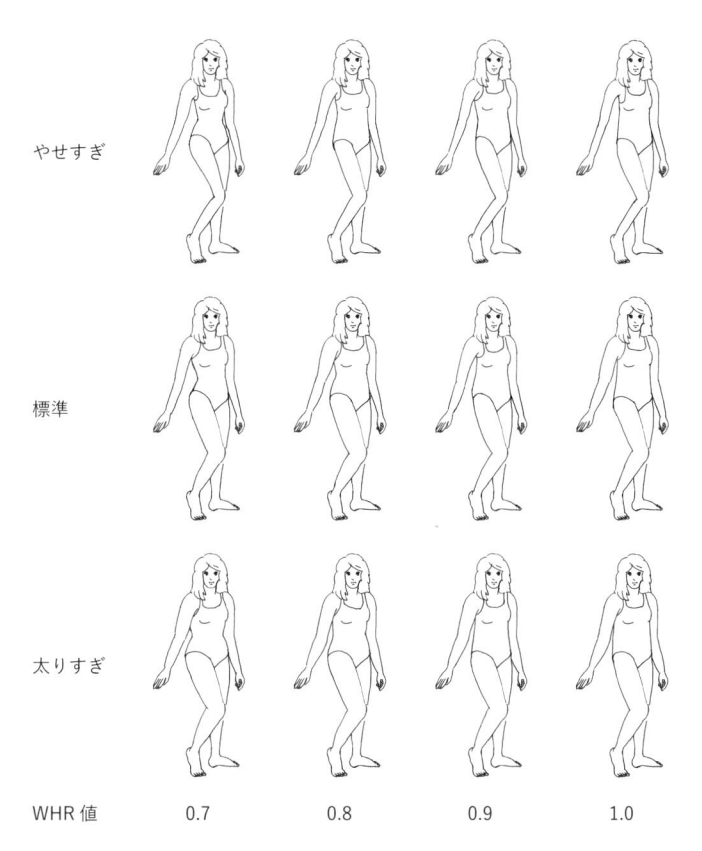

やせすぎ

標準

太りすぎ

| WHR 値 | 0.7 | 0.8 | 0.9 | 1.0 |

**図6‑3　三つの体重カテゴリーによる実験刺激** (Singh, 1993 より作成)

とを明らかにした。この値は低いほどウエストが細いくびれた体型であることを表している（図6‑3）。男性からみて魅力的と評価されるのは，標準的な体重であり，かつWHRが低い女性の体型であることがわかった。体重もWHRも単独では対人魅力とは無関係であり，やせても太ってもいない標準的な体型でウエストが細いことが対人魅力につながるということである。

　女性からみた魅力的な男性の身体的特徴については，高い身長と上半身の大きさが対人魅力に影響していることが示されている（Pazhoohi et al., 2023）。上半身の大きさを示す指標として，男性の場合には肩幅とヒップの比率（Shoulder-to-Hip Ratio：SHR）が用いられ，SHRの値が大きい体型がより魅力的であると評価されることが明らかになった。つまり胸筋が大きくウエストとヒップが小さいという身体的特徴が魅

力的であると判断されるのである。

　身体的特徴と対人魅力の関連については，日本でも研究が行われている。鈴木ら（2024）は3DCGで作成した体型のシルエット図を用いて，日本人が魅力的と判断する体型について検討し，先行研究と同様にウエストやヒップの小ささが魅力につながる結果を示している。しかしその一方で，胸部と下半身の比率については異なる結果も示された。これまで，身体的特徴についての研究では西欧人の体型を刺激として用いることが多かったが，日本人が評価する日本人として魅力的な体型は西欧人とは異なる基準で判断されていることが示唆されている。

　こうした身体的特徴がなぜ対人魅力を促進するのかという理由については，身体的魅力だけでなく，健康との関連（Singh, 1993），筋力が免疫力の高さを示すこと（Pazhoohi et al., 2023）が影響していると論じられている。身体的特徴への好みは個人的な好みや文化的影響の帰結と考えることもできるだろう。しかし，男性の場合も女性の場合も好まれる身体的特徴には，さまざまな文化圏において同様の選好が示されている（Pazhoohi et al., 2023; Singh, 2002）。こうしたことを考慮すると，私たちが魅力的であると評価する身体的特徴は，メディアやファッションによって教え込まれたものであるというよりも，生物として，より好ましい特徴は何かという観点から身体的特徴を選好しているとみることができる。

## 2.2　人格的要因

　他者と対人関係を構築したり，形成した関係を維持したりする過程において，相手がどのような人格的特徴をもった人間かという情報は不可欠である。単なる知り合いからより親密な間柄になるとき，また，お互いがかけがえのない存在としての関係性を築いていく段階には，相手の人格的要因が強い影響力を及ぼすようになる。

### ● 類似性

　会話の中で自分と相手に共通点や似た特性があることを知って，心理的距離が縮まったような感覚になった経験はないだろうか。私たちは自分と類似した特徴をもった他者に対して肯定的な関心や好意を抱きやすい。これは**類似性**の効果として知られている。バーンとネルソン（Byrne & Nelson, 1965）は態度の類似性と好意の関係を実験によって実証している。さまざまな事柄に対する自分の態度と一致した態度をもつ他者に対して好意をもちやすいことが示された。自分と同じ意見をもった人がいれば，自分の考えが間違っていないと思うことができるため，自分の妥当性を認識でき心理的な葛藤も少なくて済む。また，自分と同じ価値観をもっている相手であれば

**表6-1　夫婦の名字と数**（Jones et al., 2004）

| | | 夫の名字 | | | | | 合計 |
|---|---|---|---|---|---|---|---|
| | | スミス | ジョンソン | ウィリアム | ジョーンズ | ブラウン | |
| 妻の名字 | スミス | **198** | 55 | 43 | 62 | 44 | 402 |
| | ジョンソン | 55 | **91** | 49 | 49 | 31 | 275 |
| | ウィリアム | 64 | 54 | **99** | 63 | 43 | 323 |
| | ジョーンズ | 48 | 40 | 57 | **125** | 25 | 295 |
| | ブラウン | 55 | 24 | 29 | 29 | **82** | 219 |
| | 合計 | 420 | 264 | 277 | 328 | 225 | 1514 |

行動の予測もしやすく，スムーズなコミュニケーションが可能となり関係を維持することが容易だろう。したがって，自分と類似性のある相手に対しては対人魅力を感じやすくなるのである。

　類似性として機能するのは，意見や価値観といった個人の態度に関わる内的なものだけではなく，趣味，服装，出身地，経歴などさまざまな事柄での効果も認められている。アメリカで行われた夫婦を対象とした調査では，表6-1の通り，同じ名字をもった人どうしの組み合わせでの結婚が他の異なる名字どうしの組み合わせよりも多いことが示されている（Jones et al., 2004）。もちろん当然ながら，同じ名字であれば同じ価値観をもつとは限らない。しかし，類似性が示される他者とそうではない他者がいた場合には，前者に対して親近感をもつことは容易に想像でき，こうした些細にもみえるきっかけによって関係性は進展すると考えられる。

　また，行動の類似性が好感度を上げることも実証されている。カメレオン効果と呼ばれるもので，私たちはコミュニケーション相手の姿勢，表情そして行動を無意識に模倣することで，相手との関わりを深めようとすると論じられている。実験において，会話中に相手と同じしぐさや表情，行動をすると相手に対する好感度が上昇し，円滑なコミュニケーションが可能になることが実証された（Chartand & Bargh, 1999）。一見してわからない態度のような内面の問題において類似性が認められることは，関係性を深める役割を果たすことに不思議はない。しかし，名前やしぐさといった個人の本質とは関係のない事柄であっても，心の垣根を取り払うような効果をもつことを考えると，類似性が私たちに及ぼす影響力は大きい（コラム7参照）。

## ●好まれるパーソナリティ特性

　さらに，他者との関係が進展する際には，個人のパーソナリティ特性も強い影響力をもつ。外見的要因の項において，外見的要因によって他者の評価が変化すること，

外見的要因が対人魅力を規定する強い影響力をもっていることを示したが，私たちは外見的要因だけで他者を評価しているわけではない。長い時間を経て対人関係を維持し，お互いのことをよく知り合っているような深い関係性では，見た目だけではなく，相手のパーソナリティ特性に対して肯定的に評価していることが多い。結婚する相手や一生の親友となるような相手に対して，「パーソナリティを問わない」ということはおそらくないだろう。深い関係性を形成している相手であればあるほど，その人のパーソナリティを知ったうえで関係性を維持するはずである。

　では，どのようなパーソナリティ特性が対人魅力と関連があるのだろうか。アンダーソン（Anderson, 1968）は大学生を対象として，パーソナリティ特性を表す単語の評価を実施した。彼はパーソナリティ特性を表す形容詞から未知の他者の印象がどのように形成されるのかということに関心をもっており，さまざまな実験を実施している。その一連の研究の中で，555個のパーソナリティ特性単語について好ましいパーソナリティとしての評価を行ったところ，最も好感度が高いのは「誠実な」「正直な」といったパーソナリティ特性であった。次いで，「理解のある」「知的な」といった知性に関わる特性が上位に示されていた。一方，好まれないパーソナリティ特性の上位には，「うそつき」「いかさま師」といった不誠実さに関わる特性，次に「下品な」「残虐な」といった不快さや残酷さといった特性が挙げられていた。

　日本においても，パーソナリティを表す用語の検討から望ましいパーソナリティ特性の評価が行われている。青木（1971）の調査結果によると，望ましいパーソナリティ特性として，上記のアンダーソンの研究で示された「誠実な」「正直な」というパーソナリティ特性に加えて，「明るい」「朗らかな」「親切な」「献身的な」「がんばる」「粘り強い」「努力する」といった特性も望ましさの上位に挙がっていた。望ましくないパーソナリティ特性には「残忍な」「二枚舌を使う」「責任を回避する」「告げ口する」「人をあざける」などが示されており，不誠実さや残酷さは日本だけではなくアメリカにも共通して嫌われるパーソナリティ特性であるようだ。

　パーソナリティ特性に対する望ましさは，国や文化を超えた共通性もあれば，各文化に特有の独自性もある。山本・原（2006）は日本とアメリカの他者に対する印象構造の相違点を検討する研究を行っている。他者に対する印象を形成する際に，日本においては「温かさ」，アメリカにおいては「有能さ」の因子が大きな影響力をもっていることが示された。これは，それぞれの国において，他者を理解するときに重視する基準が異なることを示唆しており，こうした違いによって魅力を感じる人格的特徴にも違いが生じることは明らかである。

## 2.3　関係的要因

　前項で取り上げた人格的要因は，外見的要因と比較すると一見してわからないものであり，一定程度，相手との相互作用がない限り知り得ないという特徴がある。しかし，そうした要因が自分と相手の間に存在することをひとたび認識することによって一気に関係性の深まりを期待できる。そして一見してわからないけれども，相手との相互作用によって表面的な関係性からより深い関係性に進展する影響力を発揮するさらにもう一つの要因が関係的要因である。私たちは相互作用の中で，相手の言動や行動から意図を推測して魅力を感じ関係性をさらに深めていく。

### ●返報性

　前節の対人関係の形成過程でも触れたように，関係性が深まっている過程では互いの情報を自己開示し合うことになる。この自己開示には**返報性**（reciprocity）のルールがあることが広く知られている。他者から自己開示を受けた者は，同程度の深さと幅の自己開示で応答し，これが繰り返されることによって徐々に関係性が深まっていく。

　自己開示のバランスが保たれている間は関係性が破綻なく進展するが，このバランスが崩れてしまうこともある。例えば，それほど親しいと思っていなかった相手から非常に個人的な打ち明け話をされてしまうような状況である。こういった状況では，返報性のルールは機能せず，親しいと思っていなかった相手に合わせて深い自己開示をするよりも，相手のペースに面食らって距離を置いてしまうことが多い。カプランら（Kaplan et al., 1974）は，関係性に見合わない深い自己呈示は受け手が嫌悪感を抱きやすくなることを明らかにしている。また一方で，自分が行った自己開示に相手が返報性を示してくれないという逆の場合もあるだろう。この場合，相手が自分に呼応してくれなかったことに傷つき，自分が相手に踏み込みすぎてしまったことを後悔して，関係を進展させようとはしなくなる。自己開示は関係性とのバランスにおいて徐々に深めていくことが求められているのである。

### ●報酬性

　私たちは自分に何らかの報酬を与えてくれる他者に魅力を感じやすい。社会的地位が高く経済力のある他者に対して魅力を感じるのは，自分が何らかの報酬を得られると期待するからである。物や金銭だけではなく，他者からの肯定的評価が報酬となって他者の魅力につながることもある。アロンソンとリンダー（Aronson & Linder, 1965）は，相手から一貫して肯定的評価を受けている場合よりも否定的評価が次第に

表6-2 評価の変化と相手に対する好意度
(Aronson & Linder, 1965)

| 評価の変化 | 好意度の平均値 |
|---|---|
| 1. 否定的→肯定的 | +7.67 |
| 2. 肯定的→肯定的 | +6.42 |
| 3. 否定的→否定的 | +2.52 |
| 4. 肯定的→否定的 | +0.87 |

肯定的評価に変わった場合のほうがその相手に対して好意を抱きやすくなること，一貫して否定的評価を受けている場合よりも肯定的評価が徐々に否定的評価に変わる場合のほうが好意を抱きにくくなることを実験によって明らかにしている（表6-2）。相手に対して「貶してから褒める」ようにすると好かれやすくなるが，「褒めた後で貶す」と嫌われやすくなるということである。アロンソンとリンダーは，これを**獲得－損失効果**（gain-loss effect）と呼んだ。この現象の理由として，評価が変化することが感情に影響を及ぼす可能性が指摘されている。他者から否定的評価を得るとネガティブな感情が喚起されるが，評価が肯定的に変化してくると報酬としての肯定的評価に加えて，ネガティブな感情が低減していくため好意が促進されやすくなるというしくみである。肯定的評価から否定的評価への変化も同様のしくみで，肯定的評価によるポジティブな感情も徐々に否定的評価によって減少し，最終的に否定的評価が罰の役割を果たしてしまうため好意度が低くなってしまう。さらに，評価が変化することは認知へも影響すると言及されている。評価が変化せず一貫している場合は，他者の評価スタイルであると解釈することができるが，評価が変化するということは自分に対する評価と認識せざるを得ず，他者に対する好意はより深刻に検討されるようになり，好意度に大きな違いが出るのだろうと論じられている。

## 2.4　生理的要因

　さまざまな先行研究から，私たちが他者に対して魅力を感じるときには相手の外見的要因，人格的要因，関係的要因が影響を及ぼして対人魅力を感じやすくなることがわかった。これらに加えて，私たちは自分の生理的状態によって他者に対して魅力を感じやすくなる傾向があることもわかっている。ここでいう生理的状態とは，言葉や態度とは異なる私たちの生体としての反応，心拍，血圧や発汗といった意識的にコントロールできない生理的反応のことを指している。相手に関する情報とは関係のない，自分の心拍数上昇などの生理的要因がなぜ対人魅力につながるのかというしくみの理解には，シャクターとシンガー（Schachter & Singer, 1962）による**感情の2要因説**が

役立ってくれる。

　感情の生起メカニズムにおいて，シャクターとシンガーはそれまでは言及されてこなかった認知的要因が大きく関与することを実験によって明らかにした。実験では，参加者はビタミン剤と称して興奮作用のあるアドレナリンを注射され，強制的に生理的興奮状態に置かれるのだが，状況によって体験する感情に違いが生じたのである。注射によって興奮性の身体的変化があることをあらかじめ教示された情報有り群と，実際にはアドレナリンによる興奮作用が生じるのだが身体的変化はないと教示された情報無し群では，情報無し群のほうが同席していた周囲の他者の様子に同調するような感情体験をしていることがわかった。自分の生理的興奮の原因が，注射されたビタミン剤であると解釈している情報有り群は他者の様子の影響を受けなかったが，自分の生理的興奮の原因が不明だった情報無し群は同席している他者が陽気な様子の場合にはポジティブに，同席している他者が不機嫌な場合にはネガティブに感情体験をしていたのである。つまり，この実験結果から感情体験は生理的喚起だけではなく，その生理的喚起に対して認知的にどのような解釈を行うかに左右されるということが示唆された。

　この研究知見をもとにして生理的喚起と対人魅力の関係を明らかにしたのがダットンとアロン（Dutton & Aron, 1974）の**つり橋実験**である。彼らは普通の固定された橋よりも，傾きやすく不安定な橋を渡るほうが恐怖を感じて生理的興奮状態に陥ること，そして，置かれている状況の認知が曖昧で，傍に恋愛の対象になる異性がいる場合，生理的興奮を目の前にいる異性に対する好意と解釈するだろうと予測した。実験は，橋を一人で渡ってくる男性を対象として実施された。女性のインタビュアーは彼らに対して橋の上で心理学に関する研究への参加を求め，その場で簡単な課題に取り組んでもらった。その後，女性インタビュアーは実験協力へのお礼とともに「よかったらここに電話してください」と名前と電話番号の書かれたメモを渡すのである。また，性差による効果をみるために，同じ実験手続きを男性インタビュアーでも実施した。

**表6-3　つり橋実験の結果**（Dutton & Aron, 1974 より）

| インタビュアー | 条件 | 質問紙の回答人数 | 電話番号を受け取った人数 | 電話をしてきた人数 |
|---|---|---|---|---|
| 女性 | 固定橋 | 22/33 | 16/22 | 2/16 |
| | つり橋 | 23/33 | 18/23 | 9/18 |
| 男性 | 固定橋 | 22/42 | 6/22 | 1/6 |
| | つり橋 | 23/51 | 7/23 | 2/7 |

　この実験の主な目的は，渡されたメモに書かれた電話番号に参加者が電話をかける
かどうかを確認するところにあった。結果は表6-3に示した通りである。つり橋の
上で女性のインタビュアーからメモを受け取った人の半数が電話をかけてきており，
固定された普通の橋での場合よりも多く，明確な差が示された。また，男性インタ
ビュアーの場合と比較しても，つり橋で女性のインタビュアーに電話をかける割合が
多かった。これらの結果より，生理的興奮状態にあると異性に好意を抱きやすいとい
う予測が検証され，さらにこの生理的喚起と好意の結びつきは同性間には示されず，
異性間に特有の現象であることもわかった。
　生理的要因が対人魅力に及ぼす影響は，ホワイトら（White et al., 1981）の研究か
らも明らかにされている。男子学生がランニング直後の生理的覚醒水準が高まった状
態で女性に会うと，その女性を魅力的であると感じることが示されたのである。シャ
クターとシンガーは，情動は生理的喚起と認知的要因で決定されると述べていた。彼
らはどのような認知と情動につながりがあるか具体的には述べていないけれども，先
行研究から示された知見を考慮すると，他者に対する対人魅力は生理的興奮と，これ
を方向づける状況の認知の両方が揃ったときに発生すると考えてよいだろう。しかし，
ランニングを行えば生理的覚醒水準が上昇するのは当然であり，仮に異性を見たとし
ても「今，息が上がって心拍数が上昇しているのはランニングしたから」と認知する
ほうが妥当である。それでも，ランニング直後に見た異性を魅力的と認知的にラベリ
ングできてしまうほど，私たちの感情体験，特に他者に対して好意を抱くという状況
は不確定性をはらんでいるということもできる。何らかの刺激によって生じた生理的
喚起やそれに伴った行動が，まったく別の刺激と結びついて認知される可能性がある
ということは，生理的喚起がどのように解釈されるかによって他者への評価は変わる
可能性が常にあり，私たちはこのことに留意する必要があるだろう。

## 2.5　状況的要因

　相手に関する情報とは直接のつながりがないにもかかわらず相手の好意を促進する
もう一つの要因が，状況的要因である。グリフィット（Griffitt, 1970）は，見ず知ら
ずの他者の印象は，自分が快適な環境にいる場合には好ましく感じ，不快な環境にい
る場合には好ましいと思いにくいということを示した。また，メイとハミルトン
（May & Hamilton, 1980）はポジティブな感情を喚起する音楽を聴きながら評価する
ほうが，パーソナリティを肯定的に評価しやすく，対人魅力も高いこと，さらに身体
的特徴に対しても魅力を感じやすくなることを実証している。私たちは関係初期段階
のよく知らない相手を評価する際には，相手のことをわからないからこそ，情報を集

めて正しく評価したいと考える。だが，これまでの先行研究による知見を考慮すると，その相手を理解するために収集したはずの情報が，その人そのものの情報だけではないこと，そしてこのことが明確に自分で意識されない状態で影響を受けていることが示唆されている。

### ● 近接性

　家が近所だった，あるいはクラスで席が隣だった，という状況的要因で友人になることは珍しくない。相手との物理的距離が近いことが，その相手に対する好意を喚起しやすいことがわかっている。こうしたことは**近接性**の効果と呼ばれている。フェスティンガーら（Festinger et al., 1950）は部屋が近い者どうしで友人関係を構築しやすいことを明らかにした。隣どうしあるいは同じ階であると親しくなりやすいが，階が異なると交友関係を形成する割合が低下する。また，シーガル（Segal, 1974）も近接性と対人魅力の関係を検討している。アルファベット順で自分と近くに配置された相手を友人として選択しやすいと示されたことから，近接性が対人魅力を決定づける強い影響力をもっていると論じられた。

　また，近接性は対人関係を形成するうえで接触する際の負担が少ないことも対人魅力を促進することに関わっていると考えられる。接触する機会に時間的，経済的，労力的負担が多いとストレスフルであり，安心感にはつながりにくい。その上，特に相手のことをまだよく理解できていない関係の初期段階では，それほど魅力を感じていない相手に負担を背負ってまで何度も会う機会を設けようとは思わないだろう。近接性は低いコストで関係性を構築するきっかけを作ることができ，対人魅力まで促進できることを考えると，対人関係の形成において効率的な影響力をもった要因と考えることができる。さらにこの近接性は，相手と頻繁に会うということを可能にし，このことがさらなる対人魅力を生み出すことがわかっている。

### ● 熟知性

　物理的に近い場所にいれば，その相手とは頻繁に会うことが可能である。そして私たちはそうした近接している相手と親しくなりやすい傾向がある。ではなぜ接触する頻度が多いと対人魅力が促進されるのだろうか。接触頻度が高いことにより相手のことをよく知っているという**熟知性**が発生し，これが対人魅力につながることがわかっている。こうした現象をザイアンス（Zajonc, 1968）は**単純接触効果**（13章参照）として説明した。実験の中で，見知らぬ人の顔写真を繰り返し見せると，図6-4に示されている通り，それらを見た回数が多いほど，その顔写真に好意を示す傾向が示され

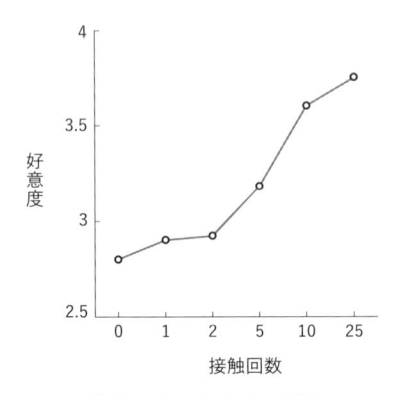

**図6-4　接触回数と好意度の関連**（Zajonc, 1968）

たのである。私たちは同じ刺激に何度もさらされると，その刺激に慣れて熟知するようになり，安心感が生まれ，親密さや好意につながるということが明らかになった。この単純接触効果は，後の研究で人物に限らず，図形，商品などさまざまな対象でも生じることが示された。

　ただし，この単純接触効果は第一印象が良い場合か中立的である場合にのみ有効であり，第一印象が悪い場合には逆効果であることも知られている。悪い印象のまま接触頻度を重ねても，印象を好転させることにはつながらないということである。

　本節を通して，対人魅力を規定するさまざまな要因について紹介してきた。これらの要因が対人魅力を生じさせる効果を発揮するのは対人関係の段階によって異なることが予測できる。図6-1で示した関係性の4水準に沿って考えると，「接触なし」「覚知」では外見的要因が効果をもつだろう。関係のごく初期段階では相手に対する注意や関心が必要であり，直感的な選好に惹きつけられて対人関係がスタートすることは想像に難くない。次の「表面的接触」の段階になると生理的要因，状況的要因が効果をもちやすくなるだろう。まだ，相手に関する情報も十分に確保できない段階であるため，相手本人とは関わらない要因の影響を知らず知らずのうちに無自覚に受けてしまいやすい。時を経て「相互性」の段階になると，関係の進展には相手の本質的な情報が必要となってくる。そこで効果を発揮するようになるのが人格的要因や関係的要因である。互いの言動や行動から，内面的な情報を得て共有することで，ようやく深い関係性を形成できるようになるのである。

## コラム7　類似性と相補性

　自分の身の回りにいる親しい人たちを見渡して考えてみてもらいたい。自分と似たような人が多いだろうか？　あるいは自分とは違う人が多いだろうか？　本章では，対人関係を形成したり維持したりするときには，対人魅力が必要であること，そして，この対人魅力を発生させる要因の一つとして**類似性**があることを指摘してきた。類似性は安心感や心地良さにつながりやすいため対立や葛藤を感じさせない効果がある。こうした効果は，先行研究からの知見だけではなく，日常的な感覚からも理解できるだろう。

　では私たちは自分と似た人としか友人にならないかというと，そうではない。むしろ，自分とはまったく違うタイプの人と深い親密な関係性をもつこともある。自分にないものをもっている相手には憧れの気持ちを抱くことだってあるだろう。自分と他者の異なる要素は**相補性**と呼ばれている。相補性は自分と他者との間で補い合う関係を構築できるため，他者との関係性を深める効果が期待できるのである。私たちはこの相補性の効果も経験を通じて実感しているはずだが，心理学的な研究においては，類似性の効果ほど一貫した結果は示されていないのが現状である。

　しかし，相補性が一貫して魅力を促進することを示す研究領域がある。それは，遺伝子に関する研究領域である。MHC（Major Histocompatibility Complex：主要組織適合遺伝子複合体）という免疫反応に必要な遺伝子情報を含んだタンパク質の型が似ていない異性を好ましく思う傾向にあることをさまざまな研究が示してきた。例えば，ヴェーデキントら（Wedekind et al., 1995）は，MHCによって体臭は異なること，そしてMHCが異なる体臭を心地良いと感じやすいことを実証している。ソーンヒルら（Thornhill et al., 2003）の研究でも同様のことが示されており，自分とは異なるMHCの異性の体臭を好み，配偶者として選ぶ傾向にあることがわかっている。この理由としては，自分と異なる遺伝子情報をもっている他者を配偶者として選ぶほうが，生物として互いの弱点を補い合って免疫力や寄生虫への耐性を高め，より環境に適応的に生きることができる優秀な遺伝子を遺していくことができるからだろうと考えられている。

　私たちが対人魅力を感じるとき，それは元来理屈ではないはずである。明確な理由で相手に魅力を感じるというよりも「なんとなくいいな」という野生動物的な勘から親友や恋人に発展することのほうが自然だろう。類似性と相補性は正反対にみえて，しかしどちらも私たちの意識下で効果を発揮し，対人魅力に影響を及ぼしているのだろう。

# 7章 人間関係の維持

「関係を続ける」というのは個人だけの問題ではない。例えば，6章で取り上げた対人魅力について考えてみると，ある人が誰かと出会って好きになったとしても，相手がその好意を受けとめてくれなければ関係を続けることは難しい。その意味で，人間関係の維持とは人間どうしの気持ちがマッチングして初めて成立する稀有な営みだといえる。ところが奇妙なことに，人間関係が二者どうしの問題であるとわかってはいても，個々人が必ずしも相手の心情を慮りながら関係を続けているとは限らない。尽くしてくれるからとか他に好きな人がいないからなど，私心の気持ちで関係が続けられていることもある。人との関係を続ける本質的な心理とはどのようなものであろうか。本章では，一方が働きかける対人関係場面に加え，相互が働きかける人間関係場面の心理状態にも焦点を当て，人はなぜ人と関わろうとするのか，そして関係を続けるとはどういうことかを検討する。

## 1節　人間関係のしくみ

人間関係は経済場面と同様，価値物を交換する場であるという考え方がある。例えば，ショッピングでは決まってお気に入りのブランドを購入するという人がいる。そのショッピングは金品のやり取りによって成立している経済的交換といえるが，そこでは経済的な意味での交換以外の観点から交換が行われている可能性もある。すなわち，そのブランドには支払った金額にふさわしいあるいはそれ以上の品質や優越感が得られると期待できるから，その人はそのブランドを購入し続けていると考えることもできる。人間関係にもこれと同じことが当てはまると主張するのが**社会的交換理論**（social exchange theory）である（Homans, 1961）。この理論では，ある人と関わり，その人との関係を続けたいと動機づけられるのは，その人との社会的交換が自分にとって何か有益な価値物をもたらすと期待できるからだと仮定している。

## 1.1　何が交換されているか —— 資源円環モデル

　人間関係の中で交換されている価値物とはどのようなものであろうか。フォアとフォア（Foa & Foa, 2012）は，交換されている価値物を**資源**（resource）と呼び，それらを「金銭」「物品」「情報」「地位」「サービス」「愛情」の6種類に整理した。そして，各資源の特徴を**具体性**（concreteness）と**個別性**（particularism）からなる直交した二次元上に円環配置して可視化し，社会的交換の説明を試みた。この心理モデルを描写したものが図7-1である。具体性とは，形態が具体的か象徴的かの特徴を指す次元である。例えば，「物品」は形を伴う事物なので具体性は高いが，「地位」はかなり無形で象徴的であることから具体性は低いとみなす。一方，個別性とは資源の提供者によって価値が変動する特徴を表す。「愛情」や「サービス」は好きな人から与えられるかどうかによって資源価値が変わるので個別性は高いといえるが，「金銭」は誰からもらっても価値はほぼ一定なので個別性は低いといえる。

　さて，この資源円環モデルの考え方では，社会的交換が成立する条件，つまり人間関係が続くと予測できる条件として，内容が類似する資源間での交換が必要であるとみなしている。例えば，「愛情」と「愛情」を交換することは適切な交換である一方，「愛情」と「金銭」を交換することは関係維持において不適切な交換と捉えている。このような資源間の類似性は，図中の各資源間の距離に表されている。図7-1を見ると，「愛情」と「金銭」を結んだ線分よりも「愛情」と「サービス」を結んだ線のほうが短い。これは，「愛情」と「サービス」のほうが「愛情」と「金銭」よりも類似度が高いことを示しており，「愛情」に対しては「金銭」より「サービス」を返すことでより社会的交換が成立しやすくなるということを意味している。恋人に浮気をされて「愛情」という資源を喪失した人がいた場合，恋人がこれを慰謝料（金銭）で解決しようとするより，やり直したいという気持ち（愛情）や済まないという気持ち（サービス）を示すならば，復縁の可能性は高まるかもしれない。

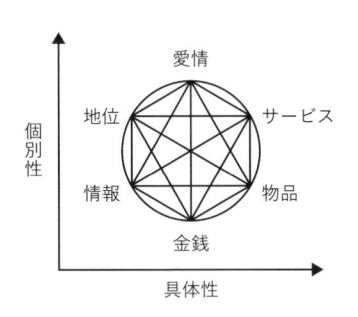

**図7-1　資源円環モデル**（Foa & Foa, 2012を一部改変）

　もちろん，類似性が低い資源どうしであっても交換が成立しないわけではない。例えば，飲酒の接待を伴うナイトワークの場面では，しばしば従業員からの好意を求めて高額なお酒を注文したり高額なプレゼントを贈ったりするお客がいる。このケースでは，「愛情」と「金銭」「物品」という類似性が低い資源間でも交換が成り立つことを意味しており，これによって実際に彼らの間では長期的人間関係が形成されている。ただし，「愛情」は無限に提供できる資源であるのに対し，「金銭」や「物品」の資源には限りがあるため，後者が枯渇すれば当然「愛情」ももらえなくなる。したがって，このような人間関係は脆く壊れやすい。

## 1.2　人間関係のルール

　資源とは人が交換という枠組みの中で得ていく価値物なので，資源をもらい続けたり与え続けたりするというだけでは人間関係は成立しない。例えば，食事をご馳走した人がそれを「貸し」と捉え，お返しを期待しながら関係を続けていくように，人間関係は資源をやり取りし合うことで初めて続けられるものである。このようなお返しを求める心理を**返報性**（reciprocity）という（Gouldner, 1960）。こうした心理が備わっているがゆえに，人は相手にどんな資源を与え，どんな資源をもらったか絶えず勘定的にモニターする傾向が強い。そして，自分の払ったコストにふさわしい資源が得られなければ「ずるい」と感じ，関係継続の意志や願望を低下させる。このように，資源の授受が当事者双方のバランスという観点で捉えられていることからすると，人間関係においては公平さに関わるルールが存在していると考えることができる。

　ウォルスターら（Walster et al., 1978）は，関係の中でこのような資源バランスを求めるルールを**衡平性**（equity）と呼んだ。このしくみは図7-2に示す公式で表現される。それによると，自分と相手がそれぞれ与えている資源量と，そこから双方がもらっている資源量の割合が等しい場合を衡平状態，それらの割合がどちらか一方に偏っている場合を不衡平状態とみなす。具体的にいうと，自分が与えた資源1単位分あたりに対する相手からもらった資源量の割合（Isに対するOsの割合）が相手側の割合（Ioに対するOoの割合）と等しくなれば，当事者はこれを衡平な状態とみなし，満足感を強める。逆に，与えた資源に見合うだけの資源をもらえなかったり（Isに対するOsの割合が相手の割合よりも小さい），自分に資源を与えずに相手は資源をもらうばかりしている場合（Ioに対するOoの割合が自分の割合よりも大きい）は不衡平と認知され，割に合わないと怒りを感じ（コラム8参照），関係維持の動機づけを低下させる。この状態を過少不衡平という。なお，図の脚注にある通り，ここで示される割合とはあくまで社会的交換関係にあるどちらか一方が主観的に認知するものなので，相

$$\frac{O_S}{I_S} = \frac{O_O}{I_O}$$

O$_S$：自分がもらっている資源量
I$_S$：相手に与えている資源量
O$_O$：自分から見て相手がもらっている資源量
I$_O$：自分から見て相手が与えている資源量

**図7-2　人間関係における衡平性**

手も自分と同じように資源量の割合を認知しているとは限らず，一方にとっての衡平
状態が他方にとっては不衡平ということもあり得る。

　ところで，この資源量の割合については「したこと」に対する「されたこと」の比
率なので，尽くされ指標として置き換えることも可能である。例えば，自分の側の比
率が1を上回り，その値が相手よりも大きかったならば，自分より相手のほうが尽く
していると解釈することができるだろう。このように，相手に借りが生じる状態（I$_S$
に対するO$_S$の割合が相手の割合より大きい）も不衡平の一つであり，これは過大不衡
平と呼ばれている。こうした場合には，自分の側に罪悪感が生じるため，これを和ら
げるための何らかの行動が動機づけられるとされる（諸井，1989）。

## 1.3　依存状態にある社会的交換

　衡平性の考え方では，すでに述べたように，社会的交換を当事者どちらか一方の側
から捉えることが特徴だが，満足できる社会的交換を行えるかは自分がどう行動する
かだけでなく，相手がどう行動するかによっても左右されるところが大きい。例えば，
愛情資源の獲得によって関係に満足できるかは，自分が相手に好かれるように努力す
るだけでなく，相手がどれだけ自分に関心をもってくれるかにもかかっている。この
ように，当事者双方の満足不満足は相手の行動によって決まる部分があるという点か
ら，**相互依存理論**（interdependence theory）ではこれを以下のように説明している。

### ●利得行列を用いたアナロジー

　ケリーとティボー（Kelley & Thibaut, 1978）は，相互依存関係を説明するための分
析ツールとして利得行列を利用した。利得行列とは，図7-3のように二人の交換当
事者が選択する行動をそれぞれ行と列に表現し，各セルにはその組み合わせに対応し
た**成果**（outcome：社会的交換の結果として得られるもの）が配置されるというもので
ある。人間関係にこのアナロジーを適用すれば，成果として表されている得点は関係
満足感となる。例えば，ルームシェアで一人の友達と共同生活をしていたとして，自
分たちの部屋は1か月以上まったく掃除がされていないとする。お互いに掃除は嫌い

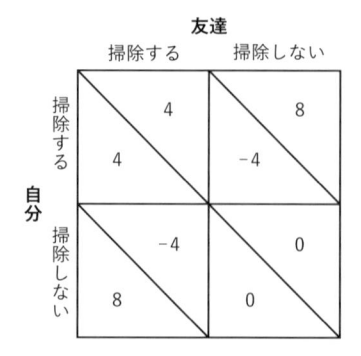

**図7-3　相互依存理論のたとえ話**
各セルの左下の数値は自分の成果，右上は友達の成果を表す

だが，かといって汚れた部屋も好きではない。このとき，自分とその友達が一緒に掃除をしたなら手間というコストは払いつつも，協力し合うのでお互い良好な関係を続けることができる（4と4）。もちろん，全て相手に任せて楽をしたい気持ちもあるが（8），そうなれば相手が自分との関係を不満に思うだろうから（−4），協力して掃除するという行動が最も選ばれやすくなる。ただ，自分も友達も掃除が好きではないから，掃除をせずにこう着状態が続いていると，結果的に汚れたままの部屋で生活する羽目になり，掃除をしない相手へお互いが不満を抱くことになる（0と0）。

　このように，相互依存理論では，交換当事者らのやり取りを2×2の利得行列から理解しようとするものだが，もちろん実生活の社会的交換はこれに比べてはるかに複雑である。したがって，利得行列に表される交換状態は，「ある時点での人づき合いの場面をスナップ撮影したもの」（Rusbult et al., 2001, p.365）として理解すべきであろう。

### ●相互依存を続ける基準

　人は何を手がかりにして相互依存の関係を続けたりやめたりするのであろうか。その基準は**比較水準**（Comparison Level：CL）にある。CLとは，交換の結果得られる成果が自分の求める最低限の水準に達しているかどうかの期待値を指し（Thibaut & Kelley, 1959），与えた資源ともらった資源の単純な比率計算とは区別される。つまり，成果としての満足感は絶対的に評価されているわけではない。例えば，同じ好意という成果を得た場合でも，初期の関係であればその好意に新鮮味を感じるので，強い満足を覚えるであろう。しかし，関係が長期化すれば刺激価が下がることから，好きで

いてくれることが当たり前となってむしろその好意を物足りなく感じるかもしれない。これは，関係が続いたことで満足感の価値が飽和し，これによってCLが押し上げられたことが原因である。そして，このような飽和によるCLの上昇は人の相互依存への関心を弱め，関係が終わるリスクを高めることにつながる。

## 1.4　代替関係と投資

　ではCLの上昇によって満足感が得にくくなったならば，人はすぐに関係を絶つのであろうか。答えはノーである。相互依存理論を発展させたラズバルトら（Rusbult et al., 2012）の**投資モデル**（investment model）によれば，人は不衡平な交換によって不満を感じたとしても，新しい関係やこれまで相手に費やしてきた労力を考慮に入れながら今の関係にとどまるか否かを吟味するとしている。具体的には，**関係満足感**（satisfaction level），**代替関係の質**（quality of alternatives），これまでの**投資量**（investment size）の3側面から総合的に判断して関係を続けるかどうか決めるとしている。そして，これらから生じる関係を続けようと思う前向きな動機づけのことをラズバルトらは**コミットメント**（commitment）と呼んで，この動機づけの強度から今後の関係が続くか否かが予測できるとした（図7-4）。

　例えば，CLの上昇によってある人物との関係を不満に感じたとしても（関係満足感の低下），縁を切ればこれまで注ぎ込んできた時間やエネルギーなどの投資（高い投資量）が無駄になってしまい，相手からもらってきた資源（例：なじみのお店，共通の知人など）が失われる恐れがあるとする。この場合，人は損切りすることを躊躇して，満足できない関係であってもコミットメントを持続させようとする。しかし，これまでの投資が無駄になると思う以上に別の新たな出会いに魅力を感じたならば（良質な代替関係），コミットメントを弱め，現在の関係をやめる方向に気持ちを転じさせる。このように，関係満足感や投資量はコミットメントを強める働きをもつのに

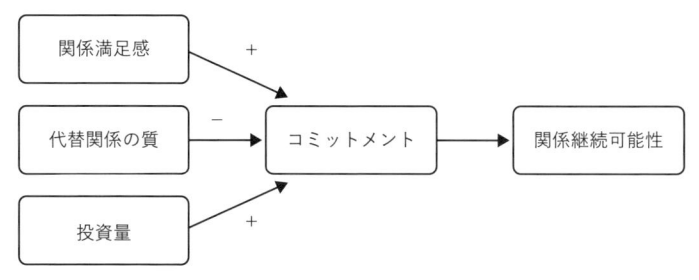

**図7-4　投資モデル**
プラスの符号は促進，マイナスの符号は抑制の効果を表す

対し，代替関係の質はそれを弱める働きがあるといえる。なお，メタ分析（複数の研究成果を統合して再分析したもの）による研究では（Le & Agnew, 2003），投資モデルは関係の維持と破綻を予測するうえで一定の妥当性が担保されていることが認められており，近年ではIPV（Intimate Partner Violence：親密な人物からの暴力）を受ける別れられない女性の心理分析にもこのモデルが適用されている（Katz et al., 2012; Rhatigan & Axsom, 2006; 寺島ら, 2020）。

## 2節　親密な人間関係の展開

　関係が継続すると，双方の理解が深まることから長期的関係へと移行するチャンスが高まる。そこでは社会的交換当初とは異なる心理状態が芽生え，そのスタイルにも変化が生じるようになる。親密な者どうしに特徴的な交換スタイルとはどのようなものであろうか。親しみを感じるとはどういうことであろうか。ここでは，関係深化に伴って生じる親密な関係にある人たちに特有の心理を考えてみたい。

### 2.1　勘定的な関係と感情的な関係

　衡平性が人間関係の基本であることを論じた社会的交換理論では，人が損得勘定を行いながら関係を営んでいるという合理的人間像が強調されている。ところが，実際の人間関係の営みは必ずしも合理的に説明できるものばかりではない。一方的に尽くす恋人がいたり，子どものわがままを聞いてあげる親がいるなど，衡平性に反する人間関係も多数存在する。不衡平状態は不満を強め，関係破綻につながるはずが，一部の人間関係ではなぜそうならないのであろうか。

　クラークらの研究チーム（Clark & Aragón, 2013; Clark & Mills, 2012）では，人間関係を2タイプに分けて捉えることを提案している。彼女らによると，会社の同僚や顔見知り程度などのフォーマルな関係は親密さが弱く，衡平性に従って勘定的に関係が続けられているとして，これを**交換的関係**（exchange relationship）と呼んだ。一方，関係が長期化して恋人や家族のような親しい関係に移行すると，衡平性のルール重視が弱まり，別のルールを重視するようになる。そのルールとは資源のバランスを意識するものではない。相手が何か困っていないか，何か不足はないかと絶えずモニターし，求められれば無条件でそれに応えようとする感情的ルールである。この関係ではお互いの欲求を満たすことに責任をもつことが重視され，相手の喜びを自分の喜びとし，快適で幸せになれるように生活を支援し合うことが基本理念となる。クラークら

はこうした関係を**共有的関係**（communal relationship）と命名し，この関係にある人たちが見返りを求めず行動し（Clark et al., 1986），犠牲をいとわず（Clark et al., 1987），それでも感情がネガティブにならない（Williamson & Clark, 1992）ことを一連の実験室実験で確認している。

　ただし，共有的関係であっても衡平性がまったく働かないというわけではない。**利益コスト**（cost of benefit：相手に何かしてあげることで自分が被る損失の程度）があまりにも大きい場合は衡平性を採用することもある（Clark & Mills, 1993）。そして，相手に何か返報を求めたり関係をやめたりすることで，利益とコストのインバランス状態を回復しようと試みる。つまり，共有的な当事者たちが相手の要求に無条件で応えることができるのは，利益コストに対する許容度が交換的関係の場合より大きいからそうできるのであり，基本的には共有的な関係でも心の奥底では衡平性に意識が向いているのである。「親しき仲にも礼儀あり」とはまさに衡平性ルールに切り替える利益コストの許容限度を指しているのである。

## 2.2　人間関係の成熟

　クラークらの理論では親しい関係への進展が社会的交換スタイルに変化をもたらすことを示しているものの，6章の対人魅力で取り上げられたような，どのような過程を経て親密関係に成熟するかまでは仔細に論じられていない。この点についてフィスクら（Fiske, 1992; Fiske & Haslam, 1996）が興味深い説明を展開している。

　彼らはまず，社会的交換の文脈において人間関係を市場価値（Market Pricing：MP），平等均衡（Equality Matching：EM），権威序列（Authority Ranking：AR），相互共有（Communal Sharing：CS）の4タイプに分類した。MPでは，利益コストの分析が強く，自分が有利になるような交換を好むので，衡平性を重視しやすい。次いでEMでは，明確に関係が組織化されてはいるものの，資源を平等（折半）にすることを好む。ARでは，スクールカーストなどの階層性や部活での先輩後輩といった主従関係が成立し，MPと同様に衡平性のルールを遵守する。最後のCSでは，「われわれ感（We-ness）」を覚え，お互いに幸福を満たすような行動をとりやすくなる。

　この4タイプの関係について，フィスクらは関係の成熟過程を「MP→EM→CS」または「AR→CS」として素描した。この過程は関係が長期化するにつれて衡平性より共有的な営みを優先する傾向が強まることをダイナミックに表現しているが，彼らの理論で興味深いのはそれだけではない。それは，人が状況に応じて4種類の関係タイプを使い分けるという点にある。例えば，共感や同情の気持ちから相談に乗ってあげたいと思ったときにはCSの交換スタイルを採用するが，見返り欲しさに相談を受

ける場合はMPへと自ら交換スタイルを変換させる。このように，関係成熟過程は長期的な関係の中で培われていくものもあれば，当事者の思惑によって状況特定的に進展（もしくは後退）されることもあるのである。

## 2.3　恋愛関係

　成熟した関係の中でもとりわけ私たちは恋愛関係に敏感になりやすい。それは，恋愛が家族関係に発展する可能性をもった生産的な関係だからである。ただし，恋愛関係に発展すると，他では見られない特殊な社会的交換が生じる。その一つがセックスである。恋愛となればセックスを求める気持ちが高まるが，セックスも社会的交換の一つとみなすことができる。身体接触を通して愛情という資源を交換し合うからである。ただし，セックス観に対しては当事者の間で認識に違いが生じやすい。

　例えば男と女の関係で考えてみよう。アッカーマンら（Ackerman et al., 2011）は，現在交際中の相手から過去2週間以内に告げられた「愛している（I love you）」という愛情表現について，それがセックスの前であったか後であったかを尋ね，それを受け取ったときの快感情の強さを評価させた。その結果，男性はセックス前の愛情表現に強い快を感じていたのに対し，女性はこれと逆で，愛情表現はセックスの後でされたほうが快感情は強かった。これら男女の違いは何に由来しているのであろうか。

　**エラーマネジメント理論**（error management theory）によると（Haselton & Buss, 2000; Haselton & Nettle, 2006），はるか太古の昔，私たちの祖先は生存競争を生き抜くために，間違った選択による致命傷を最小限にするリスク認知を獲得してきた。例えば，目の前で蛇か木の枝か判別しにくいものに遭遇した場合，それを木の枝と判断するよりは，とりあえず蛇ではないかと大袈裟に判断しておいたほうが間違えても死ぬ危険性はない。現代では「人はみな善人」と思うより「人を見たら泥棒と思え」と思っていたほうが間違えたときの致命傷がはるかに小さいように，私たちの祖先は生存の可能性を高めるために「間違えてもマシ」なほうを選択する認知を**デフォルト**（default：ジャストフィットではないがとりあえずそうしておけば凌げる基準のこと）として進化させ，その傾向が今の私たちにも受け継がれているのである。

　ではここから先ほどの結果をどのように説明できるだろうか。男と女が求め合う本能的理由は「子孫を多く残すため」であり，これは男女間で共通している。だが，そのための手段は異なる。まず，男性の手段は「できるだけ多くの女性との性交渉」であるから，性的パートナーを喪失する機会の選択が致命的エラーとなる。となれば，セックス後に女性から愛していると告げられると，これに誠意を示さなければならず，男性にとっては（致命傷を最小限にするという点で）都合が悪い。このような理由か

ら，どちらかといえば男性はデフォルトとしてセックス前の愛情表現を求めやすくなると考えられる。一方，女性は「妊娠から子育てまで確実に支援してくれる男性の獲得」が手段となるので，非協力的な男性との遭遇が致命的エラーとなる。このため，セックス前の愛情表現はただセックス目的のものであり，行為後に撤回されるおそれもあることから，「妊娠リスクを冒す価値があった」と確信がもてるものとしてセックス後の愛情表現をデフォルトとして期待しやすいと考えられる。このように，当事者間でのセックス観の違いは私たちの祖先が生き残りのために進化させてきたリスク認知の違いを反映するものであり，人間関係をこのような視点から分析する心理学は**進化心理学**（evolutionary psychology）と呼ばれている。

## 3節　親密関係の維持と崩壊

　親密な人間関係は人々にとって多くの喜びと満足をもたらす源泉である。しかし，一部の人たちの間では関係に不満を抱き，別れてしまうケースも少なくない。そうならないために私たちはどんな策を練っているのであろうか。そうした策を練ってもなお，関係が破綻してしまうのはなぜであろうか。

### 3.1　認知的関係維持方略

　恋人や夫婦といった親密な者どうしは自分たちの関係が長く永遠に続いてほしいと願っているが，お互いが実際にどう思っているかは不可知であることから，関係を続けている間は相手に嫌われていないかとか振られないかという懸念が常につきまとうこととなる。そこで親密関係の人たちは，相手を過度に理想化し，現実からずれた歪んだ認知をもつことで，関係破綻のおそれからくる不安や恐怖から自分の心を防衛しようと試みる。この際に用いられる認知方略を**ポジティブ幻想**（positive illusion）という。以下では四つの代表的ポジティブ幻想を紹介する。

### ●関係高揚

　マルツら（Martz et al., 1998）は，現在異性と交際している大学生を対象に，自分と恋人との関係，親友との関係，一般の人の人間関係の三つについて，各々どのくらいつき合いが順調だと思うかを複数の観点から評価させた。その結果，大学生たちは恋人との関係が最も満足できる関係で，将来性があり，今後も理想的関係を築いていけると評価していた。これは，「恋は盲目」と表現されるように，自分たちの関係を

固い絆で結ばれた類まれな関係であると賛美することによって，関係破綻の不安から目を背けようとした結果であると解釈できる。

## ●関係優位化

人間は他者と比較する生き物であるため（14章参照），関係が親密になると自分の関係を他の関係と比べて評価したいと動機づけられるようになる。この際にもポジティブ幻想を働かせ，自分たちの関係のほうが優れている点が多く，非の打ちどころがないと優越感に浸ろうとする。例えばラズバルトら（Rusbult et al., 2000）の実験では，異性の恋人をもつ大学生に対し，恋人との関係とそれ以外でつき合いのある人物との関係について，「私たちの関係は……」や「相手は……」の後に続き，良い点と悪い点をそれぞれ5分以内で思いつく限り記述させた。結果は図7-5の通りで，良い点の記述数は自分の恋愛関係の場合に多く（a），悪い点の記述数については他の人との関係の場合に多かった（b）。この実験で興味深いのは，これらのパターンがコミットメントの強さによらず確認されたことである。図の色の薄いほうのバーの高さに表されているように，関係継続に消極的なコミットメントの弱い人たちであっても，関係破綻に恐怖してポジティブ幻想を働かせる傾向が見いだされていた。

## ●代替対象の回避

ただし，どんなに関係を美化したところで，現在のパートナーを凌ぐ魅力的な人物が登場すると，そちらに関心が向いて，関係が壊れてしまう可能性もある。そこで親密関係の人たちは，自分にとって魅力的な異性が身近に登場すると，わざと関心を向けないようにしたり相手のあら探しをしたりして心情的関わりを避けようとする。

ジョンソンら（Johnson & Rusbult, 1989）の研究では，自分が物語の登場人物になっ

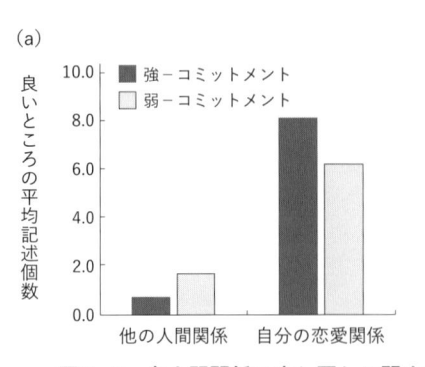
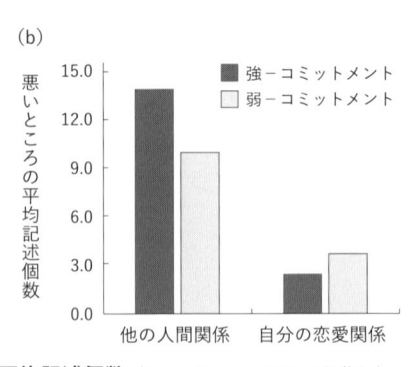

**図7-5 各人間関係の良し悪しに関する平均記述個数**（Rusbult et al., 2000 より作図）

たつもりで回答させるシナリオ実験において，エピソードに描写された自分の恋愛関係の中で，魅力的な異性の第三者と出会ったときにどのくらい自分を誘ってほしいと望むか，相手とどのくらいデートしたいと思うか，などを尋ねた。その結果，エピソードの恋愛関係に強いコミットメントを感じるように実験操作された人が異性の第三者の魅力度を低く見積もる傾向があったが，その中でもより魅力度評価を低めたのは，エピソード中の恋愛関係に満足を感じるように操作された人たちであった。こうした反応は，代替対象を拒み，その人物の魅力をあえて低く見積もることで，現在の関係の肯定的な部分を強調しようとしたことの裏づけだと考えられる。

●**不正確な対人認知**

さらに，パートナーが関係を脅かしかねない思考や感情をもっていると（主観的に）認知すると，人は見て見ぬふりをして相手の内面をあえて正確に読み取ろうとしなくなる。シンプソンら（Simpson et al., 1995）は，将来に不安を抱いている恋愛中のカップルを対象に，好みの異性の写真をパートナーに提示して，パートナーは今どんな思考や感情を抱いていると思うかを互いに推測させる実験を行った。参加者が推測した回答とパートナーによる実際の回答の類似度を第三者に評価させたところ，参加者が推測したパートナーの思考や感情は実際のパートナーの報告よりかなり不正確で，その精度は当てずっぽうで答えたときのチャンスレベルに近かった。不安定な関係においてはお互いに猜疑心を募らせやすいことから，「あの人に限って」などと自説に固執して相手の心情推論を避け，見捨てられるかもしれないという恐怖から自己防衛した結果がここに表れている。

## 3.2　ポジティブ幻想は幻想で終わるのか

近年の研究では，ポジティブ幻想は単なる幻想であるだけでなく，実際にパートナーとの継続的な関係を促す役目を果たしていることが明らかにされている。マレーら（Murray et al., 2011）は，子どものいない新婚夫婦にパートナーを理想化する程度を答えさせた後，3年間にわたって定期的に関係満足度を答えさせた。すると，相手の行動や態度を理想化しにくい夫婦については時間経過とともに関係満足度が低下していたにもかかわらず，理想化しやすい夫婦では時間が経過しても満足度のレベルが結婚初期とほぼ変わらなかった。

ポジティブ幻想は事実を歪めて捉えるバイアス（11章参照）であるにもかかわらず，なぜこのような関係維持効果がみられるのであろうか。その理由は，ポジティブ幻想がパートナーの理想に応えようとする努力を実際に引き出すことにある。例えば，一

方がポジティブ幻想に基づいて好意的に接し，相手の望ましい特徴を引き出すように働きかけていると，相手もこの信頼に応えて好ましい態度変化を起こそうと努力するようになる。その結果，お互いが抱く理想に両者が近づいていき，関係満足度を下げる行動も減り，親しみが亢進されて関係は維持されやすくなるのである。

## 3.3　関係の破綻

このようにポジティブ幻想が関係維持効果の一翼を担う一方で，破綻を起こす親密者どうしがいることも現実である。これは何が原因であろうか。

第一は衡平性に沿った行動である。そもそも衡平性による関係は，自分がふさわしい資源をもらっているかどうかという有利不利の視点から関係が営まれているので，相手の都合を両者が気にかける必要はない。そのような社会的交換スタイルは思いやりや配慮といった情緒的視点を弱体化させ，結果として親しみを維持・高揚させる行動が減少する。実際，衡平性に基づいて行動する親密なパートナーを人々は嫌い，そのような行動が示されると不満を強めることが証明されている（Clark & Mills, 1979）。また，一度でも衡平性のルールを持ち込めば，それ以降は元の関係に戻ることが困難になることも示唆されているので（Gneezy & Rustichini, 2000），衡平性による行動は親密な人間関係にとって破綻のきっかけになりやすいと考えられる。

第二の原因は，寛容性が挙げられる。すでに述べたように，関係が親しくなると思いやりや配慮が基本ルールとなることから，お互いが相手の言動に対し慈悲的で受容的な姿勢をとりやすくなる。ただし，一部の研究によれば，そのような姿勢が関係に悪影響を与える場合もある。例えば新婚夫婦を4年間追跡して満足感の推移を分析したマクナルティたちの研究によると（McNulty et al., 2008），家計，信頼感，親戚づき合い，セックスなどのライフワークについて深刻な問題を抱えている夫婦では，慈悲的認知を働かせるほど満足感が低下していた。これは，寛容性によって問題の根本解決が先送りにされ続けたことが背景にあるとされる。また，新婚夫婦を対象とした別の追跡研究でも（McNulty, 2011），結婚初期には寛容性が今後のパートナーの問題行動を思いとどまらせる役目を果たしていたが，とりわけ相手の行動を許しやすい夫婦においては4年が経過するとお互いに問題行動が減るどころかむしろ増加していた。この研究のように，寛容性は関係維持に効果的に働くこともあるが（Záhorcová et al., 2023），許してばかりいると行為に対する罪悪感が薄れ，かえってパートナーの悪い行いが増長されて破綻に結びつくという負の側面も併せもっているのである。

関係が破綻する第三の原因は，親密関係者たちの人格的側面にある。典型的には，人から嫌われ関係が破綻する出来事は人々にとってストレスフルなので，これを敏感

に察知して素早く対処する能力は関係維持においてきわめて重要だと考えられる。し
かし，人から拒絶されるのではないかと異常に警戒し，知らないうちにパートナーが
寄りつかなくなる行動を自らとってしまう人たちもいる。**拒絶の敏感さ**（あるいは拒
絶感受性；rejection sensitivity）を抱える人たちである。拒絶に敏感な人は，真意を
知りたいと絶えず相手をテストするように見，不快で挑発的な言動を繰り返すため，
相手の怒りを買って最後は自分で関係を崩壊させやすい（Downey et al., 1998）。この
ような人たちの過剰反応の原因は脳にあり，拒絶を経験したりそれを予期すると，肉
体的苦痛を受けたときに活性化する部位と同じ前部帯状回背側部（dACC）が活性化
する。ところが，前頭前野によってこの部位が十分にコントロールされないために，
dACCが過度に活性化し，内的に処理できない衝動性を行動で処理しようとして過剰
反応を引き起こさせるとされる（Kross et al., 2007）。

## 4節　人間関係と健康

人間関係に関する研究分野では，先ほどのような人を不幸にさせる人間関係メカニ
ズムだけでなく，人を不健康にする人間関係メカニズムも分析対象としてきた。例え
ば，ある調査によると，人づき合いの乏しい人は豊かな人に比べて死亡リスクが2.3
〜 2.8倍高いという報告がある（Berkman & Syme, 1979）。人づき合いが乏しいのは
易怒性が高く気難しいことが原因で，そうした人は交感神経が頻繁に高ぶるために血
管が収縮し，心臓疾患などに罹りやすくなるため死亡リスクも高まると考えられてい
る。このように，私たちは心身の両面で人間関係から何かしらの影響を受けているこ
とからすると，この種の研究分野は社会病理学の一つとみなすこともできる。

### 4.1　人間関係におけるストレス反応

人間関係について何らかの問題を抱えると**ストレス**（stress）を感じて食欲不振や
不眠などの心身の不調を示すことがある。それらを引き起こす人間関係特有の原因
を**対人ストレッサー**（interpersonal stressor）という。43個のライフイベントを影響
度別にリスト化した社会的再適応評価尺度でも（Holmes & Rahe, 1967），離婚や別居
などの人間関係に関するイベントは強いストレスを与えるものとしてかなり上位に位
置づけられており，対人ストレッサーが他のストレッサーに比べて不健康を引き起こ
しやすいことは明白であると思われる。この対人ストレッサーには対人葛藤，対人過
失，それに対人磨耗の3種類がある（橋本, 2005）。対人葛藤とは他人のネガティブな

言動にストレスを感じることを指し，対人過失はこれとは逆で，自分の過失から人を不快にさせたと悔やんだときのストレス反応を引き出すものである。また対人磨耗では，スムーズな人間関係を優先した結果の気疲れによるものが原因となる。社会的交換の文脈にこれらを当てはめるなら，対人葛藤は過少不衡平，対人過失では過大不衡平，対人磨耗は利益コストが許容性を超えた状態に該当するであろう。

### ●社会的排斥

　**社会的排斥**（social ostracism）とは，人やグループから関係をもつに値しない人物とみなされ，関係が断絶されて社会的結びつきを失うことを指す。3.3項で拒絶という表現が登場したが，社会的排斥は拒絶だけでなく排除，拒否，追放，仲間外れなどを含んだ関係断絶の総称である（コラム10参照）。1999年にアメリカのコロンバイン高校で二人の高校生による銃乱射事件が発生し，その後の調べで事件の原因は他の学生からの排斥であることが報告されており（Leary et al., 2003），社会的排斥は心身ともに人の健康度を下げる注視すべき対人ストレッサーといえるだろう。

　こうした社会的排斥が人を不健康にすることは，これまで数多くの実験において繰り返し確認されてきた。例えば，他の実験参加者から拒否されたと思わされた人は，味覚テスト時にチョコレートチップクッキーをやけ食いして健康を顧みない行動をとった（Baumeister et al., 2005）。これは，拒否に対して自分の気持ちの高ぶりを落ち着けようとし，このときの我慢や努力によって膨大に心のエネルギー（制御資源）を消費した結果，食欲という衝動的欲求が抑えられなくなったと考えられている。また，実験において排斥を経験した人は，抗ストレス作用や抗炎症作用の働きをもつコルチゾールのホルモンが減少したり（Filipkowski et al., 2022），抑うつ傾向が高まったりすることも報告されている（Kavakli, 2021）。

### ●自尊心

　レアリーとボーマイスターの**ソシオメーター理論**（sociometer theory）によると（Leary & Baumeister, 2000），**自尊心**（self-esteem）とは人から見た自分の価値を知る手がかりであると仮定される（14章参照）。例えば，人から受け入れられ尊重されているのであれば誇りを感じるので，これは高い自尊心を知覚させる。しかしその逆の場合は，当然，低い自尊心しか知覚できない。このように低まった自尊心を知覚することは，周囲が自分との関係価値を軽視していることの表れ（メーター）であると感じることから，これが原因となって種々の不健康な反応を引き起こす（9章参照）。

　実証研究についてみると，例えば，自尊心が低い人は他人との関係形成において自

信を喪失することが増え，社会生活からひきこもる傾向が強まる（Sommer & Baumeister, 2002）。また，人を信用できないために，支援を受けてもそれに満足できないでいる（Hobfoll et al., 1986）。さらに，無価値な自分に不安を覚え，現実逃避のため薬物に手も出しやすい（Taylor & Del Pilar, 1992）。このように，低い自尊心はその人の健康度を心身ともに下げる特徴がある一方で，自尊心の高い人たちに不健康な兆候がみられないかといえばそうではない。ボーマイスターら（Baumeister et al., 2003）が自尊心と社会病理との関連を扱った研究を精査したところ，自尊心を高揚させても健康度が上がるわけではなく，むしろ自己愛傾向（9章参照）を病理的なものにする可能性が高まることを見いだしている。

## 4.2　対人ストレッサーに対する耐性

　対人ストレッサーは人と関係を続けていくならば不可避の要因である。そうであれば，私たち自らが対人ストレッサーに対する耐性を高めていかなければならない。しかしそれはどうすればよいのであろうか。病理に罹らないようにするためには何が必要なのであろうか。この疑問を考えるにあたっては，フレドリクソン（Fredrickson, 2001）の**拡張形成機能モデル**（broaden-and-build theory）が重要な手がかりを提供してくれる。彼女のモデルでは，対人ストレッサー耐性を高める鍵がポジティブ感情の経験にあると考える。そして，このポジティブ感情の機能には「拡張（broaden）」と「形成（build）」の二つがあり，それらは段階的に影響を与えていくとしている。

　まず，ポジティブ感情の「拡張」機能の段階では，ポジティブ感情の経験によってその人の注意や認知，あるいは行動の範囲が広がると仮定される。実験でポジティブ感情を経験させると，人は図形を大局的に捉えるように（Fredrickson & Branigan, 2005），社会に対する思考や行動のレパートリーも同様のしくみで広がりやすくなる。ポジティブ感情によって思考や行動のレパートリーが拡張すると，安定した家庭や収入などさまざまな心理社会的資源が得られるようになる。この段階におけるポジティブ感情の機能を「形成」という。例えば，安定的な**アタッチメント**（attachment：8章参照）スタイルが確立された人は，日常的にポジティブ感情を経験しやすいので，回避型や不安定型のアタッチメントスタイルをもつ人たちよりも良好な人間関係を獲得しやすい（Simpson, 1990）。ポジティブ感情の経験によってさまざまな認知や行動の範囲が拡張され，多くの資源が獲得されると，対人ストレッサーに対処する能力も高まる。困ったときには自分が築いたさまざまな心理社会的資源に頼ることができるからである。こうして心身の健康を病理症状から保護できるようになり，さらなるポジティブ感情の体験によって先ほどの過程を繰り返す好循環をたどっていくのである。

## コラム8 「ケンカするほど仲がいい」って本当？

　一般に，怒りを見せる行動は親密な人間関係の仲を悪化させやすいので，抑えるべきもの，あるいは堪えるべきものと信じられている。これを怒りの抑制神話という。しかし，「ケンカするほど仲がいい」とか「雨降って地固まる」など，日本では怒りに任せた行動がかえって絆を深めることを表現することわざもある。怒りの表出は親密な人たちにとって良いことなのだろうか，悪いことなのだろうか。

　結論から言えば，「悪いことばかりではない」が答えになる。これを裏づける興味深い研究を紹介しよう。上原ら（2019）は，大学生に過去の恋愛体験を一つ思い出させ，交際日数と日頃相手に見せていた怒り感情の強さや頻度を答えさせた。その結果，相手に怒りをよく見せていたと答えた人ほど交際日数が長いことが示された。また別の研究では，同性の友達関係ペアを対象に，相手に怒りを見せる程度と相手に対する親しみの程度を約3か月の期間を空けて2度測定したところ，相手に怒りをよく見せると報告した関係ほど3か月後に親密さの上昇が認められた（Uehara et al., 2024）。さらに，実験室で異性カップルにケンカになりそうなトピックを話し合わせ，その後にストレス指標としての血圧を測定すると，話し合いの最中に怒りを見せてもお互いの血圧は上昇せず，怒りを見せないカップルより血圧が沈静化することさえも確認された（上原，2022）。これら一連の結果は，怒りの抑制神話が誤りであることを示唆しているといえる。

　それではなぜ，怒り表出には人間関係の親しみを高める効果があるのだろうか。考えられる原因は二つある。一つめは行動制御説で，怒りを見せる行動をとると，パートナーは不適切な行動を改め，表出者の期待する行動をとりやすくなることが挙げられる。また，怒り表出はその行動をとることをためらわせる抑制要因（パートナーから嫌われるなど）に逆らって起きているので，怒りを向けられた人は怒り表出の原因を表出者の内的要因（11章参照）に割り増して帰属し（この帰属スタイルを割り増し原理という），自己開示の表れとして捉えやすくなることも考えられる。これが二つめの原因である。

　ただし，研究に参加した人たちの怒り表出レベルの平均値を調べると，どの研究でも値は尺度の理論的中点である2.5を下回っていた。したがって，怒りが人間関係の絆を強める働きは，激昂するような怒りには通用しないという点にも留意する必要があるようである。冒頭で「悪いことばかりではない」と遠回しに答えたのもこのためである。

# 8章　援助とサポート

人の健康や幸福は，他者から助けられたり，他者を思い浮かべることで支えられたり，他者から愛されていると感じたりすることに大きく左右される。本章では，このようなポジティブな対人行動や対人関係の機能について説明する。初めに，誰かを助けようとする行動が，どのように生じるのかについて説明していく。

## 1節　他者のためになる行動

誰かのためになる行動，すなわち向社会的な行動の中でも，より短期的かつ自発的に他者を助けようとする行動を，**援助行動**（helping behavior）という。これは，時間，資源，労力といった観察可能なコストを伴い，他者への援助を意図した，個人の行動を指す（Lefevor et al., 2017）。援助行動はさまざまな場面でみられるが，研究の中でよく取り上げられるのは，誰かの落とし物を拾ってあげたり，無くした物を返してあげたり，金銭やそれと同等の価値ある物を寄付したり，時間や労力を割いてボランティア活動をしたり，誰かの危機に介入したりするといった無償の行動である。援助行動の研究者は，こういった行為に関与した人数や割合を観察し，それとそれに影響する要因との関連を明らかにしてきた。以降では，援助のしやすさや，逆に援助のしにくさ（傍観者効果），援助のされやすさに関する要因について説明する。その後，援助の効果に関わる議論として，受け手の自律性を認める援助とそうでない援助の違いに言及する。

### 1.1　援助のしやすさに影響する要因

援助のしやすさに関わる要因は，援助できる立場にある個人（潜在的援助者）の特性や感情に着目したものと，状況に着目したものに大別できる。特性に着目した結果としては，思いやりや協力に関するパーソナリティ特性である**協調性**（agreeable）の

高い人ほど，援助行動に関与しやすいことが明らかになっている。協調性は，援助に
関与する可能性の高さや（Graziano et al., 2007），ボランティア活動に対する動機や実
際の関与と関連することがわかっている（Carlo et al., 2005）。感情に着目した研究で
は，**共感的関心**（empathic concern）の高さが他者への援助行動を促進することが繰
り返し示されている。バトソンら（Batson et al., 2007）は，その過程として，次の二
つの条件が他者への共感的な関心を強め，他者への援助行動に影響すると説明し検証
している。一つが，援助される側の他者にその必要性があると，援助する側に思える
ことである。もう一つが，援助する者が，援助される他者の安泰（welfare）に関心
をもち，その他者の視点を取得しようとすることである。援助を求める他者がいて，
その相手のことが気になり，その立場に立って考えることが，他者への援助を促すと
いえる。

　援助行動に影響する状況的な要因としては，操作された気分や他者の存在がある。
一つめの気分の効果として，潜在的な援助者がよりポジティブ気分になることや
（Carlson et al., 1988），被援助者を含む「他者」に注意が向きやすい状態でネガティブ
な気分になることが，それぞれ援助行動を促すことが示されている（Carlson &
Miller, 1987）。二つめの他者の存在の影響として，潜在的な援助者が他者の視線を気に
するほど援助行動をとりやすくなることが示されていた。他者から見られているとい
う**社会的注意**（social attention）が援助を促すのである。例えば，社会的注意を喚起
する微妙な手がかり（こちらを見る人の目）が周囲に存在することで，慈善団体への
寄付（Ekström, 2012; Powell et al., 2012）や，公共財への寄付（Bateson et al., 2006），
独裁者ゲーム（独裁者役と受け手役に分かれて報酬分配を行うもので，どのように分配
するのかを独裁者役が一方的に決め，実際にその通りに分配されるという経済ゲーム）
における他者への寛容な分配（Rigdon et al., 2009）といった援助，あるいはそれにつ
ながる行動がとられやすくなる。なお，このような社会的注意の手がかりは，援助行
動を促すだけでなく，自転車窃盗（Nettle et al., 2012）やポイ捨て（Ernest-Jones et
al., 2011）のような望ましくない行動を減少させることも知られている。

　ただし，社会的注意により，援助を含めて他者に寛容になる効果は，研究によって
は再現されないことがある。例えば，ノートホヴァーら（Northover et al., 2017）の
メタ分析（複数の研究結果を統合し再分析したもの）では，その有意な効果が見いだ
されなかった。このことは，社会的注意による援助の促進が，少なくとも単独で生じ
るとはいえない可能性を示している。実際，いくつかの研究では，社会的注意による
援助促進効果は，潜在的援助者が「他者」との関わりにおいて自分を意識する場面に
限って生じることが報告されている。例えば，ヴァン・ボメルら（van Bommel et al.,

2012）は，目の前にカメラがあることで公的自己に注意が向きやすくなっている状況で，他者の存在は援助行動を促すことを実証している（14章参照）。また，別の研究でも（Pfattheicher & Keller, 2015），慢性的に公的自己認識の高い人，つまり常に他者から見られる自分を意識している人だけが，他者の目を提示されることで，病気の支援団体に多くの寄付をすることが示されている。他に，他者からの評判を気にしやすい予防焦点型の自己制御をとりやすい人でも，他者からの監視の目によって寄付が促されやすいことも確認されている（Pfattheicher, 2015）。

## 1.2　傍観者効果

　前項では，他者の存在が援助行動を促す条件について説明した。このように，援助する人やされる人以外の，第三の他者の存在は，援助の生起に大きく影響する。場合によっては，第三の他者，つまり傍観者の存在が援助行動を抑制することもある。潜在的な援助者が一人でいるときには援助するが，傍観者がいると援助を控えたりためらったりすることがあるのである。これは**傍観者効果**（bystander effect）と呼ばれ，1964年にアメリカのニューヨーク州で起きた，キティ・ジェノビーズ事件に端を発し，いくつもの研究知見が重ねられてきた（Fischer et al., 2011; Latané et al., 1997）。この事件は，暴漢に襲われたジェノビーズの反応を，多くの地域住民が見聞きしていたにもかかわらず，援助の手が差し伸べられず，最終的にジェノビーズが殺害されたというものである。この事件をきっかけに，傍観者効果の存在や生起条件を解明するための実証研究が行われるようになった。例えば，ラタネとロダン（Latané & Rodin, 1969）の研究では，質問紙調査のために実験室に呼ばれた参加者が，回答中，隣室にいて事故に遭い骨折したかのような実験者の声を聞き，質問紙への回答を止め，援助の手を差し伸べるかどうかが観察された。この実験では，実験室に参加者一人しかいなかった場合と，実験者の声を聞いても何もしようとしないもう一人の「冷淡な」参加者（実際には実験協力者）と二人でいた場合とで，援助の生起率が比較された。その結果，参加者が一人しかいなかった場合よりも，「冷淡な」参加者と一緒にいた場合に，援助が生じにくいことが示された。つまり，自分以外の傍観者の存在によって，援助が抑制されることが明らかになった。

　ラタネら（Latané et al., 1997）によると，傍観者が援助するかどうかは5段階の心理過程を経る。傍観者が①危機的状況に気づき，②緊急事態で援助が必要な状況と解釈し，③援助に関して個人的な責任があると判断し，④有効な援助法について考え，⑤援助するという意識的な決断に至るという過程である。傍観者効果はなぜ生じるのだろうか。ラタネらは，傍観者効果が生じる理由として，責任の分散，評価への理解，

多元的無知（2章参照）の三つを挙げている。責任の分散とは，自分以外にも多くの傍観者が存在することで，個々の個人的責任が小さいように感じられる状態を指す。評価への理解とは，援助場面で他者から批判されることを恐れる状態を指す。多元的無知とは，曖昧な状況を理解するうえで，お互いに「他者の反応」に依存する傾向から生じる状態である。つまり，「どの傍観者も援助していない」という状況から，その場にいる誰もがそれを緊急事態と解釈せず，結果的に誰も介入しなくなるというものである。

　ラタネとロダン（Latané & Rodin, 1969）の先駆的研究以降，傍観者効果はさまざまな場面で生じることが示されている。例えば，オンライン上の傍観者効果として，受け取った電子メールに返信するかどうかや（Barron & Yechiam, 2002），特定のトピックをめぐるオンライン・フォーラムで知識を共有したりコメントを返信したりするかどうかにおいて，傍観者が多いほど全体に返信率が低下することが確認されている（Voelpel et al., 2008）。

　ただし，研究の進展に伴って，援助のしにくさを意味する傍観者効果が常に生じるわけではなく，逆に多数の傍観者がいるほど援助・介入が生じやすいことも示されつつある。例えば，公共の場で生じたトラブルに対する介入の様子を監視カメラのデータから分析した研究では，傍観者がいることで援助が生じやすいことが示されている（Philpot et al., 2020）。フィッシャーら（Fischer et al., 2011）は，どのような場合に傍観者効果とは逆の現象，すなわち傍観者という他者の存在によって援助行動が促されるのかを，105のサンプル（7,700人以上のデータ）のメタ分析の結果に基づき検証している。その結果，傍観者効果自体は対象となった研究全体で生じているといえた。この理由は，すでに述べたように，責任の分散や，他者からの評価への理解，多元的無知によって説明できよう。しかしながら，総じてその効果量は大きくなく，次のような場合には，むしろ傍観者効果が生じにくいことが示された。それは，犯罪のようなより危険な状況であり，加害者もその場におり，援助することで援助者（介入者）にも身体的な危険が生じる場合である。つまり，状況的に緊迫した状況であれば，傍観者効果は生じにくく，むしろ傍観者の存在によって援助・介入が生じやすくなるということである。その理由として，危険な状況に存在する傍観者は，潜在的な援助提供者として機能すると期待されるためだと考えられている（Fischer et al., 2011）。

　なお，援助行動の状況要因についての研究のメタ分析では，援助を促すあるいは逆に抑制するような要因が存在していない条件でも，一定割合の援助行動が生じることが示されている（Lefevor et al., 2017）。このことは，社会的動物である人間が，社会で生活する中では，自然に援助が生じやすい可能性を示唆している。

### 1.3　援助のされやすさに関する要因

　ここまでの議論では，主として援助の生じやすさ，あるいは生じにくさに関する要因について説明してきた。つまり，援助が求められる場面で，どのような人がどのような状況で援助の手を差し伸べるのか，差し伸べないのかを明らかにしてきた。一方，援助行動が生じるかどうかは潜在的援助者側の要因だけでなく，援助される側（被援助者）の要因によっても左右される。つまり，誰がどのような状況で援助を求めているのかによっても，援助の生じやすさが異なるのである。

　アーランドソンら（Erlandsson et al., 2023）は，援助される側の要因を八つに整理している（表8-1）。以下に，この枠組みに沿って説明する。

　**時間効果**とは，援助によって被援助者に生じる受益が，将来生じるよりも，今すぐに生じる場合に援助が生じやすいというものである。例えば，がん治療の開発に取り組む組織は，その組織が20年後の治療法の開発を目指している場合よりも，現在の治療法開発を目指している場合に，人々から寄付を受けやすい。

　**年齢効果**とは，子どもや若者の人生のほうが，成人の人生よりも高く価値づけられるため，前者への援助が促されやすいというものである。一つめの例に倣うと，小児のがん治療の開発に取り組む組織は，成人のがん治療に取り組む組織よりも寄付を受けやすい。

　**ジェンダー効果**とは，被援助者が男性よりも女性の場合に，援助が生じやすいというものである。これは，女性のほうが他者からの保護を必要とするというジェンダー・ステレオタイプに基づき生じると考えられている。一見すると，親切で好意的な態度であるが，女性に対する偏見でもあり**慈悲的性差別**（benevolent sexism）ともいわれる。

　**イノセンス**（innocence）**効果**とは，自身の判断や特性といった被援助者の内的な理由で困っている人よりも，他人のミスや不運といった外的な理由で困っている人のほ

### 表8-1　援助行動に及ぼす援助される側の要因

| | |
| --- | --- |
| 時間効果 | 援助されることで生じる受益が，将来ではなく今すぐに生じる場合に援助されやすい |
| 年齢効果 | 成人よりも，子どもや若者の方が援助されやすい |
| ジェンダー効果 | 男性よりも女性の方が援助されやすい |
| イノセンス効果 | 援助が必要になった理由が，援助される人の内的なものではない場合に援助されやすい |
| 不幸効果 | 恵まれている人よりも恵まれていない人の方が援助されやすい |
| 内集団効果 | 援助者と同じ集団メンバーの方が援助されやすい |
| 特定可能性効果 | 援助を必要とする人が，具体的に特定しやすいほど援助されやすい |
| 比例効果 | 援助される人が，小さな集団のメンバーである場合に援助されやすい |

うが援助されやすいというものである。例えば，自動車の衝突によって誰かの事故死が避けられない場面では（Awad et al., 2018），交通ルールを守っている人のほうが，守っていない人よりも助けられやすい。

　**不幸**（misery）**効果**とは，より恵まれない状況にある人が，恵まれた状況にある人よりも援助されやすいというものである。例えば，社会的に低階層の人は，高階層の人よりも援助されやすい。これは，人が，不平等な分配を避けようとする公正さに強い関心をもつためだと説明される。

　**内集団効果**とは，援助者と同じ集団（内集団）に所属するメンバーのほうが，違う集団（外集団）に所属するメンバーよりも援助されやすいというものである（このメカニズムは，3章の社会的アイデンティティ理論を参照）。

　**特定可能性**（identifiability）**効果**とは，援助を必要とする人が，統計的もしくは一般的に描かれている場合よりも，具体的に特定できる場合に援助されやすいことを指す。ここでの特定可能性は，決定性，鮮明さ，単独性という三つの側面をもつ。決定性とは，援助を受ける人がすでに決まっているかどうかであり，決まっていない場合よりも決まっている場合，すなわち特定可能な場合に援助がなされやすい。鮮明さとは，援助を受ける個人についての情報がどの程度詳細であるかである。受け手の年齢や窮状が生々しく詳細であるほど，援助を受けやすくなる。単独性とは，決定性や鮮明さによって援助が生じやすくなるのは，受け手が複数いる場合よりも単独の場合であることを意味する（森，2020に詳しい）。なお，この特定可能性効果の頑健性については議論があり，それの生じやすい場合とそうでない場合の境界についての研究も行われている（Hart et al., 2018; Kogut & Kogut, 2013）。

　**比例効果**とは，援助を受ける者が，小さいグループの一員である場合に，大きいグループの一員である場合よりも援助されやすいというものである。例えば，毎年5万人が亡くなる事故への対策によって25人を救うプロジェクトよりも，毎年25人が亡くなる事故への対策として25人を救えるプロジェクトのほうが，より支援を受けやすい。つまり，援助できる絶対数は同じであっても，それが母数に占める割合が大きいほど援助されやすい。見方を変えて説明すると，援助によって救えない数が多いほど，援助は生じにくいということである。この効果は，援助する側からみて，援助によって目前の問題を完全には解決しない介入よりも，問題をより完全に解決できるような介入が好まれやすいことを示している。

## 1.4　受け手の自律性を認める援助と認めない援助

　1節の最後に，援助のもたらす効果についても取り上げておく。というのは，これ

までの援助研究では，援助の有無や量に及ぼす要因に主眼が置かれ，援助の質的側面について十分に取り上げられてこなかったためである。

　援助は，問題を抱えた被援助者の問題解決を促すという意味で，被援助者にとって好ましい効果をもつ。他方で，援助には被援助者の自律性を損ねるという側面もある。例えば，難解な論文を読み込んでわかりやすい発表資料を作らなければならない状況にあるＡさんを，友人のＢさんがどのように支援できるのかを考えてみよう。困難な作業なのでＡさんは途中でくじけるに違いないと判断して，作業の大半をＢさんが一手に引き受け，資料を作成してあげることもできよう。あるいは，Ｂさんだけで一方的に資料を作成するのではなく，Ａさんが理解に困った箇所だけをＢさんが手伝い，二人で資料を完成させることもできよう。いずれも，Ａさんへの援助といえるものの，前者は相手の意志を無視した援助（パターナリスティックな援助）であるのに対して，後者は相手の意志を認めたうえでの援助（エージェンティックな援助）である。シュローダーら（Schroeder et al., 2017）によると，どちらの援助を提供するかどうかは，被援助者に対して推測する心的な能力（mental capacities）の程度に依存する。つまり，援助者が「被援助者にはしっかり考えて主体的に振る舞う力がある」と考えれば，エージェンティックな援助を行われるが，そのような力が欠けていると判断されるとパターナリスティックな援助が行われるのである。このように，被援助者に対する援助者の捉え方により，援助には受け手の問題解決を促進する側面だけでなく，受け手の自律性を損ねる側面もある。

　興味深いことに，この研究（Schroeder et al., 2017, 研究7）では，被援助者がどちらのタイプの援助を受けていたかによって，援助をみた観察者の「被援助者に対する心的な能力」の推測が異なっていた。被援助者が，エージェンティックな援助を受けていた場面をみた観察者は，その援助に見合うように，被援助者を心的能力の豊かな者だと判断した。一方，パターナリスティックな援助を受けていた場合，観察者は被援助者を心的な能力の乏しい者だと判断したのである。このように，パターナリスティックな援助の受け手は，援助者からも観察者からも心的な能力に欠けた者だと判断されやすいといえる。

　では，パターナリスティックな援助は，受け手にとってどのような意味をもつのだろうか。その有効性を強調する立場，すなわち個人の自由を制約する支援も必要だと考える立場からは，例えば，ギャンブルやアルコールに依存している人の生活を支えるためには，受け手に裁量を認める現金を提供するよりも，使途の限られたミール・クーポン（食事のみに使用できるチケット）を与えたほうがよいと主張されることがある。この例は，必ずしも援助の受け手にとって望ましい結果をもたらすわけではな

いかもしれないが（例えば食費を節約してもギャンブルしたい人にとってはその機会が強制的に奪われることになる），考え方によっては有効だということもできる。他に，このような援助が被援助者にとって望ましい効果をもたらす例として，自身では解決の糸口さえまったくつかめないような課題に遭遇した場面を挙げることができる。一般に，学業場面での援助要請に関する研究では，解けない問題に遭遇した際，まずは自分で解けるように努力して，それでも難しければヒントを求めるといった自律的な援助要請が望ましいといわれる。実際，そういった援助要請を行うほど学業成績が高いことも示されている（中谷・岡田，2020）。逆にいえば，自身の努力なしに他者に直接的に答えを求める依存的な援助の要請は望ましくないと考えられている。しかし，自身の解くべき問題についてどのように努力してよいかさえわからないような場面では，どうヒントを求めればよいのかすら見当がつかずに，他者に「丸投げ」するような形で援助を要請するのが，結果として効率的なこともあるだろう（橋本，2020）。このように考えると，被援助者の意志を抜きにした「型にはめる援助」が有効なこともあるといえる。今後の実証研究において，これらの議論の妥当性について検討が進むことが期待される。

## 2節　関わりが支える人の健康

　ここまでの議論は，援助行動の積み重ねを通じた対人関係のもつ機能，特にポジティブな機能に焦点を当てたものであった。一方，必ずしもこのような行動を伴わなくても，対人関係の存在自体がポジティブな機能を果たすことがある。例えば，大事な試験を前にして緊張感の高まる時期に，自宅で家族がいつも通り接してくれることで安心できる場合がある。関係自体が支えとなることがあるのである。

　このように，対人関係は，個人がアクセスできる環境上の資源としても人の健康に影響する。対人関係のこのような側面は，**ソーシャル・サポート**（social support）と呼ばれ，その効果についての知見が重ねられている。

### 2.1　ソーシャル・サポートの効果

　サポートの豊かな環境にある人は，そうでない人に比べて，健康であることが繰り返し示されている。ソーシャル・サポートに恵まれた人は，心血管疾患による死亡率（Kaplan et al., 1988）やがんによる死亡率（Ell et al., 1992），HIV 感染症による死亡率（Lee & Rotheram-Borus, 2001; Patterson et al., 1996）が低い。148 の研究の結果を対象

としたメタ分析によると，ソーシャル・サポートに恵まれることは，それ以前の健康状態にかかわらず，長寿（低死亡率）に強固な影響を及ぼすことが明らかになっている（Holt-Lunstad et al., 2010; Holt-Lunstad et al., 2015）。さらに，その効果に関する生物学的メカニズムについては，ソーシャル・サポートが視床下部－下垂体－副腎皮質（以下，HPA）軸の活性化（Hostinar et al., 2014）に影響することも確認されている。HPA軸は，ストレス負荷に対してストレスホルモンと呼ばれるコルチゾールの分泌を誘発する神経内分泌系である。つまり，ソーシャル・サポートが，ストレスに対する生物学的な反応にも機能することが示唆されている（Kirsch & Lehman, 2015）。

## 2.2　知覚されたサポートと受け取ったサポートの違い

　ソーシャル・サポートの機能過程には，サポートの与え手から受け手に対して，「何かあれば力になってくれるはずだ」という潜在的な資源提供の見込みや期待によるものもあれば，アドバイスや道具を与える形で顕在的に資源が提供されることによって生じるものもある。前者を**知覚されたサポート**（perceived support）と呼び，後者の**受け取ったサポート**（received support）とは区別される。重要なことは，これらのサポートが，異なる過程によって受け手の健康に関与しているということである。次に，それらの違いを説明する。

### ●知覚されたサポート

　ウチノ（Uchino, 2009）によると，知覚されたサポートは，慢性的な疾患への罹患を防ぐことで長期的な健康をもたらす。その影響過程は，初期の養育環境に端を発する。初期の養育者との関係が，その後の子どもの人生に大きく関わることはよく知られている。本章3節でも取り上げるアタッチメント理論によると，養育者の関わりは「他者とは頼れるものだ」といった信念（鋳型）の形成に影響し，それが後に養育者以外との関係にも応用されると考える。

　同様に，ウチノ（Uchino, 2009）も，人が支持的な幼児環境の中でさまざまな経験を重ねることは，豊かな人生を送ることのできるような姿勢を形づくると考え，この姿勢をポジティブな心理社会的プロファイルと名づけている。図8-1に示すように，このプロファイルは，パーソナリティ，社会的スキル，全般的な知覚されたサポート，自尊心，統制感覚によって構成される。つまり，支持的な養育環境での経験が，パーソナリティ（安全型のアタッチメントスタイル，低い孤独感，低い敵意，低い神経症，高い楽観性），スキル（自己調整や感情の反応性），全般的な知覚されたサポート，自尊心や統制感覚を高める。そして，それらがより適応的なストレス評価や対処行動を

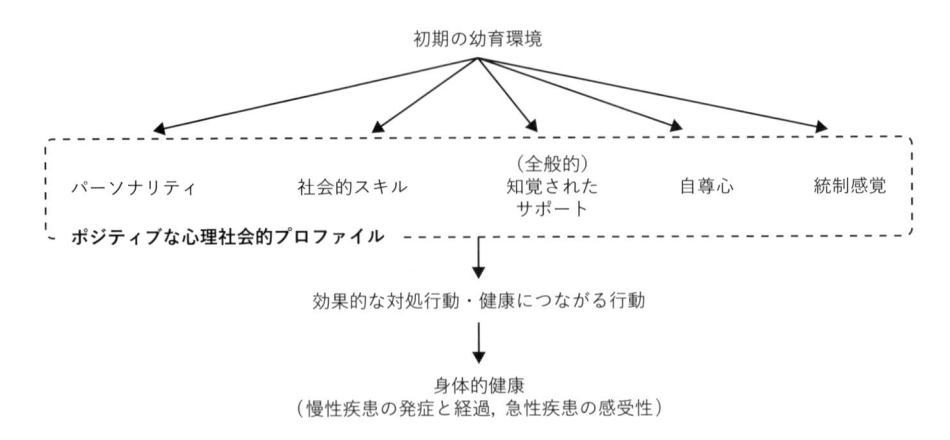

**図8-1　知覚されたサポートをめぐる対人関係からの健康への影響**
（Uchino, 2009 を参考に作成）

活性化させることによって，ストレスへの適応が促されたり，健康的な行動（例：食事）が促されやすくなったりして，慢性疾患への罹患が防がれやすくなるという。

### ●受け取った（実行された）サポート

　上記のように，知覚されたサポートが健康にもたらす影響は長期にわたるものであったのに対して，受け取ったサポートの健康にもたらす影響は短期的である。つまり，図8-2に示すように，受け取ったサポートは，主にその時点でのストレス対応のために求められたり，提供されたりするものであるため，その効果は状況依存的であり，効果を示す期間も限られたものになるのだという。確かに，受け取ったサポートの効果についての知見は一貫しておらず，中にはその後の死亡率の高さと正の関連をもつことを見いだしているものもある（Kaplan et al., 1994; Penninx et al., 1997）。

　このように，受け取ったサポートの有効性は文脈に大きく依存する可能性があるといえる（Berg & Upchurch, 2007）。そして，受け取ったサポートの種類がストレスフルな出来事時のニーズや課題に適合（マッチング）している場合に，それはストレスによる悪影響を緩衝すると考えられている。この視点は，サポートのマッチング仮説と呼ばれる。サポートの種類には，大別して，道具的なものと情緒的なものがある。前者は，受け手の問題解決にとって有効な資源や情報が与えられることを指し，後者は受け手の情緒を支えるような関わりを指す。マッチング仮説に基づくと，情報を含む道具的サポートはコントロール可能な出来事（例：就職面接の準備）に対して効果

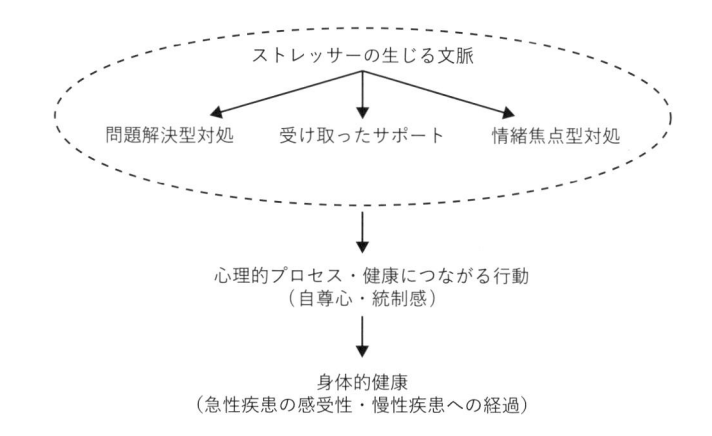

**図8-2 受け取ったサポートをめぐる対人関係からの健康への影響**
（Uchino, 2009を参考に作成）

的であり，情緒的サポートはコントロール不可能な出来事（例：解雇）に対して効果的であるといわれる（Cutrona & Russell, 1990）。ホロヴィッツら（Horowitz et al., 2001）も，同様の観点から，サポートを求めている人の求める目標に対応したサポートが提供されることで，サポートの提供者も満足する可能性を実証している。このように，受け取ったサポートの効果は，文脈によって異なるのである。

## 2.3 サポートの逆効果

　受け取ったサポートの効果についての議論は，ソーシャル・サポートが時に受け手の心身にとって有用とはならないことを，部分的に示していた。他にも，このようなサポートの逆機能を示した研究として，サポートの可視性に関する議論がある。

　サポートは，しばしば受け手の自尊心や自律意識にとって脅威となる。なぜなら，「支えられた」ということ自体が，受け手自身の自律性の低さや無力さの表れと捉えられるためである。このように考えると，望ましいサポートとは，受け手にとって「支えられた」ことが**見えづらいサポート**（invisible support）だといえる。受け手が，相手から支えられていることに気づかないようなサポートこそが，受け手の心身にとって有用である。ボルガーら（Bolger et al., 2000）は，一方が難しい試験を控えて高ストレス状況にあるカップルを対象に日記式調査を行った。分析の結果，支援を受ける側（受験者）に気づかれないような形でのサポートがしばしば提供されていた。そして，そのような目に見えないサポートの提供頻度が，調査期間中の受け手のうつ

傾向の低さと関連していた。彼らは別の研究で，目に見えるサポートによるネガティブな影響が，受け手の無力感によって生じていることを示している（Bolger & Amarel, 2007）。つまり，目に見える形で支えられることで，受け手は，他者に支えられなければうまくできない自分に非力さを感じ，気持ちを落ち込ませやすいのだといえる。

## 2.4　ソーシャル・キャピタル

　ソーシャル・サポートについての研究は，対人関係が人々にとって資源になり得ることを示していた。したがって，そのようなサポーティブな関係が豊かにあるコミュニティに暮らす人々は，そうでないコミュニティに暮らす人々よりも，さまざまな面で恵まれた生活を送ることができるだろう。このような，コミュニティ内の社会的関係による資源は，**ソーシャル・キャピタル**（social capital）と呼ばれ，その効果が明らかになっている。

　ソーシャル・キャピタルの定義には諸議論があるものの，概して，信頼や返報性（7章参照）の規範，ネットワークという要素から捉えられる。つまり，コミュニティ内の他者を信頼しやすく，助けたり逆に助けられたりしても「お互い様」とみなすことを当然とし，関係が豊富である状態を指す。そして，居住地域のソーシャル・キャピタルが豊かであるほどその住民の健康状態の良いことが，しばしば報告されている（例：Snelgrove et al., 2009）。また，職場というコミュニティにおけるソーシャル・キャピタルの豊かさの認知もまた，その職員たちのうつ病のなりにくさと関連することも示されている（Kouvonen et al., 2008）。他に，うつ病のなりやすさにつながる自殺企図についても，ソーシャル・キャピタルによって抑制されることが，高齢者を対象とするデータで確認されている（Oh & Bae, 2021）。

### ●ソーシャル・キャピタルの二つの側面

　パトナム（Putnam, 2000／柴内訳, 2006）は，ソーシャル・キャピタルを**結合型**（bonding）と**橋渡し型**（bridging）に分類している。結合型は，家族，隣人，友人，同僚など，特定の集団内のつながりに結びついた資源を指すのに対して，橋渡し型は，組織や集団を超えたつながりに基づく資源を指す。前者は，同じような属性（例：階層や人種など）をもった同質なネットワークに特徴づけられ，後者は異なる属性をもった異質なネットワークに特徴づけられる。

　ソーシャル・キャピタルの形成には，FacebookといったSNSの利用も関わる。リュら（Liu et al., 2016）によると，SNSの利用は，オンラインでのコミュニケーションではなく，オフラインで以前から接触のあった他者とのコミュニケーションを促す

ことで，結合型と橋渡し型の両方のキャピタルの構築を促す可能性が示されている。

　ソーシャル・キャピタルは，それにアクセスできる個人のウェル・ビーイングを高める反面，逆に低めてしまうこともあることが報告されている。このようなソーシャル・キャピタルのもつネガティブな側面を理解するうえでは，上記の2側面に分けて考える必要がある。バークマンら（Berkman et al., 2014／高尾ら監訳, 2017）によると，移民や貧困層に所属する人々，すなわち社会的に不利なコミュニティに属する人々は，限られた資源の中で生き抜くために，親族間で助け合うようになりやすい。つまり，結合型のソーシャル・キャピタルを構築しやすく，それは「社会保険」のようにして役立つ。しかし，その豊かさは，しばしばその住民たちの心理的苦痛も高める。なぜなら，所属にまつわる経済的・心理的負担も大きいためである。例えば，社会的に不利なコミュニティでは，その外部に有用な資源があることが多いものの，結合型キャピタルのあるコミュニティに属すると，強い同調期待によりコミュニティ外の資源へのアクセスが制限されてしまう。そのため，社会的に不利なコミュニティにおいては，結合型のソーシャル・キャピタルが豊かであるほど，所属者は不健康になることがある（Berkman et al., 2014／高尾ら監訳, 2017）。

## 3節　アタッチメント理論

　ここまでは，対人関係を広く捉えたうえで，主としてそのポジティブな効果について説明してきた。これらの見方と異なり，より限定的に対人関係のポジティブな効果に焦点を当てた研究として，職場内での援助に注目したものもあれば（コラム9参照），親子や恋人，夫婦といった関係のもつ特有の機能に焦点を当てた研究もある。後者の代表的なものに，アタッチメント理論（7章参照）がある（Bowlby, 1980）。この理論におけるアタッチメントとは，人が危機的な状況に接したりそうした状況を予知したりし，恐れや不安などのネガティブな情動を生じさせた場合，特定の対象（典型的には親，恋人や配偶者）への近接を通じて，安全であるという主観的な感覚（安全感：felt security）を回復・維持しようとする行動制御のシステム（アタッチメントシステム）を指す（古村・戸田, 2020）。

　この理論は，当初，乳幼児と養育者の関係の機能を説明するものであったが，その後，成人期の恋愛関係や夫婦関係において相互にサポートを提供し合う過程をも研究対象とするようになった。そして，特に成人期以降のアタッチメント関係の機能として，関係の相手が脅威や苦痛を感じた場合にそれを緩和する**安全な避難場所**（safe

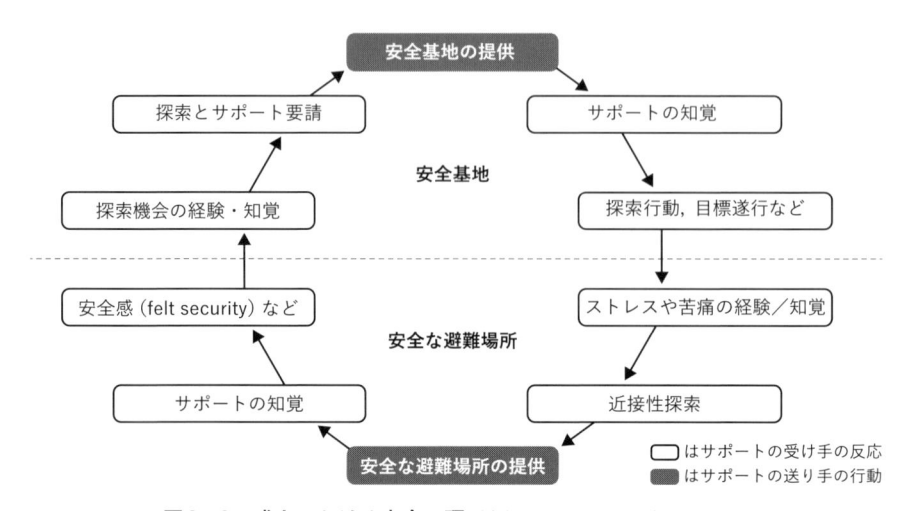

**図8-3　成人における安全の環**（古村・戸田, 2020を参考に作成）

haven）機能と，相手の探索行動を支える**安全基地**（secure base）機能が挙げられている。フィーニー（Feeney, 2004）は，これらの二つの機能を，関係内で循環的に機能するものと捉え，**成人における安全の環**（circle of security in adulthood）としてモデル化している。安全な避難場所とは，図8-3の下部に示されるように，相手が苦痛や不安を感じた際に，その相手を関係に迎え入れ，苦痛を和らげるようなサポートを提供する一連の機能を指す。このサポートを相手が知覚することで，相手には安全感が形成される。すると，図8-3上部のように，相手は自律的な探索（学習や成長，遊び，発見，目標達成など）に向けて，その機会を経験したり知覚したりするようになり，探索のためのサポートを要請するようになる。安全基地としての機能は，この要請に応えたサポートを提供することで，受け手の探索行動が促されるようになる一連の機能である。受け手が探索する中で，ストレスや苦痛を経験することもあるだろう。その場合，アタッチメント対象への近接を求めようとする。ここから，再度，安全な避難場所としての機能が始動する。

　アタッチメント関係は，このように二つの機能を果たすことで，当事者にポジティブな機能をもつといえる。安全な避難場所としての機能は，ソーシャル・サポート研究で示された情緒的・道具的サポートと同様のものであるが，安全基地としての機能は，相手を関係から外の世界へと送り出し自律的な行動をサポートするという点で，ソーシャル・サポート研究では見過ごされてきた機能だと説明されている（Feeney & Collins, 2015）。

## コラム9　組織への愛か，見栄か？：職場における無形の貢献

　本章3節の冒頭に述べたように，さまざまな対人関係における援助が研究対象となる中で，職場での援助に特化した研究も行われている。職場とは，何らかの目標を達成し生産性を高めるための場であり，与えられた役割を遂行するために人々が集まっている。そのため，一緒に過ごしたり仲良くしたりすること自体を目的とする職場外の関係とは，違った援助のあり方がみられる。例えば，しばしば必要になるのが，急に休むことになった同僚の業務の穴埋めである。この場合，誰かが手を差し伸べてくれなければ職場に混乱が生じ得る。誰の役割とは定まっていないものの，職場の目標達成や生産性のためには誰かが担わないといけない行動があるといえる。このような，従業員が自分の正式な職務内容を超えて，組織環境に対して自発的に行う支援を，**組織市民行動**（organizational citizenship behavior）という（坂田，2020）。

　これまでの研究で，職場の人々がこの行動に関与する背景には，三つの動機が関わっていることが示されている（Rioux & Penner, 2001）。一つめは，組織的関心であり，職場に誇りを感じたりアタッチメントを感じていたりすることで，行動が生じやすくなるというものである。二つめは，誰かの役に立ちたい，人と良好な関係を築きたいという向社会的な価値観による動機である。これら二つの動機が意味するのは，組織への愛ゆえに組織市民行動が生じるプロセスである。一方，三つめの動機である印象管理が意味するのは，見栄ゆえに組織市民行動が生じるプロセスである。つまり，同僚や上司の前で良い印象を与えたいという動機ゆえに，組織市民行動をとることもあるのである。

　これらの動機の違いによって，どのような組織市民行動が生じやすいかが異なる（Jang et al., 2023）。興味深いのは，三つめの印象管理に基づく組織市民行動である。他者からの評価を得るという印象管理のための組織市民行動は，誰かのためになりたいという他の動機に基づく行動よりも，行為者に負担を感じさせるようである。実際，印象管理に基づく行動をとるほどバーンアウトの指標である情緒的消耗感が高いことが示されている（Eissa & Lester, 2018）。また，印象管理のための行動は長続きしない。例えば，昇進前の上司へのアピール（印象管理）としてこの行動をとっていた銀行員は，昇進後には，そのような行動をとらなくなる可能性が報告されている（Hui et al., 2000）。

　誰かが組織市民行動をとることには，職場のまとまり（凝集性）を強化したり，メンバーの離職を減らしたりする効果がある。また行為者は上司から評価されやすくもある。その反面，印象管理の動機のように，行動が外発的な動機に基づく場合，行動をとること自体が行為者にストレスをもたらしもするのである（坂田，2020）。

# 9章　攻撃と暴力

　「戦争の世紀」と呼ばれた20世紀が終わっても戦争や紛争は止むことなく，人類は自らの暴力性によって悩まされ続けている。それは人間の本性に由来するからだという悲観論もあるが，それが真実であるかどうかは別にして，暴力性への対処が人類社会の未来を左右する重要課題であることは疑いない。本章では人間の暴力性に関わる心理メカニズムを分析し，あわせて，戦争などの集団的・組織的暴力が人間の本性とどのように関わっているのかを考察する。

## 1節　攻撃の心理メカニズム

　暴力は人間のもつ攻撃性発露の最も極端な形態である。攻撃性は発達，臨床，犯罪，社会など多様な心理学領域で検討され，動機，感情，認知などの観点から分析が進められてきた。

### 1.1　攻撃と攻撃性

　攻撃とは「他者に対して危害や苦痛を与えることを意図して行われる行為」と定義される。それゆえ，故意に人にぶつかる行為は攻撃だが，うっかりぶつかってしまったのなら攻撃ではない。また，たとえ実害がなくても，危害意図があれば上記の定義から攻撃とみなされる。攻撃が観察可能な行動であるのに対して，こうした反応の背後で働いている心理プロセスは攻撃性と呼ばれる（大渕, 2011）。

　攻撃の一つの類型論は，批判や皮肉などを**言語的攻撃**（verbal aggression），殴る・蹴るなどの行為を**身体的攻撃**（physical aggression）とするなど形態によって区別するものである。仲間外れにしたり悪い噂を流すなど，人間関係を利用して特定の人を苦しめようとする**関係的攻撃**（relational aggression）は別タイプとして研究されてきた（Crick & Grotpeter, 1995）。

　別の観点からの類型論は，攻撃が行われる状況とこれに伴う心理の違いから能動的と反応的に分けるものである（Dodge, 1991）。**能動的攻撃**（proactive aggression）の典型は略奪や強盗で，自己利益の獲得を目指して積極的に攻撃を試みるものだが，一方，**反応的攻撃**（reactive aggression）とは，侮辱を受けてカッとなり，思わず相手を段ってしまった場合などのように，危機的状況に対処する際の危急反応として起こるものである。

　類似の理論化に，**道具的攻撃**（instrumental aggression）と**情動的攻撃**（emotional/hostile aggression）を対比する類型論がある（Feshbach, 1964）。前者は，目標達成のための手段として攻撃を用いるもので，熟慮的思考（14章参照）によってガイドされる計画的行為である。一方，後者では怒り，憎しみ，恐れといった感情的要素が顕著で，連合的・自動的な衝動的思考（14章参照）によって駆動される非制御的攻撃である。ただし，いずれのタイプ分けも理論的なものなので，実際の攻撃行動には両者が混合している場合が多い。

## 1.2　攻撃の動機要因 ── 社会的欲求を軸に

　攻撃は他の行動同様，多様な動機によって生じる。生存や種の継承に係る生物学的欲求（食欲や性欲など）が個人間，集団間において闘争を引き起こし，それが攻撃動機づけを生み出すことは言うまでもないことだが，ここでは主に，他者との関係や社会生活を快適なものにしたいとする願望，すなわち，**社会的欲求**の役割に焦点を当てる。社会的欲求の充足は個人のウェル・ビーイングに大きな影響を与えるので，生物学的欲求以上に基本的であるとする研究者もいる（Staub, 2013）。

### ●優越，支配，承認の欲求

　高い地位やランクを目指す優越欲求，人を思い通りに動かしたいとする支配欲求（権力欲），自分を人に認めさせたいとする承認欲求などが攻撃動機づけを生み出すことは容易に想像できる。こうした欲求を充足させるために，人に対する批判，嘲弄，脅迫などの言語的攻撃が行われ，時には威力や暴力などの身体的攻撃が用いられることもある。悪い噂を流す，仲間外れにするなど，人間関係を操作することによって他者に対する支配や優越を獲得しようとして関係的攻撃が企てられることもある（Crick et al., 2006）。

### ●自尊心欲求と公正動機

　自尊心とは自分自身を価値ある人間であると信じることである（14章参照）。自尊

心を維持・高揚させるために個人は他の人たちから尊重され，公正な扱いを受けることを求める。後に述べるように，この欲求は人間の高い認知能力と結びついている。人から軽視されたり侮辱されたと知覚すると自尊心が傷つき，その怒りから攻撃動機づけが生まれる。暴力犯罪の中には，プライドや面子が傷つけられた（同一性毀損）との理由で行われたものが少なくない。テダスキー（Tedeschi & Felson, 1994）の**社会的相互作用理論**（social interactionist theory）は，攻撃動機の中で正義と公正，自尊心と同一性をその中核に置くものであった。

　これらの社会的動機が攻撃性を亢進するメカニズムは集団間関係でも起こる。民族間・国家間に対立が起こると政治指導者は成員に対して自集団の誇りや団結を訴えるが，これに扇動されて暴力的闘争に参加する人々の多くが集団的自尊心の維持・高揚に動機づけられている（Bar-Tal, 2011）。

　スポーツにおいて「アタック」や「攻撃」という用語が頻繁に使われるように，対戦型のスポーツは一種の合法的攻撃である。選手の基本動機は自己の能力を高めたいとする成長欲求であろうが，競争心もまた彼らの競技意欲を強める。選手だけでなく観衆にとっても，スポーツが優越や承認，自尊心などの欲求を求める攻撃的闘争の場になっていることは間違いない（Krahé, 2020）。しかし，スポーツには攻撃性の自己制御を鍛える働きがあるとして，その建設的側面を強調する研究者もいる（Jugl et al., 2023）。

　個人暴力でも集団暴力でも主要動機の一つは報復である。これは自尊心を傷つけられた人が，相手に同じ苦しみを与えることによって自尊心を回復させようとする試みである（Brebels et al., 2008）。相手を同じ目に合わせることなしには傷ついた自尊心を回復させることはできないというやっかいな公正動機は，他の動物には見られない人間特有のもので，そこから生じる敵意や憎悪，殺戮と惨劇は，神話や伝承を通してどの民族でも繰り返し語られてきた普遍的な暴力テーマである。そこには，自民族は優秀で平和を愛し，道徳的なのに，邪悪な他民族のせいで苦難を強いられてきたとして，集団自尊心を高揚させ，他民族嫌悪や民族間紛争を正当化する要素が含まれている。バル・タル（Bar-Tal, 2011）はそうした自民族中心的信念を**紛争エートス**（conflict ethos）と呼んだが，これによって，集団間対立の中で「やられたらやり返す」を繰り返す負のスパイラルに陥った解決困難な紛争事例が世界には数多く存在する。

### ●親和・受容欲求

　人に好かれたい，愛されたいという親和・受容欲求は通常は攻撃抑制動機として働くが，その充足が妨げられるとしばしば激しい攻撃性に転ずる。人間関係のトラブル

やいじめが原因となった暴力事件は，親密関係の拒絶や集団からの排斥が人に与える心理的衝撃の大きさを示唆している（コラム10参照）。

　その欲求の非充足だけでなく，親和・受容欲求自体が攻撃性を促進することもある。戦争において兵士たちの多くは家族や同胞を守りたいとして戦場に赴く。集団間紛争では，家族や同胞に対する親和・受容欲求が兵士の動員を促し，戦線維持のための心的補給路になっている。2節で述べるように，逆説的に思えるかもしれないが，利他性も攻撃性を駆動し，紛争を激化させる重要な心理要因なのである。

### ●道徳，倫理，イデオロギー

　人々は道徳や倫理と呼ばれる内的規範によって自分の行動を律するとともに，他の人たちの行動についてもこの観点から評価を行い，違反する者があればこれを罰しようとする（Ohbuchi et al., 2004）。こうした行動が示すように，自分が生きる社会において道徳や倫理を実現したいとする願望もまた多くの人たちを動かす社会的欲求である。裁判や刑罰を含む国の司法制度はこうした国民の道徳観（倫理観）によって支えられている。例えば，日本国民の80％は死刑制度を支持しているとされるが（内閣府，2020），これは凶悪犯罪者に対しては厳罰が必要という人々の報復的道徳観を反映している。

　道徳観の背後にはさらに「社会はこのようにあるべきだ」という社会理念（イデオロギー）が存在する。過激な政治的・宗教的イデオロギーをもつ人たちが，これを暴力的手段によって実現しようとして暴動やテロ事件を起こすことがある（Van den Bos, 2018）。道徳，イデオロギー，正義・公正，それに自尊心などの象徴的価値は，他の動物種には（たぶん）見られないものだが，それは自爆テロのように，時には生存欲求以上に強い攻撃動機づけを生み出すこともある。象徴的価値のために戦うことができる人間は，それゆえに，2節で論じるように，他の動物種よりもはるかに多くの暴力的闘争に参加し，はるかに大規模に種内殺戮を繰り返してきたが，それは人間を最も攻撃的な種とする動物学者や人類学者の論拠の一つになっている（Lorenz, 1963）。

## 1.3　攻撃の感情的要因

　攻撃性に強い関連をもつ感情は怒りや憎しみなどの「攻撃的感情」である。それは危機に対処する心身の準備態勢を促すものだが，しかし，その一方で，研究者の中には，憂鬱，恐れ，悲哀といった非攻撃的感情も含めて不快感情一般が攻撃動機づけを生み出すと主張する者もいる（Berkowitz, 1993）。

## ●感情の機能

　感情研究者たちは感情が環境に対する生体の適応反応を促すものであるとしてきた。負の感情は生体に対して危機の接近を告げる緊急信号であるとともに（**感情信号説**；Damacio, 1994; Schwarz, 2012），この事態に対処するために身体・生理的準備態勢を整えるプロセスでもある（**行動レディネス説**；Frijda, 2007）。典型的な準備態勢とは「闘争か，逃走か」であり，この中で攻撃動機づけも喚起される。

## ●感情発散とプライミング

　一方，負の感情によって駆動された攻撃反応には危機対処とは無関係な非戦略的なものもある。攻撃性の古典的理論である欲求不満説では，攻撃行動の原因は欲求追求行動が妨害されたことによる**欲求不満**（frustration）であるとしたが，この理論では攻撃は，欲求不満を生じさせた事態を解決するための戦略的反応というよりも，欲求不満によって生じた内的緊張，すなわち不快感情を発散させることに力点が置かれていた（Dollard et al., 1939）。この心的メカニズムを表す現象に，欲求不満を経験した人が欲求不満には無関係の人を攻撃する**置き換え**（displacement）がある（Miller et al., 2003）。例えば，夫婦げんかをし，怒りを抱えたまま出社した社員が同僚や部下に八つ当たりするといった例がこれにあたる。

　攻撃の置き換えは，今日では，**プライミング**（priming）によるものとされている。これは，直前の経験によって活性化された観念が後続の経験の認知に影響を与え，解釈と反応を偏らせるという心理現象だが（10章参照），バーコビッツ（Berkowitz, 1993）はこの概念を軸に，非機能的な攻撃現象を説明する**認知的新連合理論**（cognitive neoassociation theory）を提起した。この理論からすると，不快感情に支配された人の心の中では攻撃的観念が活性化しており，このため，他の人の何でもない言動を，敵意を含むものと歪んだ解釈をし，それが攻撃的反応を促すとされる。彼はまた，攻撃プライミングを起こさせるのは怒りや憎しみなどの「攻撃的感情」だけでなく，悲哀や抑うつなどを含め，不快感情一般にそうした働きがあるとして，例えば，病気のため不機嫌な人が周りの人に八つ当たりするといった例を挙げている。

## 1.4　攻撃の認知要因

　優越欲求や支配欲求のように，欲求追求行動自体が攻撃的になりやすいものもあるが，他の多くの欲求は必ずしもそうではない。順調に欲求充足が行われているときに人が攻撃的になることはあまりないが，しかし，それが妨げられ，欲求不満を伴うストレス事態に直面すると，これを逃れようと個人はさまざまの対処行動を模索し，そ

の際，攻撃行動が選択されることもある。

### ●熟慮的認知処理と衝動的認知処理

　ストレス事態に直面した人は，さまざまな解決方略について，それらがもたらす結果を予想しながら，それぞれのメリットとデメリットを査定し，主観的とはいえ，事態解決に最適と思われる方略を選択する。この意思決定において攻撃反応を選択するのは，それが目標達成に有効であることを過去において経験してきた人たちであることが多い。バンデューラ（Bandura, 1973）の社会的学習理論によると，そうした学習は直接経験によってだけではなく，他者の行動を観察し，それを模倣（モデリング）することによっても強められる。攻撃に対する直接・間接の**強化**（reinforcement）を多く経験した人たちは，ストレス対処を検討する際，攻撃的選択肢を想起しやすく，これに対する成功期待が強く，その有効性を過大評価しやすくなるのである。

　選択肢査定においては有効性以外の評価軸も考慮されることが多い。それは，正義・公正や社会規範に適うものかどうか（Van den Bos, 2018），自己の地位や同一性を損なうものでないかどうか（Tedeschi & Felson, 1994）などで，こうした社会的関心も問題解決の方向性を左右する。

　ストレス事態では，しかし，意思決定のためのこうした熟慮的・統制的認知処理を経ることなく，「カッとなって，思わず手が出る」例のように，衝動的に攻撃反応が生じることもある。バーコビッツが論じた攻撃プライミングは非意識的レベルで起こるので，これが働いているときは，当人が無自覚のうちに攻撃的になることがある。

　攻撃傾向をもつ人の中には，こうした衝動的・連合的認知処理による衝動的攻撃性が慢性化していることがある。また，普段は非攻撃的な人であっても，多忙で精神的余裕がなかったり疲弊していたりすると，自己制御が行き届かずに衝動的に反応することがある。ボーマイスターら（Baumeister et al., 1998）は，熟慮的思考や自己制御には一定の心のエネルギー（制御資源）が必要なので，それが不足した**自我消耗**（ego depletion）状態にあると，衝動的反応が起こりやすくなると論じた。

### ●予測力と心の理論

　人間の攻撃性の顕著さを強調した動物行動学者のローレンツ（Lorenz, 1963）は，動物たちは頻繁に闘争するが殺し合いは稀であり，種内殺戮はほとんど人間でしか見られないと主張した。彼はさらに，他の動物たちと同様，被害者の発する攻撃停止信号（敗北のサインや苦痛）に呼応する内的抑制機構が人間にも備わっているのに，それが働かなくなるケースが多く，その一つの理由として武器の発達を挙げた。確かに，

高性能の銃器は被害者信号を加害者が受け取る間もなく致命的な攻撃を完了してしまうから，彼が仮定する内的抑制機構を仮に人間がもっているとしても近代の戦闘場面では機能しないであろう。

　しかし，高性能の武器を生み出した人間の知性（認知能力）そのものは，人間に特有の攻撃性に対してもっと本質的な役割を果たしている。それは優れた**予測力**と人の心を読み取る能力（**心の理論**）である。例えば，テリトリーや財物をめぐる闘争において自分が勝ったとしても，「敵は将来，力を蓄えて再挑戦してくるかもしれない」「負けたことを恨みに思って，それを晴らす機会をうかがうかもしれない」「情勢が有利な今，敵を殺害してしまえば，後顧の憂いを無くすることができる」などと人間ならば思うかもしれない（Wrangham & Peterson, 1996）。認知能力の高くない他の動物たちは，敵が尻尾を巻いて逃げ出し，とりあえずは便益を確保できたら，それに満足して，逃げた敵をさらに追撃して止めを刺すということはしないであろう。

　人間の集団間紛争では，戦士だけでなく無力な婦女子をも殺戮するという惨劇が繰り返されてきたが，同様のことは現代でも行われている。こうした人間の過剰なまでの残虐さは，その高い認知能力によって生み出されたものである。先々のことを考え，他者の意思を推測し，危機に備えようとする人間の予測力は，災害対策や事故回避などさまざまな面で人々の社会生活を守り，これを豊かにするよう発展させてきた優れた能力である。しかしその一方で，暴力的抗争においては，そうした知性が敵意の推測や後顧の憂いを生み出し，しばしば過剰なまでの暴力を誘発する原因ともなったのである。

### ●報復と自尊心

　人間が残虐になれる理由の一つは敵の報復を恐れるためだが，報復ということ自体，他の動物種には見られない人間に特有の心理で，ここにも高い認知能力の働きがうかがわれる。糧場を奪われただけなら，リスクを負ってライバルに再挑戦するよりも他の糧場を探したほうが生存上合理的である。実際，人間以外の動物種ならそうするであろう。しかし，人間の場合，敗北は物質的損失だけでなく，自尊心毀損という象徴的ダメージを伴い，時にはこちらのほうが深刻である。そして，傷ついた自尊心は，同じ敵を打ち負かし，「自分のほうが上だ」ということを自他に向かって証明する以外には回復する手立てがないのである。

　ゴルウィツァーら（Gollwitzer et al., 2011）の実験には二人の大学生がペアとなって参加した。全ての参加者は，自分の作文が粗悪だと相方から手酷く批評され，そのため実験参加の謝礼を減額されるという不利益を被った。次の段階で参加者は，今度

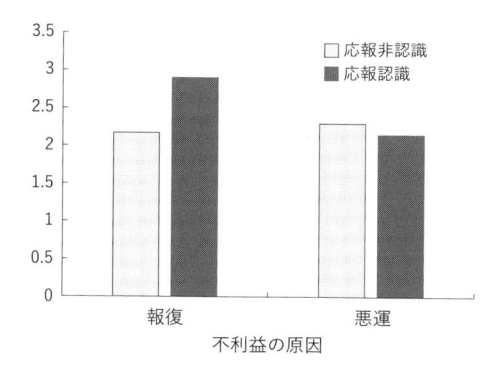

**図9-1　加害者の不利益を観察した被害者の満足感**（Gollwitzer et al., 2011）

は相方が経済的損失を受けるのを観察したが，それは籤運が悪いせいか（悪運条件），参加者の意図的措置によって（報復条件）生じたものだった。さらに，どちらの条件でも，一部の参加者は，相方が経済的損失は自分の不心得に対する当然の報いだと認識していることを知らされた。最後に，参加者にこの実験で経験した事柄に対する満足度を尋ねたところ，図9-1にみられるように，報復が可能で，かつそれが行われたことを相方も認識している条件において参加者の満足度は最も高かった。

　この結果は，加害者との間で痛手がイーブンになっただけでは被害者は満足できないこと，それを自分自身の力で成し遂げ，また，そのようにして報復が完遂されたことを加害者に知らしめること望んでいることを示している。このことは，報復では公平回復に加えて自尊心の回復が求められていることを意味している。

　個人的・集団的自尊心という象徴的価値を重視し，その回復のために生存上のリスクまで冒す動物は，人間以外にはたぶんいないであろう。さらに，心の理論によって対立相手に報復心という強い攻撃動機が生じ得ることがあることを知っているからこそ，人間の勝者は敗者を恐れ，これを無力化しようとして殺害すら遂行するのである。

## 1.5　パーソナリティ要因 ── ダーク・トライアド

　攻撃的な人に特徴的なパーソナリティ特性としては，**サイコパシー**（psychopathy），**マキャベリアニズム**（Machiavellianism），**自己愛**（ナルシシズム：narcissism）が取り上げられることが多い。こうした特性の強い人たちは，思いやりや協調性に欠け，自己中心的で人をイライラさせる。彼らは人間関係を悪化させやすいことから，こうした特性は**ダーク・トライアド**（dark triad）とも呼ばれる（Paulhus & Williams, 2002）。

## ●サイコパシー

　顕著な特徴は，表9-1の項目例に示されているように，情緒の欠如つまり冷淡さと衝動性である（Hare, 1970）。サイコパスは人の痛みや苦しみに無関心で，自己利益のために平然と人を利用し，人を傷つけても罪悪感を抱くことがない。自分自身のリスクに対しても無頓着で，不安や恐怖心が少なく，向こう見ずである。顕著な場合は反社会的パーソナリティ障害と呼ばれ，犯罪行動，特に暴力犯罪との親和性は高い。実際，暴力犯罪を予測する目的で作られた心理測定ツールにはサイコパシーを測定するための指標が多く含まれている（Higgs et al., 2020）。

　サイコパスはその自己中心性のために社会的関係においてトラブルメーカーとなりやすいが，しかし，一定の職業領域においては大きな成功を収める事例もある。そうしたサイコパスは度胸と決断力，人を欺く巧さと冷徹さによって政治やビジネスの世界で頭角を現し，リーダーの地位に就く者さえいる（Babiak & Hare, 2007; Dutton, 2012）。合法的とはいえその攻撃性は顕著で，彼らはライバルを打ち破り，障害となるものを排除するためには手段を択ばず，し烈な競争世界をタフに生き抜くのである。

## ●マキャベリアニズム

　この特性名は16世紀のイタリアの政治思想家マキャベリ（Machiavelli, N.）に由来する。彼はその著書『君主論』において「目的のためには手段を択ばず」とする権力志向的政治論を展開し，政治における情報操作や権謀術策といった戦術性の重要性を強調した。通常の社会生活にもこうしたマキャベリ的政治性を持ち込み，対人関係を自己利益のための操作や戦術の場とみなす人たちがいるが，こうしたパーソナリティ特性をクリスティーら（Christie & Geis, 1970）はマキャベリアニズムと呼んだ。

**表9-1　日本語版Short Dark Triad（SD3-J）**（下司・小塩, 2017 Appendix 1 より抜粋）

**サイコパシー**
　私は人からよく手に負えないと言われる。
　私は人につらく当たっても平気だというのが実際のところだ。
　私は後先考えずに，ほとんど知らない異性と関係を持つのを楽しむことがある。

**マキャベリアニズム**
　とにかく，重要な人物は自分の味方に付けておいたほうが良い。
　後になって誰かに対して利用できるような情報に目を配っておくことは賢明なことだ。
　ほとんどの人々は簡単に踊らされたり，操られたりしてしまうものだ。

**ナルシシズム（自己愛）**
　私は注目の的になることが嫌いだ（逆転項目）。
　周りの人がそう言っているので私は特別な人間なのだと思う。
　私は平均的でたいしたことのない人間だ（逆転項目）。

　表9-1の項目例にみられるように，マキャベリアンの行動原理は非道徳性と便宜主義で，彼らは道徳・倫理にも義理・人情にも囚われず，怜悧に自己利益を追求する。暴力を好むわけではないが，必要とあれば攻撃的手段も辞さない（Heym et al., 2019）。彼らは，通常の人づき合いでは人情味のない冷淡な人という印象を与えるが，その怜悧な実利主義によって，サイコパス同様，政治やビジネスの分野で成功することがある。非人道的軍事行動に対して国際的批判が高まる中，「悪評で潰れた国はない」と嘯いたある国のリーダーは国民からは高い支持を得ていたのである。

### ●自己愛

　ギリシャ神話には，水に映る自分の姿に恋したナルキッソスという男性が登場する。このエピソードにちなんで自己愛の強い人はナルシストと呼ばれる。表9-1の項目例からもうかがわれるように，その中核的特徴は自己賛美と高慢な自尊心である。高い自己評価をもつ彼らは，機会をみては自分の境遇や業績を自慢し，あるいは特別扱いを求めて周囲の人を辟易させる。しかし，彼らの現実離れした処遇期待は裏切られることも多く，その都度，彼らは自尊心を傷つけられ動揺させられる。ナルシストの自己愛は「自分は特別」という誇大性とともに，脆くて壊れやすい脆弱性という二面性に彩られている（大渕, 2003; Zeigler-Hill & Marcus, 2016）。

　自己愛の諸特徴は直接に攻撃性と結びつくものではないが，しかし，高慢かつ脆弱な自尊心をもつがゆえにナルシストは人の些細な言動に傷つき，これに対して怒りや敵意を抱き，攻撃的に反応するという行動パターンがみられる。彼らのこうした強い自負心と自己没入が高度の表現能力と結びつくと独創性の高い作品が生み出されることもあり，文学や芸術の分野で著名な人物にはナルシストが少なくないとされる所以である（田中, 2023）。

## 1.6　統合的攻撃性モデル

　前項までみてきたように，攻撃行動が実行されるまでの攻撃性プロセスには多様な要因が含まれている。アンダーソンら（Anderson & Bushman, 2002）は，そうした諸要因を整理・統合するための図式として**一般的攻撃モデル**（General Aggression Model：GAM）を提案した。

　図9-2のGAMの中で，「経路」の段階は攻撃的動機づけが醸成される心内プロセスを表しているが，その先行要因にあたる「入力」段階には，1.5項で取り上げたような攻撃関連の個人特性（図中の「人」）が含まれている。しかし，例えばナルシストが常に攻撃的なわけではない。脆弱な自尊心を脅かす状況要因（例：軽視など）に

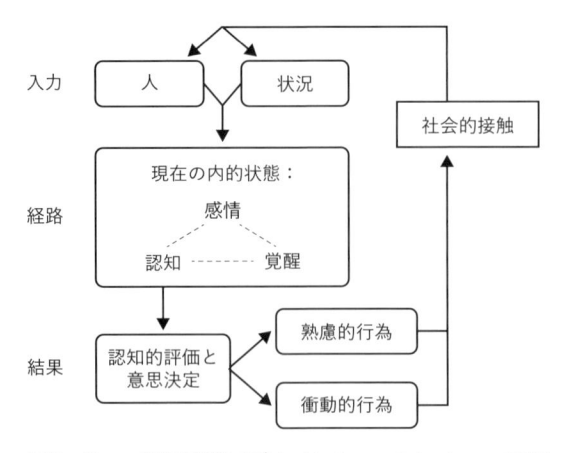

**図9‑2　一般的攻撃モデル**（Anderson & Bushman, 2002）

遭遇したときに，彼らの攻撃性は活性化される。「入力」段階は，こうした個人要因と状況要因が交互作用して攻撃動機づけの形成を促すことを示している。

　「経路」とは，1.2〜1.3項で論じたように，攻撃的思考（例：敵意的解釈，攻撃的反応選択肢など）や感情（例：怒り，憎しみ，不快感情など）が攻撃的動機づけを生み出す心的プロセスにあたる。何らかの原因で覚醒度が高いとそれらの活動はより活発になるので，これら内的3要因は互いに影響し合い，時には強め合うなど相乗的に作用して攻撃動機づけを亢進させることになる。例えば，暴力犯罪の7割が飲酒時に発生していることなどは，そのことを示唆している。

　最後に，このモデルの「結果」の段階に示されているのは，1.4項で述べた熟慮的もしくは衝動的認知処理（10章参照）を経て行われる意思決定と行為の遂行である。

## 2節　人間の暴力性 —— 人類と戦争

　人間の暴力性は多様な分野の研究者たちが取り組んできた共通のテーマである。心理学や社会学に加えて，人類学や歴史学の理論や研究の中にも人間の暴力性を扱っているものがある。

### 2.1　古代遺跡が示す人間の暴力性

　歴史家たちは，戦争と呼べる大規模な集団間暴力（部族間抗争）は農耕社会以降の

ものであろうと論じてきた。例えば，弥生時代の大規模遺跡である九州北部の吉野ケ里は日本の古代農耕社会の有様を今に伝える代表的遺跡だが，防備に力を入れたこの環濠集落では，多彩な武器とともに，陥没した頭蓋骨，創傷のある上腕骨，鏃を挟んだ肋骨など，暴力痕を留める人骨が多数発見されてきた。耕作定住に伴って人々の間に所有の概念が発生し，余剰生産物をめぐる闘争が農耕部族間で激化したと考えられてきたのである。

　しかし，近年，農耕が始まるはるか以前，人間が狩猟採集生活を営んでいた時代の遺跡からも暴力痕をうかがわせる人骨が世界中で発見されるようになった。古代考古学資料の宝庫であるケニア北部トォルカナ湖周辺では，2016年，1万年前の部族間抗争によって殺害されたと推定される集団遺骨が発見された。こうした暴力痕のある人骨はさらに古い時代の遺跡からも見いだされており，このことは，人類が誕生の初期から暴力とともに生きてきたことを示唆している。

　戦争は死亡率を上げて世代間サイクルを早めることから，暴力は人間の遺伝的・文化的進化を促す淘汰圧であるという説がある。コンピュータや原子力などの産業技術の発展を見るまでもなく，物質文明の進化に戦争が与えた影響は明白だが，それだけでなく，人の心もまた暴力や戦争に適うように進化してきたはずで，勇気と冒険心，忠誠と献身（偏狭な利他性），異民族嫌悪（偏見と差別）など普遍的に見られる人間心理はその証左とみられる（Bowles, 2009; Wrangham, 1999）。

## 2.2　進化と暴力性

　食料や繁殖資源（雌）を奪取するため雄が協力し合って他集団を襲撃する協働的暴力は，人間だけでなくチンパンジー，ライオン，狼など他の群居性の動物種にもみられる。例えばチンパンジーは，隣接するコミュニティ間で頻繁に睨み合いや小競り合いを繰り返し，それが時には暴力闘争にまで発展する。これらの動物種は，生存や繁殖のための資源を自助努力で獲得するのではなく，他集団が所有するものを横取りすることが可能であることを知っているのである。しかし，こうした集団間暴力の様相には，人間と他の動物種では顕著な違いがみられる。

### ●偏狭な利他心

　暴力闘争には自分自身も傷つくというリスクが伴う。動物たちにはこうした個体リスクを避けようとする傾向が強くみられる。彼らが他集団を襲撃するのは，自集団の戦闘員が圧倒的に多いなど自分の側の損傷リスクがきわめて低い状況だけである。あるフィールド調査によると（Wilson et al., 2014），チンパンジーの集団間で襲撃が起

こるのは彼我の勢力差が8倍以上の場合だけで，こうした状況では攻撃は一方的なものとなる。襲われた側は逃げるだけで，逃げ遅れた個体が殺害されることもある。動物の集団間暴力の発生機序には，このように，彼我の勢力差が大きいことを誘因とする**勢力不均衡仮説**（imbalance power hypothesis）がよく当てはまる（Wrangham & Peterson, 1996）。

　暴力闘争の気配が濃厚になると，動物たちの間には，自分自身が傷つくリスクだけは避けようという徹底した利己心が働く。睨み合いや威嚇は頻発するが，それが実際の暴力闘争に発展することが稀なのはこのためである。人間の集団間対立でも自己リスク回避や勢力不均衡仮説は当てはまるが，しかし，人間の場合には，対立が激化するとしばしば名誉や忠誠心に駆られ，自己の危険を顧みず戦闘行為に参加する個体が出現する。このため人間では，他の動物種と比較して集団間対立が暴力紛争に移行する閾値が低く，犠牲者が出やすくなる。

　集団利益のために個人リスクを軽視して集団暴力に参加するというこの性向は**偏狭な利他心**（parochial altruism）と呼ばれ，人間に特有のものとみられている。この性向は優越，承認，受容，自尊心などの社会的欲求に基づくと考えられ（1.2項参照），個体保存という生物の基本志向と一見矛盾するこうした人間の行動特性は，社会的欲求をこそ基本的とみなす見解の根拠ともなっているが，それが戦争といった集団間暴力の発生頻度を高め，被害者を増大させてきたことは否めない。

### ●同調から服従へ

　他の動物種の集団間闘争では成員の戦闘参加は自主的なもので，参加しない個体もいる。不参加に対して罰を受けることはないが，しかし，「これはいける」と思ったら尻馬に乗って戦闘に加わり，戦果の分け前にあずかることもできる。集団暴力とはいえ，動物たちの意思決定は徹底的に個別利己的である。

　人間の場合も，狩猟採集時代の戦争は組織だったものではなく，成員全てに戦闘参加を強いるしくみはなかったが，次第に，勇敢な戦士が集団内で称えられ，その家族には好待遇が与えられる一方，戦闘忌避者は蔑まれ，その家族も差別待遇を受けるなど，賞罰裁定のしくみが整えられるようになっていった（Gat, 2006）。集団の階層化・組織化が進み集団的闘争への動員体制が整うと，人々は個人的意思とは無関係に否応なく集団間紛争に駆り出され，死のリスクに直面することになる。資源獲得を目指して集団間闘争に向かう動物たちの行動は進化の産物だが，人間の場合は，これに文化的制度が加わって集団的暴力への参加は同調から服従へと変わり，その規模と頻度も増大したのである（Glowacki & Wrangham, 2013）。

## 2.3　集団隷属のプロセス ── 人間の自己家畜化

　集団間暴力や戦争には人間の集団心理の影響が色濃く表れている。この問題を解き明かそうと社会的アイデンティティ理論など多くの説が提起されてきたが（3章），ここでは人間の集団隷属について自己家畜化理論をもとに考察する。

### ●家畜化と自己家畜化

　狩猟採集時代の資源入手は自然条件によって左右される不安定なものであったために，人間は家畜飼育などによって資源の安定確保を図るようになった。人間に懐いて従順・穏和な動物の中から飼育が始まり，肉，卵，毛皮といった生活資源の安定供給が可能となった。長い年月を費やして人間は，生産量が多く集団飼育が可能な管理効率の高い形質を求めて交配を繰り返し，家畜動物を改良してきた。それは，動物の人為的進化にほかならない。

　家畜には生活資源を得るための産業動物の他に，鳴き声や姿を観賞し，接触と交流を楽しむ愛玩動物も含まれる。人間の飼育や嗜好に向くように幾世代にもわたって改良を繰り返されたこれらの動物たちは，性質面ではますます従順で非攻撃的となり，形態面では図9-3に示す犬の例のように，次第に顔立ちが丸みを帯び，穏和で親しみやすい体つきとなってきた。

　家畜動物の中には，人間の手によって飼育に向くように人工的に改良されたものだけではなく，人間に飼育されるよう自らを変化させてきたものもある。犬の祖先である狼は警戒心が強く飼い慣らすのは困難である。しかし，狼の中に，あるとき人間に対して警戒心の弱い個体が突然変異的に現れ，この個体が人間の集落に近づいて残飯を食べることを学び，近辺に住み着くようになったのが飼い犬誕生のきっかけとされる。その子孫たちの間で人間への接近がさらに進み，人間の側も食料を与えて飼育するようになり，犬という愛玩動物になったという経緯があったと考えられる。このこ

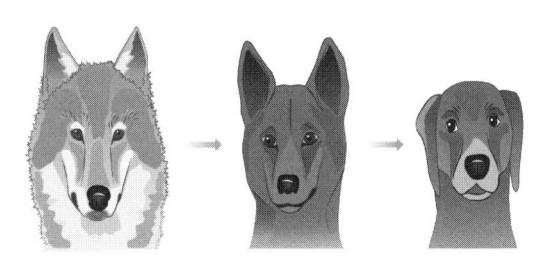

**図9-3　家畜化に伴う犬の顔貌変化**（Hare, 2017）
Modified with permission from the Annual Review of Psychology, Volume 68
© 2017 by Annual Reviews, http://www.annualreviews.org

とは，人間が捕らえて無理やり家畜化したものではなく，動物の側から人間の飼育に適するように自らの形質を変化させる**自己家畜化**（self-domestication）という進化パターンがあることを示唆している。

### ● 人間の自己家畜化

人類史をみると，人間にも家畜化された動物に類似の心身の変化がみられると指摘したのは進化人類学者のヘア（Hare & Woods, 2020）である。古代人骨からの復元顔を年代順に並べてみると，人間の顔立ちも犬に見られる変化のように，より丸みを帯び，女性的で，穏和なものに変わってきた（図9-4）。精神面でも協調性や群居性（集団耐性）が強まり，反面，攻撃性は低下するなど家畜動物に見られたものと類似の変化がみられる。ヘアはこれを，人間の自己家畜化の証とみる。

人間が自己家畜化を進めてきたとして，その飼い主はいったい誰なのだろうか？家畜動物にとって飼い主は人間だが，人間も家畜だとするなら，その飼い主は集団であろう。ハラリ（Harari, 2014）などの人類学者が論じるように，人間は社会集団の中で生存し，集団という環境に適合するように自分自身の心身の特徴を変化させてきた。本章1.2項でみたように，人々の社会的欲求への強いこだわりは，社会集団への適応が彼らにとって重要な生存課題であることを示唆している。その結果，人間は自集団内では協調的・協力的だが，他集団に対しては敵対的・戦闘的となり，ひとたび集団間に紛争が起これば自集団のために献身的に戦おうとする。これは偏狭な利他性と呼ばれる人間特有の特性で，それは人間の自己家畜化のプロセスで強められ，人間集団間の暴力的紛争の激化要因になったと思われる。

集団の規模拡大と組織化は種としての人類の発展を支えたものだが，反面，それが人類の種内紛争を激化させ，大量の同胞殺害をもたらしてきた。自己家畜化理論は，人間が集団生活に適応するように自らの心身をまるで家畜のように進化させ，それは結果として集団間暴力を助長するものであったと主張する。

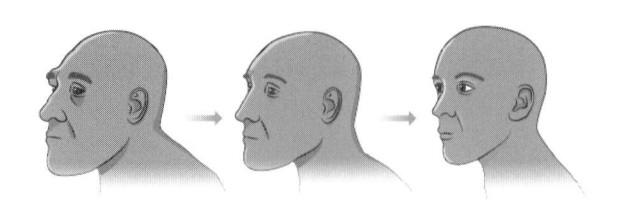

**図9-4　人類の顔貌変化**（Hare, 2017）

　現代の国際紛争は核戦争の危機をもはらむものとなり，人類は滅亡の瀬戸際にある
と警告する専門家たちもいる（Bulletin of the Atomic Scientists, 2024）。その根本要因
は，人間にとって依存対象であり，その飼い主でもある民族や国家という集団の支配
から人間自身が抜け出すことができないでいることである。集団間紛争が起こると，
多くの善良な市民が冷酷で残忍な攻撃者に変ずるが，それはダーク・トライアドが示
す諸特徴そのものである。人間が自らを滅ぼすことがあるとすれば，それは暴力性の
ためではなくむしろ集団性のためであろう。

　人間行動と社会の変化は，遺伝子変異によってもたらされる緩やかな生物学的進化
と，学習やメディアを通して迅速に影響伝搬する文化を両輪として進められてきた。
グローワッキ（Glowacki, 2022）が指摘するように，進化と文化が重層的に働くこと
によって招いた滅亡の危機を，人類自身が創造した文化によって回避できるかどうか
が今問われている。

## コラム10　社会的排斥と攻撃性

　家族や友人と親密な関係を結ぶこと，クラス，サークル，職場などの集団において仲間として受け入れられることなど，これら親和・受容の欲求が満たされるかどうかは個人の精神衛生（ウェル・ビーイング）と社会生活の質を左右する重要な条件である。この社会的欲求が満たされないこと，すなわち，社会的排斥（7章参照）を経験することが強い攻撃性を喚起することは，現実の社会生活においてしばしば観察される。男女間・夫婦間のトラブルに起因する暴力事件，仲間外れにされたことを恨んでの凶悪犯罪などがその事件例である。2008年，東京・秋葉原の歩行者天国で無差別殺人事件を起こした加害者は，実生活で仕事や友人を失ったことから孤立感を深めてインターネット掲示板にのめり込むようになったが，そこでも排斥に遭ったことが犯行動機になったとされている。

　社会的排斥の影響を検討する研究は大学の実験室でも行われてきた。アメリカ・サンディエゴ州立大学のトゥエンジーら（Twenge et al, 2001, 実験4）は，学生たちを集めてグループ分けし，それぞれに共同作業を行わせた。実は，どのグループでも観察対象となる本当の実験参加者は一人だけで，他は全員研究チームのメンバーだった。作業後，「次の作業でもこの人たちと一緒にやりたいか」と聞くアンケートを実施したが，この時，研究チームは一致して実験参加者を拒否するか，あるいは受容した。このようにして排斥か受容を経験させた後，その参加者には，作業チームとは別の人を相手にコンピュータ・ゲームをさせた。このゲームは，自分がポイントを上げるたびに相手プレーヤーに不快ノイズを与えることができるものだったが，その強度を参加者自身が選ぶことができ，これが攻撃性の指標であった。

　実験結果は，排斥を経験した参加者が受容を経験した参加者よりもゲームにおいてより強いノイズを選択したことを示したが，この攻撃性亢進はゲーム直前に彼らが経験した欲求不満のせいであろうと推測される。重要なことは，この攻撃反応が自分の経験した排斥という問題の解決に何ら役立つものではなかったという点である。彼らの攻撃反応は不快感情を発散するためのものであったか，あるいはプライミング（本章1.3項や10章参照）によってゲーム対戦者の敵意を過剰に強く知覚するように誘導された結果であったと思われるが，いずれにしても，この研究は，対人関係から拒絶されるとか集団から排斥されることは，過剰にあるいは不適応な形で人を攻撃的にすることがあることを示唆している。同様の知見は日本人を対象とした研究からも得られている（大渕, 2008）。

# III
# 内からとらえる

# 10章　社会的認知のしくみ

　ものの見方は人それぞれというが，例えば抽象画を見たときの人々の反応にそれは顕著に表れる。幾何学的な図形が重なり合っている絵画を見たとき，芸術が好きで絵に造詣がある人は，構図や色遣いに心を奪われ，背後にあるメッセージを読み解こうとするかもしれない。一方，絵にそこまで興味はなく，友人に誘われて絵画展にやってきた人は，ただ図形が寄せ集まっているだけの退屈な絵としか思わないかもしれない。まったく同じ絵を見て，同じ視覚情報を受け取っていても，見る者の興味や知識，そのときの気分などによって，その理解のされ方は変化する。

　絵画に限らず，あらゆるものに対する私たちの感じ方や態度を左右するのは，主観的な解釈である。では，人についての理解はどうであろうか。抽象画ほど曖昧ではないと思うかもしれないが，それでも人によって，あるいは時と場合によって，対人理解は大きく異なる。情熱的で有能なリーダーと慕われている人物が，別の人にはパワハラ的な指導者に映るかもしれない。いじめに介入していじめっ子に怪我を負わせる行為は，それ自体が暴力的な振る舞いだと非難されるかもしれないし，勇気ある行動と称賛されるかもしれない。このように，他者や状況についての解釈は，頭の中で起こるさまざまな思考や推論の産物であり，そこにどのようなしくみが働いているのか解明することは社会心理学の重要なテーマとなる。

　他者や社会的状況の理解に関わる情報処理の過程を，**社会的認知**（social cognition）という。ここでいう情報処理とは，端的にいえば，外から入ってくる情報を，すでにもっている知識をもとに意味づける過程である。そして理解の対象が人である場合の認知，すなわち他者がどういう人物であるかを主観的に解釈することを**対人認知**（person perception）という。私たちは，他者に関するさまざまな情報を手がかりに，相手の意図や動機，パーソナリティなどを推論する。そうして作り上げられた印象は，相手との接し方や人間関係を左右する（なお，人以外の対象の心を認知することについてはコラム11参照）。

# 1節　情報への注意と解釈

　私たちが世界を理解する過程には，どのような特徴があるだろうか。ここでは，どのような情報に注意を向けるかという点と，入ってきた情報を解釈するしくみについてポイントを整理していこう。

## 1.1　情報への注意

　対人認知の情報処理過程は，どのような情報に注意を向けるかというところから始まる。相手の外見的特徴や言動といった直接的に観察できるものから，噂や評判といった伝聞情報，マスメディアやソーシャルメディア上で発信される情報に至るまで，私たちの日常は，人に関する情報であふれている。その全てを処理することはできないので，私たちは自ずと注意を向ける情報を選別している。

　情報への注意には，その対象の知覚的な目立ちやすさである**顕現性**（salience）が関わっている。外見や言動などに目立った特徴がある対象は顕現性が高いが，それだけでなく社会的文脈によっても顕現性は高まる。例えば，女性が大半を占める職場で働く男性職員はそれだけで注目を浴びやすい。そして顕現性の高い対象は，良くも悪くも，より極端に評価されやすくなる。

　また，私たちの期待と一致しない情報の顕現性は高くなる。普段は温厚で知られる人が怒っていたら，何があったのかと気になるだろう。社会のルールを乱すような人物は，とりわけ注意を向けられやすい（Fiske, 1980）。私たちは基本的には世界をポジティブで秩序だった場所だと捉える傾向があり，そのような期待を脅かす状況や人物には特に敏感に反応するのである。

## 1.2　知識に基づく情報の解釈

　電車であなたの知り合いがお年寄りに席を譲っている場面を目撃し，「親切なんだな」という印象を抱く。この印象に至るまでにも，いくつもの情報が頭をめぐり，次々に解釈されている。どういった人物が，どのような人に，どんな振る舞い方をしたのか，目や耳を通じてそれらの情報が入ってくる。それらの情報は，あなたがもっている知識をもとに，「誰が＝知っている人」「誰に＝高齢者」「何をした＝席を譲るという行為，親切な行為」と意味づけられていく。

　この一連の認知過程のうち，外から情報が取り入れられる過程を，情報が下流から

上流にのぼっていく様になぞらえて**ボトムアップ処理**（bottom-up processing）という。外界から取り入れられた情報は，頭の中の一時的な処理領域（これを短期記憶やワーキングメモリという）に送られ，そこで長期記憶内に貯蔵された知識とすり合わせて解釈される。そのように知識をもとに情報を解釈する過程のことを**トップダウン処理**（top-down processing）という。

　なお，私たちの頭の中にある知識とは，個別の対象や出来事の断片として記憶されているのではない。関連性をもった情報はまとまりを形成し，カテゴリーに分かれ，概念化されて頭の中に貯蔵されている。そのような体系化された知識を**スキーマ**（schema）という。例えば，「親切」というパーソナリティスキーマでは，親切な人の典型的な特徴や行動傾向といった知識，さらには親切な人の代表事例など，関連し合った情報が網の目のように結びついて親切という概念を形成している。また，知識には，社会的カテゴリーに関する一般化されたイメージである**ステレオタイプ**（stereotype：11章参照）や，ある場面での行動手順に関する知識である**スクリプト**（script）など，多くの種類が存在する（Fiedler, 2018）。

　自らを取り巻く状況が刻一刻と変化する中で，私たちは，記憶の中から随時，知識を出し入れしながら情報処理にあたる。ある知識が記憶から呼び出されて利用されやすい状態になることを，知識の**活性化**（activation）という。活性化された知識が，情報のトップダウン的な解釈を左右することを示したヒギンズらによる実験がある（Higgins et al., 1977）。参加者はまず，実験が単語の記憶過程を調べるものだという偽の研究目的を伝えられ，スクリーンに次々と映し出される特性語を見せられた。このとき，半数の参加者に呈示されたスライドは「勇敢な」「忍耐強い」「自信に満ちた」「独立心がある」という単語を含み，残りの参加者のスライドは「無謀な」「頑固な」「思い上がった」「よそよそしい」という単語を含んでいた。次に，文章読解の課題という名目で，参加者はドナルドという架空の人物の紹介文を見せられた。ドナルドには登山やカヤックでの急流下りといったアウトドアの趣味があり，何度か怪我や命の危険にさらされた経験もあることや，一度決めたら周りから何と言われようと曲げずにやり遂げるといった情報が書かれていた。参加者にドナルドの印象を尋ねたところ，まったく同じ紹介文であっても，事前の課題で目にしていた特性語の種類によって受け取り方が異なっていた。「勇敢」や「忍耐強い」を呈示されていた群ではドナルドは好意的に受けとめられ，「無謀」「頑固」といった単語に触れていた群ではよりネガティブな印象評定が行われた。勇敢さや無謀さといった単語を目にし，それぞれに対応したパーソナリティスキーマが活性化したことで，その状態で処理した情報のトップダウン的な解釈が影響を受けたのである。

　このヒギンズらの実験のように，特定の知識や概念を活性化することを狙って情報を呈示する手法のことを**プライミング**（priming）という。知識は，ひとたび活性化すると，一定の時間は活性化しやすい状態が持続する。また，ある概念を活性化すると，スキーマ内で結びついている関連概念も連鎖反応的に活性化しやすくなる。研究ではこれらの性質を利用して，プライミングによって活性化された知識が後続の反応にどのような影響を及ぼすかが調べられるのである。日常の中でも，前日にカレーライスを特集した番組を観ていると，翌日のお昼時にふとカレーを食べたくなるのは，プライミングによってカレーという概念の活性化が促進された結果だといえる。

　ある知識が活性化しやすい状態であることを，その知識へのアクセスのしやすさ，すなわち**アクセシビリティ**（accessibility）が高い状態という。アクセシビリティは環境内の刺激によって一時的に高まるだけでなく，普段からよく利用するスキーマは恒常的にアクセシビリティが高まる。例えば，自身が（急流下りのような）エクストリームスポーツ好きであったり，アクション映画を頻繁に観ていたりする人ならば，そうでない人よりも「勇敢」のパーソナリティスキーマのアクセシビリティは常に高い状態にあり，先述のヒギンズらの実験に出てくる人物（ドナルド）の行動をそのスキーマに当てはめて解釈しやすいだろう。

　また，プライミングは，参加者自身がその影響に無自覚であるときに最も効果を発揮することがわかっている。ヒギンズらの印象評定実験でも，プライミングの手続きに参加者が気づかされると，後続の印象評定への影響がみられなくなる（Lombardi et al., 1987）。すなわち，プライミングによって活性化した知識が後続の判断で利用されるという一連の認知過程は，本人の意識にはのぼらないところで働くのである。この事実は，次節で取り上げるように，社会的認知には無意識的な「自動性」が伴うことを示している。

## 2節　二重処理モデル

### 2.1　自動的処理と統制的処理

　思考には，本人の意識をあまり割かずに行われる**自動的処理**（automatic process）と，注意を払って情報が入念に処理される**統制的処理**（controlled process）という2種類の情報処理モードがある。例えば，最寄り駅から自宅までの通い慣れた道をぼんやりと歩いていて，気づいたら家に着いているときなどは，自動的な思考が働いている。そのような慣れ親しんだ課題では，いちいち細かい状況判断をせずとも，頭と体

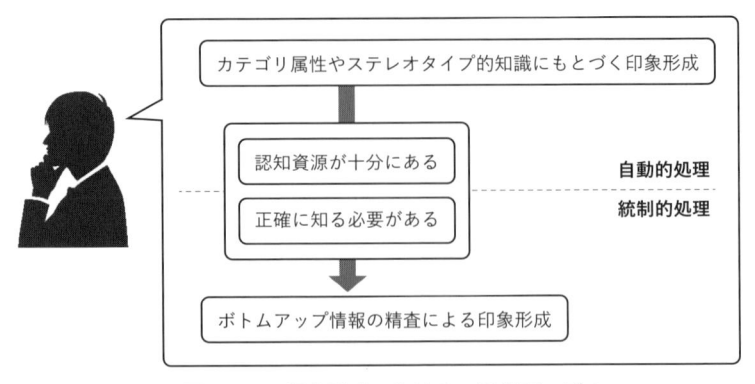

**図10-1　印象形成における二重処理モデル**

が勝手に動いて目的を遂行してくれるのである。一方，初めて訪れた場所では，目に入ってくる情報と手元の地図を照らしながら，慎重にルートを選んで目的地まで歩みを進めるだろう。この場合は，より意識的な統制的過程が働いている。

　自動的／統制的の2種類の思考過程が働くという**二重処理モデル**（dual-process model）は，社会的認知を代表する考え方だ（Brewer, 1988; Chaiken & Trope, 1999）。印象形成においては，他者に関する特に顕現性が高い情報が処理されて，そこからある程度の印象がまず自動的処理によって形成されることがわかっている。例えば，私たちは初対面の人の顔を見た瞬間（0.1秒未満で），その人が信用できそうかといった初期印象を形成する（Willis & Todorov, 2006）。また，相手が女性か男性か，学生か社会人かといったカテゴリー属性の情報は関連するステレオタイプ的な知識を自動的に活性化し，そのイメージを当てはめた印象を形成する。それに対して，統制的処理が働き，相手についてより入念に処理されれば，当初の直観的な印象は修正されて，より詳細な情報を反映した正確な理解につながることとなる（図10-1参照）。人が自動的処理に頼った推論を行うか統制的処理を行うかは，情報を丁寧に吟味する認知的余裕があるか，またその動機づけがあるかという点に左右される。次に，それぞれの条件について検討しよう。

## 2.2　認知資源の影響

　私たちが一度に処理できる情報の量は限られている。パソコンやスマートフォンで，多くのアプリを同時に動かしたり，動画編集などの重い作業を行ったりすると，メモリがひっ迫して挙動が重くなる。同じように，人間の思考や判断にも**認知資源**

（cognitive resource）と呼ばれるエネルギーが必要だと考えられており，その資源は有限である。何かに頭を使うと，それだけ消耗し，疲れてくる。そのため，普段のなにげない思考や判断においては，認知資源の浪費を抑えて節約しようという原理が働く。目の前の情報を細かく考慮して慎重に判断するよりも，すでにもっている知識に基づく自動的で直観的な推論に頼るほうが認知資源の消費は少なく済むのである。

　認知資源に余裕が無くなると，自動的処理に頼った判断はことさらに顕著となる。例えば，時間的プレッシャーがかかっていて，より素早く判断しなければならないときや，同時に別のことに気を遣わなければいけないときは，ステレオタイプなどをそのまま当てはめた対人推論がなされやすくなる（Sherman et al., 2000）。

## 2.3　動機づけの影響

　私たちは常に効率重視で物事を浅慮するわけではない。自分にとって重要な事柄かを見極め，時に認知資源を割いてしっかり考えることが求められる。授業で隣に座った人について，見た目の特徴などからまずは「体育会系」「文化会系」といったカテゴリー判断を行い，そこから「活発そう」や「まじめそう」といった印象を抱くかもしれない。その相手について，それ以上考える必要がなければ，ステレオタイプ的な初期印象で判断は止まるだろう。しかし，その人と同じグループで共同作業することになれば，相手をより正確に知ろうと動機づけられる。統制的な情報処理に移行し，相手の言動などをもとに初期印象がブラッシュアップされていくこととなる。

　正確さへの動機づけが情報処理に与える効果を，ニューバーグは次のような実験で確認している（Neuberg, 1989）。実験の参加者は，ある人物のプロフィールや特性診断の結果に目を通したうえで，その人物への電話面談を行い，印象を評価した。実験では，参加者が受け取る事前情報が操作されており，ネガティブ情報あり条件では，面談相手の社交性や能力の評価が芳しくないということがさりげなく盛り込まれていた。実験では正確さの目標も操作されており，半数の参加者は，面談前に実験者から「できるだけ正確な評価をしてほしい」と指示された。図10-2は，電話面談後に参加者が示した相手への印象を条件ごとに示したグラフである。まず，正確さ目標が与えられていないとき，ネガティブ情報を目にした参加者は，目にしなかった参加者に比べて，電話で話した相手について低く評価していた。プロフィール情報からネガティブな期待を形成した参加者は，相手とのやり取りの中でも当初の印象のまま相手を解釈したのである（事前期待に沿って情報を解釈する確証バイアス〔11章参照〕が働いたと考えられる）。一方で，あらかじめ正確さ目標を与えられた条件では，ネガティブな事前情報があっても評価を過度に低くしてはいなかった。正確な評価の必要性を

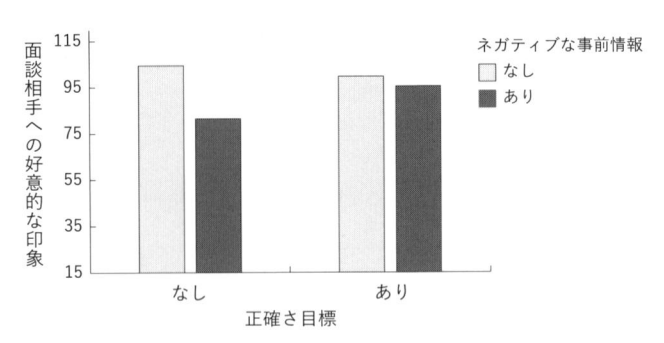

**図10-2　ネガティブな事前情報と正確さ目標の有無が相互作用相手への好意的な印象に与える影響**（Neuberg, 1989 より作成）

参加者が意識した結果，事前の知識に引きずられる傾向が減り，面談での実際の会話内容をもとに判断しようという動機づけが高まったのだといえる。

　その他の実験では，他者とペアを組んでアイデアを創出する課題の中で，二人が力を合わせた成果に対して報酬が支払われると伝えられた参加者は，ペアを組むが個人の成果が評価され報酬も別々に支払われると伝えられた参加者に比べ，相手の情報により注意を向けるようになり，その結果，事前のステレオタイプ的な見方から脱した個別的な特徴に基づく理解を行いやすくなっていた（Neuberg & Fiske, 1987）。また，他者について自分がなぜそう判断をしたのかの説明責任を求められるような場合も，正確さへの動機づけが高まり，ボトムアップ的な情報が判断に取り入れやすくなることが明らかになっている（Lerner & Tetlock, 1999）。


## 3節　印象形成のされ方


### 3.1　印象の評価軸

　他者に関する多数の情報からその人の印象をまとめあげていくとき，全ての情報が等しく重要というわけではない。ある人が「カレー好き」「学業成績優秀」「人を傷つける発言をする」という情報の中で，その人と良好な友人関係を築けるかという観点で重視されるのは三つめの要素だろう。対人認知は，相手について単に知る過程ではなく，相手の性質を見極め，その良し悪しを評価することにこそ本質がある（唐沢，2017）。では，具体的に印象の良し悪しとはどのような概念であり，何で決まるのだろうか。本節ではまず，他者の印象を規定する評価軸について整理する。

　人の印象形成のしくみを整理したアッシュ（Asch, 1946）によれば，人の印象とは，単に情報の羅列を足し合わせたものではなく，特定の要素が他の要素よりも大きな影響力をもつ。次のようなパーソナリティの特徴をもつ人は，どのような人物であるか考えてみてほしい。

　「Aさんは，知的で，器用で，勤勉で，温かく，決断力があり，実際的で，注意深い人物である」

　このAさんについて，全体的にどのような印象をもっただろうか。好ましい人柄の持ち主だと感じただろうか。アッシュは，この人物に関する形容詞のたった一語を変えただけで，印象評価ががらりと変わることを見いだした。「温かい」を「冷たい」に変えると，他の語は同じであっても，全体的な印象はネガティブなものへと傾くのである。アッシュは，印象形成においては，中核になりやすい**中心的特性**（central trait）とそうではない**周辺的特性**（peripheral trait）があると考え，「温かい／冷たい」を中心的特性の代表例と位置づけた。「温かい／冷たい」を周辺的特性とされる「礼儀正しい／無骨な」という特性に置き換えた実験を行っても，「温かい／冷たい」ほどの影響力が生じないことをアッシュは報告している。また，この研究をベースにケリー（Kelley, 1950）が行った実験では，初対面の人物の紹介文に「温かい／冷たい」のいずれの用語が含まれていたかによって，その人と実際に会ったときの印象が変わり，相手との接し方にも影響があることが見いだされている。

　そして，アッシュの古典的研究から数十年の月日を重ね，社会的認知研究の中では，人が人をどのような軸で評価し，印象を形成するかという点について数多くの研究がされてきた。それらの結果をまとめると，他者（あるいは集団や自己）への評価は，次に挙げる二つの主要な軸に沿ってなされることが明らかになっている（Abele et al., 2021）。

　一つめの軸は，他者が人間関係を構築するうえで望ましい人格の持ち主であるか，端的にいえば「善い人間」であるかというものであり，**コミュニオン**（communion）の軸と呼ばれる。これはアッシュが指摘した「温かさ／冷たさ」の中心的特性に対応するものである。コミュニオンは，より細かく分けると，親しみやすさと道徳性という側面によって構成される。相手が自分と良好な社会的関係を築けそうな人物であるかという観点で，温かさや愛情深さを備えているか，また公平で信用できそうな人物であるかといった要素が，印象判断の重要な基準となる。

　人柄の良し悪しに加えて，二つめの軸として，私たちは他者の能力面にも着目して

印象を形成する。いわゆる「できる人」かどうかの判断であり，**エージェンシー**（agency）と呼ばれる評価軸である。この次元では，他者の知的能力や課題遂行能力に加えて，自分に自信をもっていそうな程度や，主張性が強い人物かといった側面が，総合的な人物評価を構成する。

　人の印象の大部分は，コミュニオンとエージェンシーの成分によって決まると考えられる。私たちが他者の印象を人に説明するときも，良い人柄の持ち主か，そして有能かという要素のどちらかに関連する話題を取り上げることが多いだろう。研究で，人々に身近な人物を20人挙げてもらい，その印象や特性を評価してもらったところ，他者への全体的な好き嫌いの印象は，コミュニオンとエージェンシーに関連した評価によって非常によく（82%の分散説明率で）説明されていた（Wojciszke et al., 1998）。また，国や言語の違いを超えて，この2次元を軸とした対人認知には一般性があることも確認されている（Abele et al., 2008）。

　それではなぜ，他者の印象評価においてコミュニオンとエージェンシーの軸が重視されるのだろうか。他者と相互作用をして社会的関係を構築するためには，相手の意図，つまり善意や悪意をどれくらいもった人物であるかを見極めることが，自分の安心・安全に直結する。仮に相手が自分を騙そうとしたり，傷つけたりする可能性がある場合には，それを認識し，関係を避けることが求められる。また同時に，相手が一緒にいて心地良く，満足を与えてくれる人物であれば，つながりをもつことの利得が存在する。その意味で，コミュニオンは対人認知における中心的な判断軸となる。

　そしてエージェンシーの特性は，相手が自分や集団の目的を達成するに資する人物かという実質的なメリットの評価につながる。加えて，相手が善意や悪意のもとで行動するとき，意図通りに支援や脅威を実現できるかという観点でも，エージェンシー特性は有力な判断材料となる。まとめると，コミュニオンの観点で相手の意図を，エージェンシーの観点で遂行能力を推し量り，それらの評価を総合して，私たちは他者との社会的関係を調節するのである。

## 3.2　情報の呈示順序の効果

　情報を受け取る順序が印象を左右する点についても，アッシュが象徴的な研究を行っており，とりわけ第一印象の重要性が確認されている。その実験（Asch, 1946）で，ある人物のパーソナリティについて，「知的で，勤勉で，衝動的で，批判力があり，強情で，嫉妬深い」と紹介すると，その人物は「多少の欠点はあるが有能な人」と好意的に評価される傾向にあった。一方，「嫉妬深く，強情で，批判力があり，衝動的で，勤勉で，知的である」と紹介された人物は，「能力はあるものの欠点があり，その能

力が発揮されない人」と，全体的にネガティブな印象となった。この実験では，参加者が先に目にした情報がポジティブ（知的，勤勉），ネガティブ（嫉妬深い，強情）のどちらであったかに応じて，総合的な印象が引っ張られていた。このように，最初に触れた情報が全体像に強く影響を及ぼす現象を**初頭効果**（primacy effect）という。

　それに対して，より後の情報，つまり最新の情報が印象判断に影響する現象は**新近効果**（recency effect）という。初頭効果と新近効果を比べると，一般的には初頭効果のほうが起こりやすく，いかに初めの印象の力が強いかという点が多くの研究で確認されている。例えば，民事裁判を題材にした実験（Miller & Campbell, 1959）では，原告と被告どちらの主張を先に目にするかが操作され，参加者の見解が尋ねられた。すると参加者の多くは，先に読んだほうの立場を支持しやすかった。この同じ実験で，新近効果が生じる場合も検証されているが，その条件は限られており，初めに原告・被告どちらかの主張を読んだ後，1週間を空けたうえでもう一方の主張を読んで意見を聞くと，参加者は直近で触れたほうの立場に好意的であった。つまり，情報を目にしてから時間が経過し，初期の印象が記憶から薄れてきた頃に新しい情報に接した場合には，より鮮明な情報の印象が強いため新近効果が働く可能性がある。

## 4節　感情が情報処理に与える影響

　「感情」も心理学の一大研究テーマであるが，社会的認知の領域では，感情が人々の判断や情報処理にどのような影響を及ぼすのかについて多くの研究知見がある。ここでは，感情の種類の中でも**気分**（mood）の効果を取り上げて研究を紹介しよう。気分とは，怒りや悲しみのようなはっきりとした情動に比べると弱く，持続的で漠然とした感情状態を指す。なんとなく良い気分とか，テンションが上がらない，といった状態であるが，それが印象の形成や状況の解釈に影響を与えることがわかっている。

### 4.1　気分一致効果

　**気分一致効果**（mood-congruent effect）とは，判断時の気分がポジティブであったりネガティブであったりすると，その気分に合致した判断が行われやすくなるという現象である。誰かからギフトを受け取ったり，過去の楽しい思い出や悲しい出来事を思い返したり，さらにはその日の天気の良し悪しといった些細な原因でも，私たちの気分は上下する。原因が何であり，気分が良かったり悪かったりしている状態で人生満足度や製品利用のアンケートに答えると，その時の気分に合わせて回答も変動する

(Isen et al., 1978; Schwarz & Clore, 1983)。また，ポジティブな気分のときには他者の印象も肯定的になり，ネガティブな気分のときは他人の粗に目が向きがちになる（Forgas & Bower, 1987）。

気分一致効果の説明として，シュワルツは**感情情報機能説**（feelings-as-information theory）という考え方を提唱している（Schwarz, 2012）。この説によると，私たちは，自分の現在の感情状態を，対象について判断するうえでの情報手がかりとして使用する。「漫才が面白いから楽しく感じる」だけではなく，「いま楽しい気分ということはこの漫才は面白い……のだろう」というように，気分を手がかりに状況を解釈するということだ。そして，気分が実際にはその対象と無関連に生じている場合でも，判断への影響は生じ得る。つまり，「楽しい気分」が漫才そのものではなく，好きな人と一緒に見ていることに起因していても，「漫才が楽しい」と感じるのである。

### 4.2 気分が情報処理スタイルに与える影響

気分は，与えられた情報をどれだけ精査するかという情報処理の傾向も左右する（Schwarz & Clore, 2007）。人はポジティブな気分にあるとトップダウン的で自動的な情報処理に頼りやすくなり，ネガティブな気分のときは統制的処理をする傾向が強まる。例えば，ポジティブな気分になるよう操作された人は，他者をステレオタイプに当てはめて判断しやすくなったり，製品評価の際にすでにもっている知識（ブランドイメージなど）に基づく判断をしやすくなる（Bless & Burger, 2017）。

気分が情報処理スタイルに与える影響についても，シュワルツは感情情報機能説の観点から説明を提供している（Schwarz, 1990）。感情情報機能説によると，気分は状況について知らせるための「情報」の役割を果たすが，ネガティブな気分というのは，今の状況に何かしら問題があるので警戒せよというシグナルとなるため，状況の細部まで注意を向けるような情報処理の構えをとらせる。一方，ポジティブな気分は，状況に問題なしというシグナルとなり，トップダウン的処理に頼ってOK，認知資源を節約してOKだということを知覚者に知らせてくれるのである。

## 5節　社会的推論

対人的な判断に限らず，私たちは日常のさまざまな事柄について判断や意思決定をする際に，認知資源を節約して素早く判断するべく直観的に物事を考えることが多い。そのような簡略化された推論方略を**ヒューリスティック**（heuristic）という。ト

ヴァースキーとカーネマンの研究によって，出来事が起こる確率や，数を推定する際に使われるいくつものヒューリスティックの存在が指摘されている（Tversky & Kahneman, 1974）。本節では，利用可能性ヒューリスティック，代表性ヒューリスティック，係留と調整の3種類を取り上げて紹介する。

## 5.1　利用可能性ヒューリスティック

次の人名のリストに目を通してほしい。

「ホウジョウマサコ，ミソラヒバリ，サトウコウヘイ，ウタダヒカル，コンドウセイジ，ワタナベナオミ，オグラマサト，アヤセハルカ，クマザワシンゴ，ノダテツヤ，ヨサノアキコ，ニシカワショウタ，マツオタク，サクラモモコ，ハヤシワタル」

さて，リストを再び見ずに考えてみてほしいが，男性名と女性名のどちらが多かっただろうか。もし直観的に「女性」と思ったならば，**利用可能性ヒューリスティック**（availability heuristic）が働いた可能性がある。利用可能性ヒューリスティックとは，ある事象が頭に「思い浮かびやすいか」が，起こる頻度や確率を判断する手がかりとなるというものだ。上記のリストは，実際には男性名のほうが多い。しかし，女性名は著名人の名前を多く含むため思い出されやすく，数も多かったという印象につながるのである。

このヒューリスティックは，特定の出来事の知識が活性化しやすい状態にあるほど，同様の出来事が生じやすく感じられるということを意味している。印象的な出来事の直後や，出来事の情報にたびたび接触すると，それは顕著となる。例えば，飛行機事故やテロなどの重大な出来事は大々的に報道され，人々は詳細情報や映像に何度も触れることとなる。その結果，そのような事故や事件に遭遇する確率は日常的に起こる自動車事故などに比べて圧倒的に低いものの，飛行機事故やテロのほうが危ないという印象が形成される。アメリカで2011年9月11日に航空機を用いたテロが発生した直後には，米国内で空路を避ける人が増えたが，かえってその期間は自動車事故の死者数が増加したという統計もある（Gigerenzer, 2004）。

事象の「思い浮かびやすさ」が判断を説明する別の例として，複数人で作業をした場合の貢献度の評価がある。グループワークから夫婦間の家事分担に至るまで，人はあらゆる場面で他者よりも自身の貢献度合いを高く見積もる傾向がある（Kruger & Savitsky, 2009; Ross & Sicoly, 1979; Schroeder et al., 2016）。その一因は，自分が費やした労力の記憶は鮮明に思い出されやすく，自身の貢献度が大きいという感覚を生む点

にある。

## 5.2　代表性ヒューリスティック

　教室で見かけた人物が，タンクトップを着て筋肉隆々である。その風貌から，その学生は体育会系の部活なりサークルなりに入っているのだろうと考えるのは自然かもしれない。この場合，**代表性ヒューリスティック**（representative heuristic）が働いていると考えられる。対象の人物があるカテゴリーの「典型例」に合致するほど，そのカテゴリーに属している確率が高いと推論する判断方略である。すなわち，「体育会系の学生ならば筋肉質である」といったステレオタイプに基づいた判断だといえる。

　私たちは，見知らぬ他者を直観的に判断する際には代表性ヒューリスティックに頼ることが多く，それで正しい推論に至ることも多い。ただし，判断のもととなるステレオタイプ的な知識がそもそも間違っていたり，ステレオタイプを過度に一般化して当てはめたりする場合には，誤った推論が導かれるため注意が必要である。また，代表性ヒューリスティックに頼るあまり，事前確率（ベースレート）の情報が無視されがちになるという問題もある（Kahneman & Tversky, 1973）。例えば，上記の例で，その大学なり学部なり全体でみると，体育会所属の学生が少ない（3割ほど）とする。その情報を踏まえるならば，その学生が体育会系である確率自体は少ないことになる。しかし，ひとたび相手が典型的な体育会系の特徴を有しているという点に注意がいくと，たとえ事前確率の認識はあってもそれを考慮することは難しくなり，見た目の特徴から安直に「体育会系の可能性が高い」という結論を下してしまうのである。

## 5.3　係留と調整

　不確実な値について推定をするとき，私たちは多くの場合，まずざっくりとした係留点（基準値）を定めて，そこから調整を行うことで結論を導こうとする。試しに，50代の日本人の平均年収を推定してみてほしい。1,000万円より多い，それとも少ないだろうか。これに「1,000万円よりは少ないのでは」と答えた人に，ではいくらだと思うかと尋ねる。すると，「800万円ぐらい？」と返ってくる。この時，実は最初に「1,000万円」という数値を提示したことで，それが回答者の中に基準値として設定され，そこから下方修正された800万という推定値が導かれた可能性がある。このように，任意の値がまず基準となり，そこから一定範囲内での調整を行う推論方略を，**係留と調整**（anchoring and adjustment）という。

　この方略のもとでは，初めに定める係留点が推論結果を左右する。上記の例で，最初の質問を「300万円より多いか少ないか」に変えると，回答者に異なる基準値を提

示することとなり，そこからの調整の結果，500 〜 600万前後など低めの推定が増え
ることが予想される。また，基準となる情報が与えられない場合でも，人は自分なり
の係留点を定めようと，自分自身や身近な人々の年収を思い浮かべて，そこを基点に
考えようとするだろう。その結果，推定値は自ずと，判断者を取り巻く環境の性質に
偏ったものとなりやすくなる。

　係留の効果は，社会のさまざまな場面でみられる。物の売買の交渉では，売り手側
の場合は高めの金額を，買い手側の場合は低めの金額を，相手より先に提示すること
ができれば，最終的に決着する値段が自分の希望に近いものとなる（Galinsky &
Mussweiler, 2001）。また，司法の素人であろうと専門家であろうと，犯罪量刑の判断
を行う際に当該案件とは別の量刑情報に触れると，それが係留点となり，判断が引っ
張られてしまう（Englich & Mussweiler, 2001; Englich et al., 2005）。そして，対人的な
判断でも，例えば他者のパーソナリティ特性を推定する際には，自らがその特徴をど
れぐらいもっているかが判断に影響する（Epley et al., 2004）。

## 5.4　ヒューリスティックの役割

　上記で紹介した3種類のヒューリスティック以外にも，私たちは認知的に簡便な推
論方略を数多く駆使しながら，日常生活を送っている。あらゆる場面で，経験則や安
直な手がかりに基づいておおまかな判断を下す際には，ヒューリスティックが働いて
いるといってよい。レビューサイトの星の数を頼りに判断する場合や，ニュースサイ
トやSNSで流れてくる情報の見出しだけを見て内容を判断するという方略は，全て
ヒューリスティックである。さらに，気分一致効果や感情情報機能説も，そのときの
気分が一種のヒューリスティックとなり，判断の手がかりとなることを示唆している。

　認知資源を節約しながら情報を処理し，多くの場合で「おおむね正しい」判断を直
観的に導いてくれるヒューリスティックは，私たちが日常生活を送るうえで欠かせな
い存在だ。そしてヒューリスティックに限らず，スキーマも，感情も，それらに基づ
いて情報を自動的に処理するしくみも，私たちを取り巻く膨大な情報を効率的に解釈
し判断するという社会的認知の基本原理を支えるものとして，私たちに備わっている。
なるべく効率性を保ちながら，しかし目的に応じて必要とあらば「よく考える」こと
もバランスよく使い分け，私たちは社会的な生活を営んでいるのである。

## コラム11　対人認知と擬人化の心理学

　対人認知は，他の人々について理解する過程だが，人間以外の対象の理解とは異なるのだろうか。本章の冒頭で「絵画」の見え方を例に挙げたが，私たちは，人間以外にもさまざまな対象（物体，概念，出来事など）について考え，推論する。非生物であるモノに対する認知と人に対する認知には多くの共通項がある一方で，対人認知に特有の性質も存在する。例えば，人には意図があり，主体的に行動するという性質をもっている。また，人の内面は，時間や状況の変化を受けて変わっていくが「絵画」などのモノにはそれがない。他者の行動を理解するためには，「何のためにその行動をとったのだろう」「あのときなぜそう感じたのだろう」という心の内面を推論することが必要となる。他者の意図や感情などは目に見えないが，そういった心の働きがあると考えることで，私たちは他者の行動を自分なりに説明したり予測したりできるのである。

　しかし私たちは，人以外のさまざまなモノにも「心」があると感じることがある。**擬人化**（anthropomorphism）と呼ばれる現象だが，それには人間の基本的な欲求が関わっている（Epley, 2014）。擬人化を生じさせる代表的な欲求の一つは，不確実性を解消したいという欲求だ。ランダム性を帯びた状況や予測できないことは，不安や脅威の種になる。それに対して擬人化は，事態を引き起こした「意思」の存在を仮定することで，不確実性に伴う不安の解消をもたらすのである。例えば，想定通りに反応しないパソコンやロボット，予測不能な動きをする物体などは，心があると錯覚されやすい（Waytz et al., 2010）。さらに私たちは，自然災害などによる不条理な不幸を，神罰や天罰だと表現することがある。これも，不幸を誰のせいにもできないとき，神の意志という仮想的な「心」の存在を認めることで説明をつけたいという欲求が関わっている（Gray & Wegner, 2010）。

　擬人化を促すもう一つの欲求として，私たちは対象との親密性を高めたいときほど心の存在を知覚する。ぬいぐるみや動物に人間のような心があるかのように話しかけるのは，親和欲求の表れといえる。研究で，孤独感の高い人ほどモノや動物に意図や感情があると感じやすいことも明らかになっている（Epley et al., 2008）。なお，親和欲求が心の知覚に及ぼす効果は人間に対する評価にも当てはまり，好印象の人物は人間らしい心をもっているとみられるし，心理的に距離をとりたい人物は「心無い人」だと感じられるのである（Kozak et al., 2006）。

　以上のような擬人化の研究からは，私たちが自分を取り巻く世界を意味づけるうえで心の知覚が果たす役割の大きさがうかがえる。

# 11章　社会的認知におけるバイアス

　「33歳女性，史上最年少市長」「高学歴の芸人」「母子家庭球児」——これらはいずれも，新聞やインターネット記事の見出しから抜き出した表現である。性別や職業，家庭環境や学歴といった属性には，社会的に共有されたイメージが付随しているため，他者を理解しようとする際に便利なラベルとして使われやすい。しかし意図せず当てはめたラベルのイメージが先行して，他者の個性に目が向けられなかったり，行動の原因を勘違いしてしまったりすることはないだろうか。社会的認知とは，すでに知っている情報をベースにして新しく得た情報を意味づける作業のことである。すなわち，情報処理の主体が人である限り，そこには必ず偏りや歪み，つまり**バイアス**（bias）がかかわっている。本章ではまず，他者や社会的状況を理解しようとする際にカテゴリー情報への注目がもたらすバイアスを説明する。そして，対人場面における情報処理に関わる理論を概観しながらバイアスの特徴や影響について考えていく。

## 1節　カテゴリーへの分類

### 1.1　カテゴリー化

　私たちは，自分を含む「人」を社会的に意味の通るカテゴリーに分類して理解し，ラベルをつけようとする。これを**カテゴリー化**（categorization）という。アメリカ人，高齢者，バス運転手などといった属性を用いて個人を理解しようとすることはカテゴリー化の例である。ある人が「アメリカ人」であるというカテゴリーについての情報は，その人が「本好き」だとか「優しい」とか，個人的に深くつき合わなければ知り得ない他の情報よりも，簡単に目につくうえに，手に入りやすい情報である。特に初対面で素早い対人評価が求められるような場面においてカテゴリー化は有用である。カテゴリー化は認知的な資源の節約となるため，無意識のうちに自動的に引き起こされる。

## 1.2　内・外集団の区別

　カテゴリー化の中でも，自分自身を特定の集団と結びつけて理解することを内集団へのカテゴリー化という。「内（うち）」という言葉が示すように，**内集団**（ingroup）とは，所属や共通のアイデンティティをもつ「われわれ（us）感覚」を共有している人々によって成り立つ集団のことである。「うち」と対比されるのが「そと」の集団である外集団である。外集団は，内集団とは異なる所属やアイデンティティをもつ者たちによって構成される「あの人たち（them）」として理解される。

　内集団への同一視は，自己概念を肯定的に保つ作用がある。このことを説明したのが，タジフェルとターナー（Tajfel & Turner, 1979）の社会的アイデンティティ理論である。人は，内集団を尊重する気持ちだけでなく，内集団を誇りに思うといったように優越感を抱くことがある（Smith & Tyler, 1997）。内集団を外集団に比べて肯定的に捉えることを内集団びいきという（詳細は3章を参照）。

　内集団びいきについては，自己評価を肯定的に保つためといった動機にかかわらず，カテゴリー化そのものの結果によって引き起こされるという主張もある（Wilder, 1981）。すなわち，内集団びいきは，認知の簡略化を動機としたカテゴリー化の副産物であり，個人の動機や偏った信念などの影響から区別されるべきであるとされる。

## 1.3　類似性と相違性の強調効果

　カテゴリー化が行われると，同じカテゴリー内の人々は実際以上に似ているように感じられる同化効果が引き起こされる。その一方で，カテゴリー化は対比効果を引き起こすことも知られており，カテゴリー間の特徴が実際以上に異なっているかのように錯覚される。同化効果と対比効果を合わせて，カテゴリーの類似性・相違性の強調効果と呼ばれている。自身の所属を考慮した強調効果のうち，**外集団均質化効果**（outgroup homogeneity effect）とは，外集団に属する人々の類似性を過度に推測し，逆に内集団の成員どうしには多様性があると錯覚する現象を説明する。「あの人たち」はみな同じで，「私たち」や私たちのグループとは違うと錯覚するのである。

　デバインとマルパス（Devine & Malpass, 1985）の研究では，白人の参加者と黒人の参加者に顔写真を見せ，記憶のテストを行った。その結果，白人参加者は白人の顔写真を，黒人参加者は黒人の顔写真をより正確に記憶していたことが明らかになった。内集団の多様な人物は認識できるが，外集団はみな類似して見えていたことの表れであろう。人種に関するこのような記憶のバイアスは，**自人種効果**（own-race bias）といわれ，内集団人種と外集団人種を記憶する際に偏りが生じる現象の説明となる。

　外集団均質化効果が生じる心理的メカニズムには，経験による影響が指摘できる。

所属やアイデンティティを共有する内集団他者とは，接触の機会が多いため，普段から集団内の多様性に気づく機会が多い。一方で，外集団他者とは接触の機会が少なく，参照できる例が少ないため，よりイメージが先行した偏った見方をしてしまうのである（Brown & Wootton-Millward, 1993; Linville et al., 1989）。その他にも，外集団のサイズが小さいことや外集団の権力が弱いことは，集団を均一に捉えることにつながりやすいことが知られている（Fiske, 1993; Mullen & Hu, 1989）。強調効果によって実際以上に集団内の特徴が画一的に捉えられるため，外集団に対しては特に偏った見方がされやすい。このことは，異なる特徴をもつ外集団に対する否定的態度を形成し，内集団びいきを高めることにつながる（3章参照）。

## 1.4　カテゴリー認知に関わる錯覚と信念

　社会的カテゴリーの特徴は，実際以上に類似していたり相違していたりと感じられることから，カテゴリー認知は錯覚や信念の影響を受けているといえる。**心理的本質主義**（psychological essentialism）といわれる信念はカテゴリー認知に偏りを生じさせる原因の一つである。社会的カテゴリーは本来，恣意的な分類であり，場面や状況によって社会的に意味のある枠組みの捉え方は異なる。心理的本質主義の信念によると，それにもかかわらず，人はカテゴリーが本質的な要素によって分類されているかのような錯覚をしてしまうことがある。信念の程度には個人差があり，また，対象となる社会的カテゴリーによって本質主義信念の適用されやすさは異なる。

　例えば，「血筋」や「魂」といったように，個人の努力や選択によるものではないうえに，実在するかもわからないような特徴が，「日本人らしさ」を決定づけていると感じることがある。心理的本質主義による信念が適用されると，社会的カテゴリーがあたかも生得的で変わらない本質によって明確な境界線をもった分類であるかのように認識されるようになる。カテゴリーどうしは「本質的」に違っているものだという認知は，差別や偏見の低減や解消への態度を消極的にする。そして，ステレオタイプ的特徴は本人の努力や環境の変化によって変わることがないという考えと関連するため，差別や偏見の正当化につながる。したがって，心理的本質主義の信念を適用した社会的カテゴリーの認知は，ステレオタイプや偏見と深く関わっているといえよう。

## 1.5　ステレオタイプとは

　本章の冒頭でカテゴリーのラベルにはイメージが付随していると述べたが，社会心理学では，特定の集団や社会的カテゴリーの成員の特徴に関する単純化されたイメージのことを**ステレオタイプ**（stereotype）という。ステレオタイプに基づいて他者を

判断することをステレオタイプ化と呼ぶ。他者を認識する際に，その人の性別や年齢，職業や見た目など，手がかりになりそうな情報をまず頼ることがある。その際，「高齢者だからのんびりしているだろう」といったように，社会的カテゴリーに関するステレオタイプは，対人認知における初期の情報収集に役立つ。ステレオタイプは，個人が抱く認知的表象（イメージ）というだけでなく，多くの場合，社会的に共有されている。したがって，ステレオタイプはコミュニケーションにおいても用いられやすく，特定の集団に対する態度が正当化されたり，協力や非協力，採用や不採用といったような行動の原因となったりすることがある。

　ステレオタイプが形成されやすい集団の特徴として，特異性が挙げられる。例えば，男性ばかりの政治家のうち，少数の女性はステレオタイプ的に見られやすい。また，そのような女性がリーダーシップを発揮するといった事例は注目されやすく，男性政治家が同じようなリーダーシップを発揮するよりも目立つ事例となる。その結果，女性リーダーの失策や失言は「女性は頼りない」といったように解釈され，女性と政治能力に誤った関連が見いだされることになる。これは**錯誤相関**（illusory correlation）と呼ばれ，ステレオタイプが形成され，維持される原因の一つとなる（Hamilton & Gifford, 1976）。

## 1.6　ステレオタイプ内容モデルと BIAS マップ

　「富裕層は有能だが高飛車」などといったように，ステレオタイプは単純に肯定－否定の軸で分類することはできない。ステレオタイプの内容は，ある側面においては肯定的であるが別の側面においては否定的であるといったように，両価的であることが多い（Fiske et al., 2018）。例えば，「男は女を守るべき」といった**慈悲的性差別**（benevolent sexism）のように，一見有害に思われない差別であっても，その前提には「女性は愛おしいが弱い」といった両価的なステレオタイプの存在がある。このように，ステレオタイプの内容の多くは複雑であるため，構造的に整理しながら，それらの原因や影響を議論する必要がある（Fiske et al., 1999）。

　フィスクらが提唱した**ステレオタイプ内容モデル**（stereotype content model; Fiske et al., 2018）によると，ステレオタイプは社会構造における集団間の関係性の影響を受ける。具体的には，ステレオタイプは集団の社会的地位（内集団に比べて高いか，低いか）および影響関係（内集団と敵対関係にあるか，協力関係にあるか）によって規定される。社会的地位はステレオタイプの能力的次元を規定し，影響関係はステレオタイプのあたたかさ次元を規定する。あたたかさは，対人認知において中心的な特性であるため，ステレオタイプ内容モデルにおいても重要な評価軸となる。内集団より

**表11-1　ステレオタイプ内容モデルおよびBIASマップの例**

| ステレオタイプ：あたたかさ（協力関係によって予測される） | | ステレオタイプ：能力（社会的地位によって予測される） | |
| --- | --- | --- | --- |
| | | 低い | 高い |
| 高い | 社会的カテゴリー | 障がい者, 高齢者 | 中間層, 一般市民 |
| | 偏見 | 哀れみ | 誇り |
| | 差別 | 積極的援助, 間接的攻撃 | 積極的援助, 間接的援助 |
| 低い | 社会的カテゴリー | 生活保護受給者, ホームレス | 富裕層, キャリア女性 |
| | 偏見 | 嫌悪 | 妬み |
| | 差別 | 積極的攻撃, 間接的攻撃 | 積極的攻撃, 間接的援助 |

も地位が高い集団は能力が高く，協力関係にある集団はあたたかいというステレオタイプがもたれる。地位が高い集団（例：金持ち，キャリアウーマン）は憧れの対象となるが妬まれやすく，地位が低い集団（例：専業主婦，障がいをもった人）は軽蔑されるが哀れみの対象となって援助を受けやすい（表11-1）。

　このようなステレオタイプの構造は人が共通してもつもので，文化普遍的であるとされる（Cuddy et al., 2008）。なぜなら，「敵か味方か」を判別することは適応のために必須であり，社会的地位の階層性や資源をめぐる競争性はどの社会においても避けられないからである。さまざまな社会における社会的カテゴリーのステレオタイプは，その内容こそ多様であるが，温かさと能力の二次元の性質をもつことや，多くの場合肯定と否定両方の印象を含むアンビバレントな特徴をもつこと，そして社会的構造によって予測されるという点で共通している。

　ステレオタイプの内容が外集団に対する態度や反応とどのように関連しているのかを示したのが**BIASマップ**（Behavior from Intergroup Affect and Stereotypes map; Cuddy et al., 2008）である。先述したように，ステレオタイプ内容モデルによれば，外集団に対するステレオタイプは協力関係や社会的地位によって規定され，温かさと能力の二次元から捉えられる。すなわち，ステレオタイプによって敵か味方かを識別し，攻撃や援助の能力を判断することは，自身の行動を規定するうえで重要なプロセスである。例えば，内集団にとって協力的な外集団（例：専業主婦）に対しては協力的でフレンドリーといった温かさに関するステレオタイプが形成され，その結果「援助する」といった行動につながるが，敵対的な外集団（例：アジア人）に対しては冷たいというステレオタイプが抱かれ，「危害を加える」といった行動がもたらされる。同時に，地位が低くて能力が劣ると認識される集団（例：高齢者）に対しては，積極的な援助や排除といった働きかけが行われる場合が多い。しかし，地位が高くて能力

がある集団（例：キャリア女性）に対しては，積極的な援助や攻撃といった行動よりも，関係を維持するような働きかけが行われる。

このようにBIASマップによってステレオタイプと態度や行動の関係を整理することによって，両価的なステレオタイプをもたれる集団に対するアンビバレントで複雑な感情や行動についても説明することができる。例えば，働く女性に対しては「仕事はできるが家庭的な温かさがない」といったように，能力次元では高く，温かさ次元では低いステレオタイプがもたれることが多い。このようなステレオタイプは，働く女性に対して社会経済にとって欠かせない集団であると賞賛することにつながるが，一方で優しさに欠けるから協力しないといったように危害の対象になったりもする。

## 2節　情報処理過程の特徴

前節にあるように，自己や他者について何らかの理解をしようとする人は，カテゴリー化を行うことでその認知処理を簡便化しようとする。しかし，いつでも，どこでも，誰に対しても，同じような心理過程を経てカテゴリー化が行われたり，その他の個人的な情報へ注意が向けられたりするわけではない。急いでいるときにすれ違った人物と，これから同僚としてつき合っていく者とでは，観察者がその人に対してかける認知処理の労力や動機づけの程度が異なるだろう。対人認知は常に社会的状況の中で行われるため，観察者と対象者の属性だけを切り取って，処理過程を説明することはできないのである。

### 2.1　情報処理の二重過程モデル

対人認知の情報処理過程を説明するモデルはいくつか存在するが，認知処理の初期の段階では無自覚かつ自動的に認知表象が生起して，場合によっては，その後意識的に統制的な処理を行うことで初期の認知が調整されるという点で共通している。このように社会的認知の研究では，他者についての判断は，潜在レベルでの自動的な処理と，顕在レベルでの統制的な処理に分かれて行われると説明される。

対人認知の認知過程を説明する代表的なモデルとして，**二重処理モデル**（Brewer, 1988：10章参照）と**連続体モデル**（Fiske & Neuberg, 1990）がある。二重処理モデルでは，対人認知過程は段階ごとに枝分かれして存在し，異なる種類の認知的表象（例：イメージ，カテゴリー，サブタイプ，典型例）ごとに処理が行われる。詳しく知る必要がある場合は統制的な処理が行われ，個性や個人の属性を用いた理解がなされ

る。一方で連続体モデルは，いったん形成された認知的表象が次の処理段階に加算的かつ連続的に考慮されると説明する点で二重処理モデルとは異なる。この章では，連続体モデルの詳細について説明する。

## 2.2　連続体モデル

連続体モデルでは，対人認知を1本の直線上を進む連続的な過程として説明する。このモデルによると，対人認知は自動的な処理からスタートする。例えば，大学の構内ですれ違った人について「男性である」とか「大学生である」といった認識を行うのはこれにあたる。相手に関心がある場合には，より詳細な情報に目を向けることで，「同年代に見える」などと，自動的に活性化したカテゴリー情報が正しいものなのかについて確認される。

自動的に活性化したカテゴリーが誤っている場合もある。「同年代に見えない」といったように，新たに得た情報がカテゴリーに当てはまらない場合，別のカテゴリーへの当てはめが行われる。例えば，「大学職員である」といったように，別のカテゴリーが活性化することがある。あるいは，「社会人入学の大学生である」とサブカテゴリーによって理解したり，「同じゼミの○○さんのように社会人入学の大学生である」と，事前の知識にある事例と照らし合わせて理解したりする。または，自分自身を参照しながら，「自分が同級生よりも10歳上であるように，相手もそうである」と判断することもある。最終的に，対人処理において自動的処理の対極にあたるピースミール処理にたどり着く際には，対象人物の個人的な属性の一つひとつに着目した情報処理が行われている。情報処理の直線状においては，いったん活性化したステレオタイプは必要に応じて修正されるというわけである。

## 2.3　原因帰属における自動性と統制性

他者の行動を観察する中で，「なぜそのような行動をしたのだろう？」と疑問に思い，行動の原因となる状況に目を向けたり，その人のパーソナリティについて考えたりすることがある。このような推論のことを**原因帰属**（attribution）と呼ぶ。対人認知を自動と統制の異なる過程から説明する認知処理のモデルは，原因帰属と呼ばれる出来事の原因や因果関係の推論にも当てはまる。

人の行動の原因は，その人自身のパーソナリティや属性などの内的要因か，あるいはそれ以外の外的要因にある。内的要因とは，行為者本人のパーソナリティや動機の有無や強さなどを指す。外的要因とは，行為者以外の要因を指す。その場にいる他者の言動や関係性，場所や設備，あるいはその時の気温や湿度などといった環境の要因

が含まれる。コーヒーをこぼしてしまった際，こぼした人があわてんぼうで不注意であること（内的要因）が原因なのか，あるいはコーヒーを置こうとした場所が不安定で，その瞬間に強風が吹いたこと（外的要因）が原因であるかによって，その後の対処の仕方が変わってくる（Heider, 1958）。

　原因帰属においても，人はまず自動的にその場の状況に最も当てはまる解釈を行う。社会的状況の中で観察される行為は，多くの場合その原因が曖昧である。したがって，原因帰属ではまず最も確率が高い解釈が行われる（Trope, 1986）。例えば，駅で泣いている人がいたら，精神的に不安定な人なのだろうと解釈するし，泣いている人の目の前に困り顔の人が立っていたら，内輪もめをしたのだろうと解釈する。さらに認知的に余裕があって，原因を推論する動機づけがある場合は，新たに得た情報を考慮して，いったん当てはめた理解の枠組みを修正する。泣いている人物の近くにビデオカメラで撮影中のクルーがいることに気づいたとしたら，撮影のために演技で泣いているのだろうといったように，初期の解釈を修正しようとする。

　ギルバートら（Gilbert & Hixon, 1991）は原因帰属における自動的な処理過程は行動のカテゴリー化と特性の記述という2段階に分割され，その後統制過程による処理が行われると説明した。**3段階モデル**と呼ばれるこの理論によると，ステレオタイプの自動的な活性化とそれを用いた特性推論の認知過程は分離される。また，自動的な過程における推論は，統制的過程において修正される可能性があるが，それには認知的な余裕が必要である。外出先で子どもを叱る女性を見た際，「母親である」ことにまず注意が向けられ，「厳しい」「怖い」などといった特性が連想される。そこで，「怖い母親」であると結論づけるのではなく，交通ルールを守らなかった子どもを守るために必死で叱っているのだといったように，その場の状況に目を向けることができれば，内的帰属から外的帰属へと解釈が修正される。すなわち，熟慮する動機と余裕があれば，統制過程を経た原因帰属が行われる。

## 3節　情報処理のバイアス

　これまでに紹介したカテゴリー化やステレオタイプ，および，対人認知における情報処理は，自動と統制，潜在と顕在といったように，認知処理のさまざまな次元で判断が精緻化され，その状況における「正解」にたどり着くまでの過程を説明するものであった。では，実際の私たちの認知的処理の結果は，「正解」に近づいているのだろうか。同じ状況に置かれて同じ対象人物について評価していたとしても，また，自

分と他者が同じ行為をした場合であっても，無意識の偏った情報処理によって，判断が異なることがある。このことは，私たちの情報処理が一つの「正解」をめざしたものではないことを示唆している。本節では，対人認知の解釈過程におけるバイアスの代表的な例を紹介する。

## 3.1　認知過程におけるバイアス
### ●特性推論と行為の解釈

　行為者の行動の理由を解釈する際，パーソナリティや置かれた状況，場所などさまざまな状況を総合的に判断することになる。しかし，情報の種類が限られていたり，曖昧だったりする場合には，行為者が属する社会的カテゴリーのステレオタイプが推論に用いられやすくなる。すなわち，同じ行為であっても，活性化するステレオタイプによって，推測される特性の種類が異なってくる。その結果，行為の評価や解釈がステレオタイプの影響を受けたものになる可能性がある。クンダとシャーマンウィリアムズは（Kunda & Sherman-Williams, 1993），行為者の職業を「主婦」とする場合と「建設作業員」とする場合とでは，同じ暴力的行為でも前者は「平手打ちした」，後者は「殴った」といったように，職業に関するステレオタイプと一致した解釈がなされることを示した。この結果は，主婦は穏やかで，建設作業員は乱暴であるというステレオタイプが反映されたものであろう。

### ●基準の変移

　ステレオタイプに基づく特性推論は，多くの場合ステレオタイプに同化する方向に影響するが，対比方向に表面化することもある。「日本語がお上手ですね」と，外国人の日本語能力を賞賛するような評価は，「日本語が苦手」という否定的なステレオタイプが前提になっているため，ステレオタイプが対比方向に表れているといえる。なぜ否定的なステレオタイプが肯定的な言語表現として顕現化するのかというと，「外国人」に対しては評価基準の係留点（10章参照）が無意識のうちに低く設定されていたからである。このように，社会的カテゴリーに応じて異なる評価基準が用いられる現象は，**基準の変移**（shifting standard）と呼ばれる（Biernat et al., 2009）。

　基準の変移現象は対象人物に対する肯定的な言語表現として表れるため，何ら問題がないように思える。しかし，肯定的な言語表現は，皮肉にもコミュニケーションの過程において否定的なステレオタイプを維持する働きをする。例えばコリンズら（Collins et al., 2009）による実験では，同じ学業成績の白人学生と黒人学生についてそれぞれ自由記述で説明を求めた結果，優秀であるという記述が多くみられたのは黒

人学生のほうであった。しかし，その記述を読んだ別の参加者に，評価の対象となった学生の成績を数字で推測するよう求めたところ，自由記述とは逆の結果が得られた。参照していたのは黒人学生に対する肯定的な記述と白人学生に対する比較的否定的な記述であったにもかかわらず，白人学生のほうが高い得点であると推測されたのである。一見，肯定的に思える自由記述の内容であっても，暗黙のうちに，読み手は白人にはステレオタイプ的に高い基準が，黒人には低い基準が用いられて成績が推測されていた。否定的なステレオタイプを抱かれた集団成員がコミュニケーションの言語的な表現において必要以上に高い評価を受け取ることは，自己効力感や達成感の低下，能力の向上や改善の機会を逃してしまうといった問題にも関係している。

## 3.2　解釈過程におけるバイアス
### ●内的帰属への偏り

　私たちの帰属のあり方もまた，多くの場合，規範的で論理的とはいえない。原因帰属のバイアスは**対応バイアス**または**根本的な帰属のエラー**という概念によって説明される。対応バイアスによると，人は，他者の行動の原因を推測する際，環境や状況などの外的な要因の影響力を軽視して，その行為者本人のパーソナリティや態度，能力などの内的要因の重要性を過大評価する傾向がある。「アイドルはきっとプライベートでも愛想がいいのだろう」など，職業的な役割を考慮せずに，パーソナリティなどの内面が行動の原因であると推測してしまうことが例として挙げられる。

　対応バイアスの頑健さを示す実証的な研究として有名なのが，ジョーンズとハリス（Jones & Harris, 1967）によるアメリカの大学生を対象にした実験である。実験が行われた当時，アメリカ社会はソ連との冷戦における緊迫が高まるきっかけとなったキューバ危機を経験した直後であった。そのため，キューバの当時の指導者であるフィデル・カストロに対して，ほとんどの学生が否定的態度をもっていた。そのような政治的背景の中，アメリカ人の大学生に，カストロ政権についての意見をまとめた「政治学のレポート」と称したものを配布した。その際，レポートの書き手は自分の立場を自由に選んだ（自由選択条件），あるいは，書き手は教師から賛成または反対の立場の指示を受けた（強制選択条件）と告げた。すなわち，時代背景からも，強制選択条件ではカストロ政権に「賛成」という内容は，書き手の本心ではないことが自明であった。実験では，レポートを読んだ参加者に，レポートの書き手は本心ではどの程度カストロ政権に賛成していると思うかを尋ねた。その結果，強制選択条件の回答者は，自由選択条件ほどではないものの，「賛成」意見を書いたレポートの書き手は，「反対」意見を書いたレポートの書き手よりも，賛成の態度をもっているものと推測

していた。記述内容から書き手の内面を推測する際に，教師からの指示という外的圧力の存在を割り引くことができなかったのである。このように，人は原因帰属を行う際，内的要因を無視できないという対応バイアスが認められた。

以上の実験例のように，内的要因への帰属は非意図的で自動的に行われる。出来事の原因を推論する際に，外的要因よりも内的要因への着目が高いことは，**自発的特性推論**（spontaneous trait inference）によっても説明される。例えば**誤再認パラダイム**（false recognition paradigm）を用いた実験では，学習段階で顔写真と行動文のペアを学習したのち，再認段階では，顔写真と同時に呈示される特性語を「見た」かどうかについて報告し，行為者と特性語の自動的な結びつきの強さが検証される。学習段階で行動が呈示された時点で自発的に行為者の内的特性を推論していた場合は，実際には見ていない特性語を「見た」と誤再認しやすい。トドロフとユルマン（Todorov & Uleman, 2003）は，人は行為（行動）についての解釈を行っているのではなく行為者の特性を推測しているのだと主張した。すなわち，行為者の特性推論は，行動についての解釈を超えて自動的に行われるものであり，実験での特性語の報告は，特性語と行為者との自動的な結びつきが形成された証拠であることがわかる。

## ●行為者と観察者に関するバイアス

原因帰属において内的要因を重視しやすい傾向は，自身の成功体験の解釈において強くみられると同時に，他者の失敗体験を帰属する際にもみられやすい。自己と他者の行動の原因帰属におけるこのような不均衡さを説明するのが，**行為者－観察者バイアス**である。行為者－観察者バイアスは，同じ行動であっても，行為者が自分か他人か（自分は観察者か）によって，その行動の原因帰属が異なることを指す。特に，失敗場面の原因帰属において適用されやすい。例えば，テストで悪い点数を取ってしまった際に，「問題が難しかったからだ」と自分の失敗の原因を外的に帰属することは多いが，クラスメイトが同じように悪い点数を取った場合には「自分よりも能力が劣っている」と内的帰属することがある。他人が置かれた環境についての情報量は，自分を取り巻く状況や，自分のこれまでの経験についての情報量に比べて少ないため，他者の行為は内的要因と結びつきやすい。また，自身の失敗を外的に帰属することは，自尊心の低下を防ぐことになることからも，自己評価維持のために行為者－観察者バイアスが働くと考えられている。

自己と他者の行為に関する原因帰属の歪みは，**セルフサービングバイアス**（self-serving bias：自己奉仕的バイアス）の文脈でも説明される。セルフサービングバイアスとは，自分の成功は努力や能力といった内的要因に帰属し，自分の失敗は運の悪さ

や不利な環境といった外的要因に帰属しやすい傾向のことを指す。人は基本的に自尊心を維持し，高めることを目指す自己高揚動機をもつため，自身の行いについての原因帰属を行う際に，成功は自分のおかげ，失敗は他人や環境のせいであると帰属する。ただし，自身の失敗に改善の余地があり，その結果自分の自尊心を回復することが見込まれる場合は，失敗であっても内的原因帰属が行われるという。また，セルフサービングバイアスには，他者から見た自分といった自己呈示の動機も働いている。他者から望ましい人物であると思われるためには，成功を内的に，失敗を外的に帰属しておくほうが適応的であるのだ。

## ●集団間関係とバイアス

集団成員の行為についての帰属にも偏りが生じることは**集団バイアス**（group-serving bias）によって説明される（3章参照）。ペティグルー（Pettigrew, 1979）は，同様の行為であっても，行為者が内集団であるか外集団であるかによって，行為の原因帰属とその後の評価が異なることを指摘した。内集団成員の行為を説明する際，良い行いは内的要因に，悪い行いは外的要因に帰属される（例：「彼女は良い人だから募金した」「彼は重要な会議に遅れそうだったから無視した」）。一方で，外集団成員の同じ行いについて，良い行いは外的に，悪い行いは内的に帰属される（例：「彼女は褒められたいから募金した」「彼は冷たい人だから無視した」）。また，外集団成員の良い行いは例外化されたり記憶に残りにくかったりする。

マースらの研究によると（Maass, 1995; 1996; 1998），集団バイアスは言語表現にも表れることがわかっている。内集団成員の良い行いは個人のパーソナリティ特性として表現されるのに対して（例：彼女は親切だ），外集団成員の良い行いは状況に依存した具体的行動として説明される（例：彼は荷物を持った老人のためにドアを開けた）。悪い行いの場合はこの関係が反転し，内集団成員の行いは具体的に，外集団成員の行いは抽象的に説明される（表11-2）。

### 表11-2　自己高揚と集団のステレオタイプ認知

| | 内集団 | 外集団 |
|---|---|---|
| 態度 | 好意（favoritism） | 中傷（denigration） |
| 認知 | 多様化（heterogeneity） | 非多様化（homogeneity） |
| 悪い行いの帰属 | 状況 | 特性 |
| 良い行いの帰属 | 特性 | 状況 |

## 4節　認知的バイアスの低減における問題

　本章全体を通して示したように，自己や他者の特徴や行動についての解釈には認知的なバイアスが深く関連している。バイアスを是正したり解消したりすることで，偏ったものの見方や態度，および，それらに基づく差別的言動は減少するだろう。しかし，いったん形成されたステレオタイプやそれに基づく行為の評価や解釈は，個人の認知においても社会構造的にも変革することが難しい（コラム12参照）。不平等や不均衡が，皮肉にも，被害を受けている個人の動機によって支えられていることはその原因の一端を担っている。図らずとも，不平等な扱いを受けているターゲット本人の行動が，否定的なステレオタイプが無くならない原因となっている可能性がある。

### 4.1　ステレオタイプの確証

　人は，自分の期待や予測に一致した情報だけを収集・記憶・解釈しやすい。ステレオタイプについても同様の確証バイアス（10章参照）が働くため，ステレオタイプは個人内の認識として変化せず，社会でも共有され続けることになる。例えば「日本人は協調的である」というステレオタイプをもった人が，感染予防のためにマスクを着けた日本人の集団を見てステレオタイプを確証することがある。この場合，マスクを着けていない人たちの事例についての情報収集は行われず，他人に協調するという日本人ステレオタイプを支持する事例のみに注目が集まる結果，ステレオタイプは確証される。また，ステレオタイプを反証するような事例を目にしたり経験したりした場合であっても，ステレオタイプに一致する情報のほうが長期記憶として保持されやすい。このことも，ステレオタイプの確証が起こりやすい原因の一つである。そして，解釈過程においても，ステレオタイプ（期待）に一致するような解釈がなされやすい。そのため，例えば日本人が「10分前に待ち合わせ場所に行く」理由は，周囲への配慮といったステレオタイプ的な解釈がなされやすく，目立ちたい，褒められたいといったステレオタイプに反する動機による解釈はなされにくい。

　他者についての印象はステレオタイプに基づく期待通りに歪められることを実験で示したのがダーリーとグロス（Darley & Gross, 1983）である。彼らは，「裕福な家庭の子どもほど優秀である」という学力に関するステレオタイプが確証される過程を示した。実験では，参加者に「教師が児童に対してどのような評価をするのかを調べる研究」であると告げ，小学校4年生の日常を映したビデオを観てもらった。ビデオの

前半では，生徒の家庭環境を裕福（肯定予期条件）あるいは貧困（否定予期条件）のどちらかであると説明した。ビデオの後半は，生徒は教師からの質問に答えるという内容であったが，学力の程度は曖昧であるように描写されていた。前半のみ観た参加者は，家庭環境にかかわらず生徒の学力を学年相当であると判断していた。一方で後半も観た参加者は，ビデオの内容はまったく同じであったにもかかわらず，否定予期条件で学力を低く，肯定予期条件で学力をより高く評価していた。すなわち，家庭環境と学力に関する自身のステレオタイプの正しさを確証するようにビデオの内容を解釈する確証バイアスが働いていたことが示された。

## 4.2　ステレオタイプの自己成就

　ステレオタイプや偏見の研究で知られるゴードン・オルポートは，「評価が嘘であれ本当であれ，繰り返し聞かされることによる影響は人格にまで及ぶだろう（Allport, 2014, p.142）」と述べている。個人に対する評価がカテゴリーのステレオタイプの影響を受けたものであり，それが否定的な感情と結びついていたり，差別につながったりする場合，そのターゲットとなる人物への影響は大きい。オルポートによると，ステレオタイプを向けられたターゲットは主に二通りの反応を示すという。自己卑下や自己非難，逃避といったように，自らの非として受け取る場合と，ステレオタイプの原因は外的要因にあると捉え，抵抗するという反応に分類される。いずれの反応の場合でも，ターゲットは心理的に大きな影響を受けることになる。

　自分に向けられたステレオタイプを意識することで，そのステレオタイプ通りの行動をとってしまうことがある。これは**予言の自己成就**の一種であり，周囲の期待が現実のものとなる現象を指す。ワードらの研究グループ（Word et al., 1974）は，大学の助手を決める面接で，白人の面接者が白人および黒人の応募者に対してどのような振る舞いをするのかを観察した。すると，白人面接者は，黒人応募者の場合に白人応募者の場合と比べて比較的遠い位置に着席し，25%短い時間で面接を切り上げ，50%多く言いよどみや言い間違いをしていたことが明らかになった。面接時にこのように扱われた黒人応募者は本来の実力を発揮できただろうか。それを実験で確かめるために，今度は面接者に役者を用いて面接中の振る舞いを指定し，先述した黒人応募者に対する面接場面を再現した。すると，応募者役の参加者は，面接者のことを不適切で非友好的であると感じたと報告した。また，その面接の様子を映したビデオを観た別の参加者は，応募者が緊張していて能力がなさそうだと評価していた。自らが不適切な扱いを受けていると感じることは，心理的な悪影響となってパフォーマンスに影響し，不利な評価を得ることにつながる。否定的なステレオタイプがもたれる集団

に属する個人は，このような場面に日常的に遭遇することから，自己概念や自尊心への影響が大きいことがわかるだろう。さらに，それを観察する第三者も，ステレオタイプを確証する情報を得ることになるため，否定的なステレオタイプが現実のものとなってしまうのである。

## 4.3　ステレオタイプ脅威

　否定的なステレオタイプを向けられたターゲットが経験する自己否定や抵抗といった認知的な反応にかかる負荷は，パフォーマンスに負の影響を与える。例えば，身長が低い個人が，自分の存在は所属するバスケットボールチームにとって不利益になるのではないかと不安を感じ，実力が発揮できないといった場面を想像してほしい。このような現象は**ステレオタイプ脅威**による影響が疑われる。ステレオタイプ脅威の現象によると，否定的なステレオタイプが向けられたと感じた人物は否定的なステレオタイプを確証するような行動をとってしまうことがある。自己概念に影響がある予言の自己成就との違いとして，ステレオタイプ脅威は状況に依存した直接的な影響がある。スティールらのグループによる一連の実験では（Spencer et al., 1999），もともとの数学の成績が同程度の男女の学生に，非常に難解な数学のテストを実施し，ステレオタイプ脅威の影響を検討している。一般的にこのテストに男女差や他の属性による影響がないことを伝えたうえでテストを実施した場合には，男女間で成績の優劣は認められなかった。しかし，一般的に女性のほうが男性よりもテスト成績が劣っていると教示したうえで回答を求めると，教示内容と同じ方向に女性の成績が低下した。女性は「女性は数学が苦手」というステレオタイプに一致するような行動を自ら示したといえる（図11−1）。

　スティールの研究の他にも，女性が女性どうしで数学の難問にチャレンジする場合は，男性グループの中で回答する場合よりも成績が低下する現象や（Inzlicht & Ben-Zeev, 2000），数学が得意な白人男性が，数学がさらに得意であるというステレオタイプがもたれているアジア人男性と比較された場合に成績が悪くなってしまう（Aronson et al., 1999）といった現象も報告されている。また，数学に関するステレオタイプだけでなく，言語や運動能力といった側面においても，ステレオタイプ脅威の影響はみられる。ステレオタイプ脅威のメカニズムは，特に難しい課題に直面した際に，問題を解けないという不安に加えて，ステレオタイプを確証してしまうのではないかという疑念が追加されることで，本来問題解決に割くべき認知要領が奪われてしまうことによって説明できる。

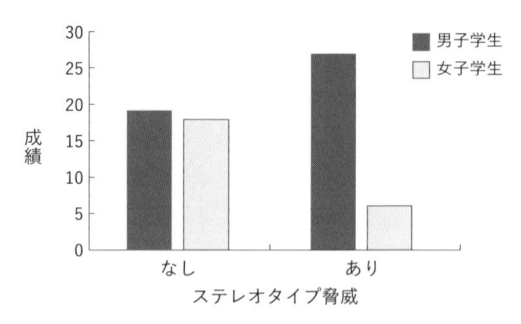

**図11‑1　ステレオタイプ脅威下における難解な数学テストの男女別成績**
（Spencer et al., 1999を参照したイメージ図）

## 4.4　システム正当化動機

　確証バイアスにみられるように，人は，自分の知識や経験の正しさを確認する傾向がある。このような自己の正当化は，自分を取り巻く社会システムに対してもみられ，**システム正当化動機**（Jost & Banaji, 1994）として知られている。人は，現在暮らしている社会のシステムが正当な機能を果たしていると考えることで，自己の存在を容認し，安心するのである。**公正世界信念**（belief in a just world：Lerner & Miller, 1979）に端を発したシステム正当化動機の研究は，社会のマクロな構造が，その社会に生きる個人の信念や動機づけといったミクロな観点から説明できる点にその特徴がある。

　興味深いことに，否定的なステレオタイプをもたれている低地位集団に属する人であっても，自分たちが暮らす社会，経済，政治のシステムは公平で正当なものだと信じ，上位の集団を肯定したりひいきしたりすることで，不均衡な状態を維持しようとする傾向がある。低地位集団の人たちによるこのような社会システムの肯定は，否定的なステレオタイプが維持される一つの原因である。地位の高い外集団を内集団よりも好むという現象は，人は内集団の価値を高めるように動機づけられているとする社会的アイデンティティ理論に基づく内集団への態度とは矛盾する。しかし，社会の現状を肯定する必要がある場合，内集団よりも優れた地位にいる外集団を同時に肯定する必要性が高まるため，低地位集団の外集団選好が生じることがある。システム正当化に関する理論は，これまでの理論では説明できなかった外集団選好の現象への説明を可能にした点で，注目される理論である。

　システム正当化動機は，いつでも，誰にでも働くわけではなく，動機を高めるいくつかの条件がある。例えば，現状の社会システムへの批判や挑戦，脅威がある場合にはシステム正当化動機が働きやすいことが知られている。また，ステレオタイプ内容

モデルで説明されるような相補的なステレオタイプの適用もシステム正当化動機を高める。ある集団が「能力は低いが親切で協力的だ」と否定的なステレオタイプに肯定的なステレオタイプが補足されて認識されることは，結果的に現状の社会構造から生じる否定的なステレオタイプの維持や正当化につながる。他にも，社会や政治のしくみが変わらないという現状が強調されると，不均衡なステレオタイプを正当化する動機づけが高まる。例えば，ローリン（Laurin, 2018）の調査によると，ドナルド・トランプ大統領の就任式直後には，1週間前と比べてアメリカ大統領選挙の正当性を支持する意見が高まっていた。驚くことに，この結果はトランプ大統領を支持する共和党員のみならず，反対する民主党員においても認められた。大統領選挙の結果が不可避で変わらないものだという現状が突きつけられると，人はたとえ満足していなかったとしても，現状を肯定するようになるのである。

　本章では，自己や他者を社会的に意味のあるカテゴリーに分類して理解しようとするしくみについて概説した。カテゴリー化は対人認知の初期の段階で自動的に行われ，カテゴリーに付随するステレオタイプの影響を受けた原因推論が行われることも指摘した。ただし，人の心は自動的な情報処理を修正する統制的な機能も備えているため，いったん活性化したステレオタイプを修正したり，その結果態度や行動を変容することは可能である。認知過程に関わるさまざまなバイアスは，理論的上は低減したり変容したりすることが可能である。とはいえ，既存の社会構造の影響を受けて形成されるステレオタイプや偏見が，個人の認知的な努力のみによって変容するわけではない。マクロな社会の構造とミクロな個人の認知の双方についての理解が必要であろう。

## コラム12 偏見は低減できるのか

　ヘイトクライムという言葉が広く知られるようになった背景には，偏見的態度がもとになった差別や排除は許されないという人々の意識がある。「あなたは差別主義者ですか？」と聞かれて「はい」と答える人は少ない。しかし，本章で明らかになったように，自動的に活性化するステレオタイプは無意識の偏見や差別行動につながる。態度や行動の変容を目指す取り組みのことを「介入」といい，心理学でも偏見や差別を低減する介入研究が実施されてきた。偏見低減の介入方法を調べた心理学研究を統合して再分析したものによると，統計学的にある程度の効果が認められている。

　偏見の低減を目指す介入研究のうち，ここ数十年で最も多く検証されてきたのが，外集団成員との交流を想像させることの効果を調べるものである。敵対する相手と実際に会うことなく，交流する場面を想像するだけでも，偏見や差別行動の低減効果があるとされている。次に多い研究は，認知や感情のトレーニングを取り入れたものである。思考の癖や感情制御の方法を学び，実践することで，偏見の表出が減るとされている。似たような方法として，集団を隔てる境界線の曖昧さに気づかせたり，外集団と内集団の共通点を見つけたりすることで，社会的カテゴリーの認知構造に変化をもたらし，外集団との友好関係を築こうとするものがある。

　このように，心理学の実証的研究を通して偏見や差別を低減する試みの効果が証明されてきた。それにもかかわらず，2024年現在もなお，国や地域間の紛争や戦争が無くならず，同じ地域社会で暮らす者どうしであっても良好な関係ばかりといえないのは，いったいなぜなのだろうか。パラック（Paluck et al., 2021）は，偏見低減を目指す心理学の実証研究についていくつかの限界点を指摘している。例えば，さまざまな条件が統制されたうえで行われる実験室実験の効果は限定的であり，実際社会においてはほとんど意味をなさないこと，偏見が無くならないまま行動だけが変容することもあること，そして「効果がない」という結論は学術論文には掲載されないことなどを指摘している。

　実験室と現実の社会には大きな乖離が存在する。実験室での大きな効果が実社会でも大きな効果となって表れるようにするためには，心理学の理論に則った，複雑で強力な介入方法の開発が求められる。研究者がそれぞれの手法や限界の詳細を共有しながら，社会変革への実装が可能な心理学的介入方法を目指す取り組みが求められている。

# 12章　態度

　本書をお読みの方の中で，「態度」という言葉をいま，生まれて初めて聞いた，という方はおそらくいないであろう。私たちは義務教育を受けていた当時から，「関心・意欲・態度」という，いずれも目に見えない「モノサシ」を使って，「意欲的に取り組んでいる」とか，「話を聴くときの態度が良い」などといった評価をされてきた。しかし，実際に「関心・意欲・態度」というものをその目で見たことがある，その手で触れたことがある，という方はいないだろう。

　このように，目に見えない不思議なものであるにもかかわらず，「関心・意欲・態度」の存在に疑問をもつ人はほとんどいない。それくらい，関心や意欲，態度といったものは，「目は見えないが，確かに存在する」と一般に思われているのであろう。

　本章では，まず態度に関する定義を紹介したうえで，態度に関する代表的な理論のうち，バランス理論と認知的不協和理論という著名な二つの理論について概説する。続いて，「態度」がどのような方法を用いて測定されるのかについて述べる。その中で，近年盛んに研究されている潜在的測定法にも触れながら，関連する諸研究を紹介する。

## 1節　態度の考え方

　**態度**（attitude）とは，オルポート（Allport, 1935）によれば「経験を通して体制化され，それが関係する全ての対象や状況に対する個人の反応に直接的・力動的な影響を及ぼす，精神的・神経的な準備状態」とされる。つまり，自分がこれまでの経験を通して身につけた，さまざまな事物に対する今後の反応・判断などに影響するもの，といえる。

　態度には「認知（cognitive）」「感情（affective）」「行動（behavioral）」という三つの成分があるとする**3成分**（three-components）**説**がある（Rosenberg & Hovland, 1960）。

認知の成分は，対象についての（特に評価を伴う）信念に関するものであり，感情の成分は，ある対象について抱く「好き・嫌い（好意・非好意）」という感情からなる。そして行動の成分は，受容−拒否，接近−回避といった動機や反応の傾向からなる（田中，1981）。例えば「投票」を例に挙げると，投票することで地域はより良いものになるという信念が認知の成分であり，投票は好ましいことであるという感情が感情の成分である。そして，積極的に投票に行く，ということが行動の成分にあたる。

オルポートに限らず，さまざまな研究者が態度をそれぞれ定義しているが，多くの定義間で共通している点として，「対象に対する接近と回避に関連した何らかの反応準備状態を指す**仮説的構成概念**（hypothetical construct）」（林，2011, p.64）ということが挙げられる。「反応準備状態」について，林（2011）は，チョコレートを頻繁に買う人の例を挙げて説明している。スーパーマーケットで買い物をするたびにチョコレートを買う人がいたとする。この場合，その人はそれ以外の場所でも，チョコレートを買うための準備状態を保ったまま生活しているとみなされる。ここでいう「準備状態」は，お金を持った状態でスーパーマーケットに入るという条件が整えば，チョコレートを買うという具体的行動を，ある確率で引き起こすことに寄与する。

また，私たちは態度がある程度行動を予測することができると知っているからこそ，自他の態度が気になるともいえる。例えば，意を決して好きな相手に告白をしようと計画したときに，相手が自分にポジティブな態度をもっている（自分のことを好きだと感じている）らしいということが事前にわかっていれば，告白の勝算は高い（相手は自分の告白を受け入れる可能性が高い）と考えられるためである。このように，態度は人の行動を一定程度予測可能な仮説的構成概念であるといえる。

しかし，私たちの態度は常に一貫しているとは限らない。それまで好きだった相手を嫌いになったり，好きな野球のチームが変わったりすることもあるだろう。次節では，態度がどのような場合に変化するかに関して，バランス理論と認知的不協和理論という，二つの代表的な理論を紹介する。

## 2節　態度に関する代表的な理論

### 2.1　バランス理論

恋人と一緒にしていた共通の趣味を，恋人と別れた後に嫌いになってしまった，という経験はないだろうか。また，同性・異性を問わず，三角関係のような状態に陥って居心地の悪さを経験し，それを解消するために（その三角関係を構成する）誰かと

の関係性を変えたことはないだろうか。このように，人はある事柄への態度や人に対する態度を常に一貫させているわけではなく，それを変えることもある。態度を変えるのは，変えたいと感じさせる動機づけがあるからこそであると思われるが，それはどのようなメカニズムだろうか。

　私たちは，たくさんの他者と交流をもちながら生活しているが，「この人のことは好き」とか「この人とはつき合いにくい」といったように，その好みはさまざまである。友好的な関係性をもつことができる人には，どのような特徴があるのだろうか。例えば，私たちは「同じ野球チームのファンである」とか「音楽の好みが似ている」など，特定の態度対象（野球チームや音楽のジャンル）に対して同じ，あるいは類似した態度をもつ他者に対して好みをもちやすい。これは態度の類似性と呼ばれ（6章参照），バーンとネルソン（Byrne & Nelson, 1965）の著名な実験がある。この実験では，他者と自分の態度が類似している「数」ではなく「割合」が，相手に対する対人魅力（好意や関心）と関連していることが示された。つまり，「似ている部分が多いものの，似ていない部分も多い（似ている部分の割合が小さい）」場合ではなく，「似ている部分が多く，似ていない部分が少ない（似ている部分の割合が大きい）」場合に，人は相手に対して魅力を感じやすいということが明らかになった。この研究を受けて日本でも研究が行われ，藤森（1980）でも同様に，自分と相手との態度の類似性が高くなるほど，相手に感じる魅力も高くなる傾向が見いだされている。

　態度が類似している他者に対して魅力を感じるという現象は，ハイダー（Heider, 1958）による**バランス理論**（balance theory）から説明することもできる。この理論では，P（person to analyse：知覚者），O（other, or the comparison person：他者），X（the third element for comparison：態度対象）という三つの記号を用いた説明がなされており，端的に言えばPは自分，Oは相手，Xは第三者や問題になっている事柄を指す。例えば，自分（P）と友人（O）との間で話題になっている事柄（X）が「共通の知人」であるとしよう。自分は共通の知人にも友人にも良い印象をもっていて（P→XとP→Oが＋），友人もその知人を好きである（O→Xも＋）場合，三者の関係はバランスが取れた状態であり，特にこの関係性を変えようという動機づけは生じないだろう。一方，友人がその知人を嫌っており，よく悪口を言うような状態（O→Xが−）を想像するとどうだろうか。友人との会話では共通の知人の話を出しにくいなど，居心地の悪さを経験することになるだろう。「何とかしてこの状況を変えたい」と感じるのではないだろうか。

　このように，バランス理論では三者の関係性を＋，−で表し，三者の関係を示す符号の積が＋であれば，三者の関係のバランスは取れている一方，符号の積が−である

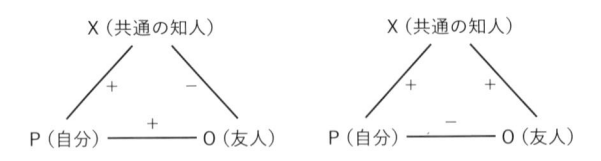

**図12-1　三者のバランスが取れていない場合**

左側のケースは，本章で説明している状況である。その他にも，右側のケースのように，自分も友人も共通の知人のことは好きだが，自分と友人の関係はよくないといった，三角関係のような場合も想定できる。

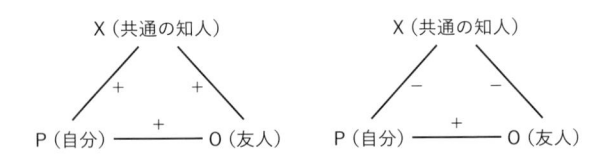

**図12-2　三者のバランスが取れている場合**

左側のケースは，友人に対して「共通の知人」を好きになってくれるよう働きかけた結果が奏功した形であり（このような働きかけを説得と呼ぶ。詳細は13章参照），右側のケースは自分が「共通の知人」を嫌いになった結果である。どちらもバランスは取れているものの，右側のケースは自分も友人も共通の知人のことを嫌いである，という状況であり，必ずしも望ましい結果とは言えないだろう。

場合，関係のバランスが取れておらず，バランスの取れた状態に戻すよう態度変容が促される。上記のようなバランスが取れていない例の場合，「1. 自分が共通の知人に対する態度をネガティブなものに変える（嫌いになる）」または「2. 自分が友人に対する態度をネガティブなものに変える（嫌いになる）」のいずれかによって，三者の関係を表す符号の積は＋となり，バランスは保たれることになる（図12-1および図12-2）。

　本節の冒頭で述べた「恋人と一緒に行っていた共通の趣味を，恋人と別れた後に嫌いになってしまった」というケースも，このバランス理論を用いた説明ができるだろう。P（自分），O（恋人），X（共通の趣味）とすると，恋人とつき合っている間は，自分は恋人にも共通の趣味にもポジティブな態度をもっており（P→O，P→Xともに＋）恋人も共通の趣味にポジティブな態度をもっていた（O→P）。しかし，恋人と別れた後（P→Oが−）では，バランスが取れていない状態になっている。この状況で自分がとり得る方法は，恋人との関係を元に戻す（P→Oを＋に戻す）か，恋人に共通の趣味を嫌いになってもらう（O→Xを−にする），などがあり得るが，恋人と別れた後にこうした働きかけを行えるかといえば，それは難しい。そこで，自分が（元）恋人との共通の趣味を嫌いになる（P→Xを−にする）ことで，再び三者のバランス

は保たれるようになる。

　こうした状況は日常において数多く想定されるが，谷口（2020）には具体的な例が紹介されており，Xを「他者」ではなく「自分自身の評価」とした場合の例も述べられている。

## 2.2　認知的不協和理論

　続いて，とても古い研究であるが，フェスティンガーら（Festinger & Carlsmith, 1959）の著名な実験を紹介する。自分が実験参加者だった場合，どのように感じるだろうかと想像しつつ読み進めてほしい。この実験では71名の男子大学生が対象となり，実験室を来訪した学生は，まず盆の上に片手で12個の糸巻きを置いたのち，それを盆から取り除くという，冗長かつ退屈な作業を30分間行った。その後，48個の四角いペグ（杭）を時計周りに4分の1ずつ回転させるという作業も30分間行った。この作業中，実験者はストップウォッチを片手に，何やらメモを取っている様子であった。

　統制群の参加者はここで実験を終了したが，実験群にあたる残りの2群の参加者は，次の実験のため来訪する予定の女子大学生に対し，この実験はとても興味深く楽しいと伝えるよう指示され，その報酬として1ドルまたは20ドルを受け取った。なお，当時の20ドルは現在の価値よりも高いことが予想できるため，学生にとっては相当な報酬であったと思われる。実験が終了した後，実験者はその学生を別室へ誘導し，別の面接者が実験に関していくつかの質問をした。具体的には，「課題は興味深く楽しいものでしたか？」「この実験は，あなた自身の能力について学ぶ機会となりましたか？」「この実験は何か重要なことを測定していたと言えますか？」「また同じような実験に参加したいと思いますか？」といった内容であった。その結果，報酬として20ドルを受け取った学生より，報酬を1ドルだけ受け取った学生のほうが，その課題を興味深く楽しかったと答えていた。

　先に述べた通り，この実験の参加者に与えられた課題は冗長かつ退屈なものである。それにもかかわらず，報酬が1ドルという割に合わない条件で参加した学生のほうが，課題を興味深く楽しいと評価したのはなぜだろうか。報酬が1ドルだった参加者は，「これだけの時間（1時間以上）をかけて実験に参加したにもかかわらず，もらえた報酬は1ドルだけだった」という一貫しない感覚に陥ったと思われる。そこで，あえて「この実験は興味深く楽しかった」と答えることで，一貫していない感覚を解消しようとしていたと解釈することができる。

　上記は実験状況の例だが，日常生活でも同様のことは多々起こる。例えば，とても

お酒が好きで，毎日大量の飲酒をする人がいると想像してほしい。「酒は百薬の長」と言われた時代は過ぎ去りつつあり，少量であれ飲酒は健康を害する可能性が高い（Wood et al., 2018）とも言われている。このことを本人は知らないわけではない。「飲酒が健康に悪影響を及ぼすことは知っている（認知）けれども，それでもお酒を飲み続ける（行動についての矛盾する認知）」という，認知（考え方）間の矛盾は，不協和と呼ばれる動機づけの状態を引き起こす（Fiske & Taylor, 2008 ／宮本ら訳, 2013）。こうした相反する認知が個人の中に共存している現象はフェスティンガー（Festinger, 1957 ／末永訳, 1965）によって**認知的不協和**（cognitive dissonance）と命名された。当然ながら，こうした認知的不協和の状態は，当人にとって心地良いものではなく，嫌悪的な覚醒の状態を引き起こす。その状態を低減しようとして，人は以下のように認知を修正していく。例えば，飲酒に対するネガティブな情報（飲酒は自身の健康を害する，お金がかかる）の数が多いので，それに打ち勝つような，飲酒のポジティブな情報（飲酒は気分転換になる，お酒の場で得られる情報もある）に注意を向けるというものである。その他にも，「飲酒が自身の健康を害するとしても，人はいつか死ぬのだから大したことはない」とか「お酒はお金がかかるとしても，他の趣味にかかるお金を減らせばよいだけだ」というように，飲酒に対するネガティブな情報の価値を下げるという方法もある。すなわち，人は認知的不協和を感じた際に，それを減じるために，自らの認知や信念を修正していくことが動機づけられると考えられる（態度変容についてはコラム 13 や 13 章も参照）。

## 3 節　態度の測定法

### 3.1　顕在的態度とその測定法

　ここまで，態度についての代表的な理論を紹介してきたが，実際に態度を測定する方法にはどのようなものがあるのだろうか。態度の測定法として伝統的かつ代表的なものの一つに，質問紙法などによる自己報告がある。例えば，大学生の主体的な学修態度を測定するために，「課されたレポートや課題を少しでもよいものに仕上げようと努力する」「授業には意欲的に取り組む」などの質問が用いられる（畑野・溝上, 2013）。こうした質問に対し，「1. あてはまらない」「2. あまりあてはまらない」「3. どちらともいえない」「4. ややあてはまる」「5. あてはまる」などの選択肢が用意され，自分の考えに最も近いものを選ぶという**リッカート尺度**（Likert scale；Likert, 1932）が用いられることが多い。実際に畑野ら（2022）では，こうして測定された主体的な

学修態度が高いほど，授業外学修時間が長く，成績および汎用的能力の獲得感が高いなどの結果が示されており，態度が実際の行動や成果と関連することがわかる。

リッカート尺度の他にも，**セマンティック・ディファレンシャル法**（**SD法**：Semantic Differential method）と呼ばれる，反対の意味をもつ形容詞を両極に置き，複数の尺度の対に，対象がどれくらい当てはまるかを5段階や7段階で評価するよう求める方法もある（三浦，2021）。加えて，感情温度計などと呼ばれる，対象への親しさの程度や怒りの程度などを0 ～ 100の範囲で測定する**Visual Analog Scale**（**VAS**）という方法もある。例えば，河野・中村（2021）では，態度対象となる集団を対象に，最も温かい気持ちを100，ニュートラルを50，最も冷たい気持ちを0として親しさの感情を測定している。リッカート尺度，SD法，VASについて，そのイメージをそれぞれ図12-3，図12-4，図12-5に示す。

社会心理学的な研究として，黒人への態度を対象としたドビディオら（Dovidio et al., 1997, 実験3）を例に挙げる。この研究では，白人の実験参加者33名に対して，事前に自己報告式の尺度であるModern Racism ScaleおよびOld-Fashioned Racism Scale（McConahay, 1986）を用いて黒人への態度を測定し，その後で白人および黒人の実験者とそれぞれやり取りをするという実験が行われた。分析の結果，黒人への態度がネガティブな参加者は，白人の実験者よりも黒人の実験者に対して，より「（この実験者は）好意的でない」というネガティブな評価を報告しており，この点は当初の予測を支持するものであった。ただし，黒人へのネガティブな態度は，やり取りの中の参加者のまばたきなどの非言語的な行動とは関連がみられなかった。

日常生活の中で，内心はイライラしているが，それを努めて抑えようとしているときに「イライラしていない？」と問われれば，その際の回答は当然ながら「していない」ということになるだろう。しかし，家族や友人など親しい人から「イライラしているのが顔に出ている」などと指摘されたことはないだろうか。あるいは，「とても嬉しそうにしているね」というように人から言われて初めて「自分はそう感じていたのかもしれない」と気づいたような経験はないだろうか。近年は認知心理学や社会心理学の領域を中心に，自らも気づいていないような「潜在的（implicit）」な態度の測定や，潜在的な態度が予測する対象についての研究が進んでいる。この背景には，質問紙などのいわば「顕在的（explicit）」な測定は，回答者の内省を経るものであるため，社会的な望ましさ[1]の影響を受けて回答が歪曲されやすく，内心の正確な測定になっていないという指摘があることや，そもそも人が自分自身の内的過程を正しく報告で

---

[1]　人は他者に対して自分をよく見せようとする傾向があり，「こうあるべき」という規範に反する行動はなるべくしないか，少なくともそれに反した行動をしていないようなふりをする（三浦，2017）。

以下の項目のそれぞれについて，あなたの考え方に最も近い数字に一つ○をつけてください。

| | あてはまらない | あまりあてはまらない | どちらともいえない | ややあてはまる | あてはまる |
|---|---|---|---|---|---|
| 1. 投票することは好ましいことだと思う | 1 | 2 | 3 | 4 | 5 |
| 2. 投票することで，世の中は良くなると思う | 1 | 2 | 3 | 4 | 5 |
| 3. 投票には積極的に行くようにしている | 1 | 2 | 3 | 4 | 5 |

図12-3　リッカート尺度のイメージ

以下に，部活動についての考え方が並んでいます。あなたの考えに最も近い数字に一つ○をつけてください。

| 陽気な | -2 | -1 | 0 | +1 | +2 | 陰気な |
|---|---|---|---|---|---|---|
| 明るい | -2 | -1 | 0 | +1 | +2 | 暗い |
| 面白い | -2 | -1 | 0 | +1 | +2 | つまらない |

図12-4　SD法のイメージ

あなたの今の「やる気」を表すとしたら，どの程度ですか？全くやる気がない状態を「0」高くも低くもない状態を「50」，やる気に満ち溢れている状態を「100」として，あてはまる箇所にスライダーを動かして回答してください。

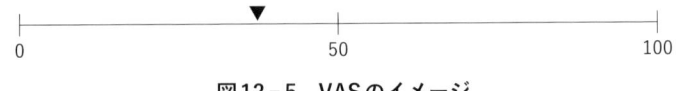

0　　　　　　　　　　50　　　　　　　　　100

図12-5　VASのイメージ

図のようにコンピュータを用いて回答する場合もあり，その場合はスライダー（▼）をドラッグして動かすなどの操作を行って回答する。紙とペンを用いて回答する場合は，任意の長さ（例：10cm）の数直線を提示し，あてはまる箇所に線を引いてもらい，そこまでの距離を測定して態度の指標とするなどの方法がある。

きるのかについて疑問が呈されてきたことが挙げられる（北村, 2020）。ニスベットとウィルソン（Nisbett & Wilson, 1977）は，人間は評価・判断・推論を含むような高次の心的過程が自身の中で生じていること自体を，直接的には意識できないとしており，下條（2008）も，「内省すれば全てがわかる，つまり心は全面的に明証的（explicit）であるというのは，相当怪しい前提（pp.153-154）」であると述べている。

## 3.2　潜在的態度とその測定法

　**潜在的態度**（implicit attitude）は，「対象に関わりを有する過去経験の痕跡であり，内観によって同定できない（または，正確に同定することはできない）痕跡（Greenwald & Banaji, 1995; 潮村, 2016）」と定義される。すなわち，自分でも気づくことができない（あるいは気づくことが難しい）態度であるといえる。この潜在的態度の測定法の一つに，グリーンワルドら（Greenwald et al., 1998）による**Implicit Association Test**（**IAT**：本邦では潜在連合テストと訳されることが多い）があり，以下にその概要を述べる。なお，IATは態度測定のみに用いられるのではなく，自尊心（Greenwald & Farnham, 2000）やBig Five（Back et al., 2009）など，パーソナリティの測定にも広く使用されている。

　IATは主にパソコンを用いて実施されることが多く，画面上に連続して現れる刺激（単語や画像，写真など）の分類課題に要した反応時間を指標として，特定の概念間の結びつきの強さ（連合）を測定するテストである。その説明のために，以下のルールの下で行う思考実験を想像してほしい。

　今，あなたの目の前にトランプの山がある。山の一番上にあるカードを1枚めくり，そのマーク（ダイヤ，スペードなど）に応じて，左右のどちらかに分類していくという作業を行うとする。このとき，以下に示すルール1の下では，分類は比較的簡単な課題と考えられる。
ルール1：「一方にはハートとダイヤを，もう一方にはクラブとスペードを分類する」
　もう一つの課題では，以下のようなルールに変わる。
ルール2：「一方にハートとスペードを，もう一方にはダイヤとクラブを分類する」

**図12‐6　カードを分類する際の二つのルール**

左側はルール1，右側はルール2をそれぞれ示す。

　ルール1と2を図示すると，図12-6のようになる。実際に自身で分類することを考えると，左側のほうが，右側に比して容易に感じられるのではないだろうか。

　このように，4種類のマークを2種類ずつ分けるという課題において感じる困難さの相違は，マークの色（赤色と黒色）によって，ハートとダイヤ（クラブとスペード）がそれぞれ強く結びついているためであると考えられる。赤色（黒色）という共通点をもつハートとダイヤ（クラブとスペード）を同じ側に置く場合，ハートとスペード（クラブとダイヤ）を同じ側に置く場合よりも，分類が容易になる人が多い。

　IATはこの原理に基づいており，より具体的な例を述べる。例えば，人種（白人-黒人）への潜在的な態度を測定する際は，カテゴリー次元（黒人-白人）と属性次元（快い-不快な）に関連する刺激（白人の画像，黒人の画像，肯定的な言葉，否定的な言葉）について，対応するキーを押してグループ分けを行う。具体的には，左側に表示されているカテゴリーや属性次元に関する刺激が呈示された際は，キーボードの左側にあるキー（例：「E」キー）を，右側に表示されているカテゴリーや属性次元に関する刺激語が呈示された際は，キーボードの右側にあるキー（例：「I」キー）をそれぞれ押すことで刺激語を分類することが求められる。刺激を左右どちらに分類するかの判断に際して，事前に練習試行をし，各々の刺激がどのカテゴリーや属性に分類される語かを確認したうえで，後述する組み合わせ課題を行う。例えば，図12-7の左側のカテゴリーと属性の組み合わせ課題を行う場合，「白人の画像」や「肯定的な言葉（愛など）」などの刺激は左へ，「黒人の画像」や「否定的な言葉（貧困など）」な

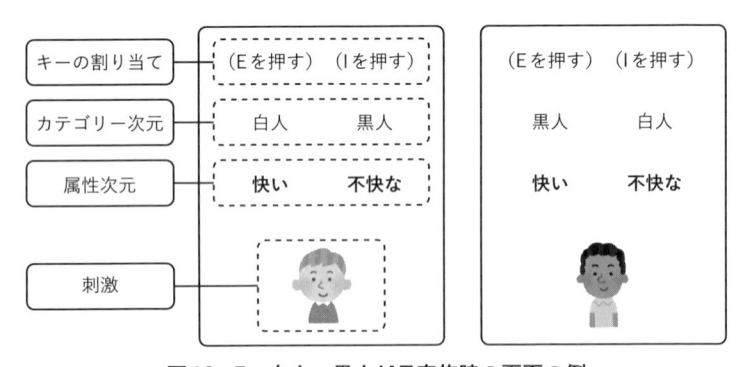

**図12-7　白人-黒人IAT実施時の画面の例**

「白人」と「快い」（「黒人」と「不快な」）が縦に並んだ組み合わせ課題と，「黒人」と「快い」（「白人」と「不快な」）が縦に並んだ組み合わせ課題の両者を行い，平均反応時間が速い組み合わせの連合が強いと判断される。この例では，左側の組み合わせ課題のほうにより素早く反応（例えば「白人の画像」や「愛」「平和」などの単語を「E」のキーを押すことで「白人・快い」の次元に分類）できるほど，「白人」と「快い」の連合が「黒人」と「快い」の連合よりも強く，潜在的に白人へのポジティブな態度を持つと判断される。

どの刺激は右へ，それぞれE，Iキーを押して分類することになる。

　一つのIATを実施するのに要する時間は，長くても10分程度である。その中で，カテゴリー次元と属性次元が組み合わせられた試行を2種類（うち1種類は組み合わせが逆のものを）行い，反応時間が短い組み合わせ課題のほうが，上下で対になっているカテゴリーと属性の連合が強いと解釈される[2]。

　IATを用いて潜在的な態度を測定した試みの一つに，マコーネルら（McConnell & Leibold, 2001）による研究がある。この研究では，白人の大学生42名が参加者となり，最初に顕在的・潜在的な人種への態度が質問紙とIATを用いて測定された。その後，参加者は白人・黒人それぞれの実験者とやり取り（実験者による質問と，それに対する参加者の回答）を行った。その際の様子はビデオカメラで撮影されており，実験終了後に参加者の発話時間や笑顔，言い間違いなどの行動指標がコーディングされた。顕在的・潜在的な人種への態度と，これらの行動指標の相関関係を調べたところ，参加者の潜在的な人種への態度が（白人に対して）ポジティブであるほど，白人の実験者に対する発話時間が長く，笑顔が多く，社交的な発言が多く，言い間違いや発話のためらいが少なかった。実は，先に挙げたドビディオら（Dovidio et al., 1997）の研究でも，人種への態度の潜在的測定（プライミング法）は行われており，黒人に対する態度がネガティブである参加者は，黒人の実験者とはアイコンタクトが少ない，やり取りの中のまばたきが多くなるなど，不安や緊張を示す行動が増えることが示されている。

### 3.3　潜在的態度は「真の」態度なのか

　このように述べてくると，IATなどの潜在的測定法はいわば「真の」態度を測っているような印象をもたれるかもしれない。しかし，IATと自己報告が予測に長ける（つまり，関連が強い）領域はそれぞれ異なることが示唆されており，これに関連してグリーンワルドら（Greenwald et al., 2009）は，顕在的・潜在的測度とさまざまな従属変数（結果）との関連について，複数の研究結果を統合して再分析するメタ分析を行った結果を報告している。そこでは，人種への態度を独立変数とする場合，顕在的測度の予測力の平均値は$r=.118$（±.108）であった一方，潜在的測度の予測力の平均値は$r=.236$（±.062）となり，潜在的測度の予測力のほうが高かった（この$r$は，二つの事柄の関連の強さを示す値であり，0であれば関連はなく，1に近いほど関連が強いことを示す）。その一方で，パーソナリティを独立変数とする場合，顕在的測度の

---

[2]　IATの詳しいしくみや得点化の方法については，潮村（2016）やグリーンワルドら（Greenwald et al., 2003）を参照されたい。

予測力の平均値は $r = .353$ （±.105）であり，潜在的測度の平均値は $r = .277$ （±.064）と報告されており，パーソナリティについては顕在的測度のほうが従属変数をよく予測できているといえる。したがって，顕在的・潜在的測度のいずれかが「真の」ものを測っているかという議論は賢明ではないだろう（Nosek et al., 2007）。こうした測度は，個人の偏見の程度を決めつけて断罪するためではなく，偏見を減じる要因の有効性を査定するための測定という目的がある（北村・大坪, 2012）。

　本章では，態度に関する諸理論や態度の測定法について概説するとともに，いくつかの研究例を紹介してきた。これらの理論は，私たちがもっている態度は必ずしも常時一貫しているわけではなく，態度対象との関係性のバランスが取れていない場合や，自身の中に矛盾した認知が存在する際に，態度を変えるという動機づけが生じることを示している。そして，3節では，近年は自己報告による顕在的測定法のみならず，潜在的測定法も多く用いられていることを述べた。特に本章で多く紙幅を割いたIATは，他の潜在的測度（プライミング法など）と比べれば再検査信頼性は高いものであるが（Bosson et al., 2000; Lane et al., 2007），自己報告式の尺度と比べれば低いと言わざるを得ない。こうした特徴に留意しながら，その予測対象や規定因について検討を進めたり，顕在的・潜在的態度の組み合わせによる効果を検討したりすることによって，新たな知見の蓄積や理論の発展が期待できるだろう。

---

[3]　同じ質問項目，あるいはそのセットに対して，一定の期間をおいて2回の回答を求めた際，1回目と2回目の関係の強さを表す指標である。値は−1から+1の範囲をとり，具体的にどの程度の値をとればよいという明確な基準はないものの，$r = .50$ を下回ると，不十分と評価する研究者が多いことが示唆されている（小塩, 2016）。

## コラム13　潜在的な態度は変わり得るか？

　本章で扱った内容の一つに「潜在的な態度」がある。コラムでは，この潜在的態度は変わり得るのか，すなわち潜在的態度の変容可能性について述べる。

　尾崎（2006）は，40名の大学生を対象に，図形（楕円，四角）に対する潜在的・顕在的態度の変容可能性を検討した。まず，参加者の図形への潜在的・顕在的態度を，IATと自己報告（SD法）を用いてそれぞれ尋ねた。続いて，机上に置かれた楕円もしくは四角が描いてあるカードの束を，参加者に上から一枚ずつめくってもらい，カードにあらかじめ指定された図形（楕円または四角）が描かれていれば自分の近くに移動させ，それ以外の図形が描かれていれば遠くに移動させる「評価条件づけ」と呼ばれる課題を行った。続いて，改めて潜在的・顕在的測度を用いて，参加者の図形への態度を測定したところ，楕円への潜在的な態度がポジティブに変容していた。その一方で，四角への潜在的な態度は変容がみられなかったほか，顕在的な態度については楕円・四角ともに変容はみられなかった。つまり，特定の態度対象について，自分に近づけたり（接近），遠ざけたり（回避）することで，潜在的態度が変容する可能性を示している。

　加えて，稲垣（2017）は，多様性教育を通して韓国への潜在的態度の変容可能性を検討している。この研究では，韓国の文化について紹介する講義を1週に1度，計3度にわたり受講した大学生18名を対象に調査を行った。講義の中では韓国の基礎的情報・韓国の衣食住や教育事情，社会事情などが扱われた。そして，受講前と受講後にそれぞれ潜在的測度（紙筆版IAT；潮村，2015）・顕在的測度（質問紙）を用いて韓国への潜在的・顕在的態度を測定した。その結果，顕在的態度はポジティブな方向への変容がみられたが，潜在的態度には変容はみられなかった。

　潜在的態度の変容について，これらの研究は，どのようなことを示唆するのだろうか。尾崎（2006）は，カードの操作前のIAT課題において，楕円より四角の好みが低かったことを挙げ，もともとの態度がネガティブな対象に対しては，潜在的態度も変容しにくいのではないかと考察している。稲垣（2017）でも，多様性教育を受講する前の参加者のIAT得点の平均値はニュートラル（0）から有意にネガティブな方向に離れており，韓国に対するネガティブな潜在的態度が観察されていたことは，この考えを支持するように思われる。潜在的態度の変容を目指すときに，参加者のもともとの態度がネガティブである場合には，より長期にわたる介入が必要なのかもしれない。

# 13章　説得

　私たちは他者に何かを伝えるためにさまざまな形でコミュニケーションをとるが，単に情報を伝えるだけでなく，その情報によって相手の考えや振る舞いを変えようと働きかけることがある。その中でも，主に言語的な手段で行われ，相手の自由意思を尊重しつつも，自分の意図する方向に相手の態度や行動を変化させようとする働きかけを**説得**（persuasion）と呼ぶ（深田, 2002; 今井, 2006; 榊, 2002）。

　本章では，これまでの研究で明らかになった説得のさまざまな側面について，まず説得する側（送り手）の視点から説明する。具体的には，説得の送り手や説得メッセージがどのような特徴をもつときに態度変化を生じさせやすいかという観点で解説する。次に，説得を受ける側（受け手）の視点に立ち，受け手が説得メッセージをどのように処理すると，態度変化が生じるのかを示すモデルを紹介する。その中で，説得メッセージの処理に影響を与える個人や環境のさまざまな特徴についても触れる。

## 1 節　社会的場面でみられるさまざまな形の説得

　社会心理学における説得研究のルーツは，第二次世界大戦時のプロパガンダ（大衆説得）研究にあり，1940年代にアメリカ・イェール大学の研究者たち（**シカゴ学派**と呼ばれる）が発表した数多くの研究がそのはじまりとされる。そこから現在に至るまで，古典的な知見が新しい研究結果によって少しずつアップデートされるとともに，当初は注目されていなかったさまざまな側面についての検証も進んでおり，それらの知見を統合することが目指されている。

　説得によって生じる態度変化には，説得により以前の態度とは反対の立場をとるようになる態度変化だけでなく，もともと特定の態度をもっていなかった対象に対して新たに態度を抱くようになる態度形成や，もともとの態度をより強めたり，極端な方向に変化させたりする態度の極化も含まれる。日常生活における知り合いどうしの

ちょっとしたお願いから始まり，生活のあちこちで目にする広告や選挙運動，ビジネスにおける営業，多国間交渉など，説得に分類される営みは多岐にわたる。説得の成否を分けるものが何であるかは，多くの人々が興味をもつテーマだろう。

　説得に関する研究は実用的にも役立てられており，消費者行動を理解する際には不可欠であるほか，詐欺やマインドコントロール，インターネット上の誤情報の氾濫といった現代社会の問題への対応を考えるうえでも参考となる話題が多い。コラム14では，説得の悪用から身を守る方法についての研究も紹介する。

## 2節　どうすれば説得できるのか ── 説得しやすさを左右する要因

### 2.1　誰が説得するか

　効果的な説得の場では，誰がその説得を行っているか，つまり説得の送り手の特徴に注目が集まりやすい。多くの研究で，説得力を高めるために重要な送り手のさまざまな特徴が明らかにされてきた。送り手の特徴は直接的に説得力を左右する効果があるほか，時間の経過，期待される内容，受け手の事前の態度などによって，その影響の仕方が変わる場合もあることがわかっている。

#### ●情報源泉の特徴

　説得に影響を与える送り手の特徴として古典的な研究で注目されたのは，送り手の専門性（その分野について専門知識をもっているかどうか）と誠実性（自分の利益のために嘘をついていないかどうか）である。シカゴ学派の代表的な研究者であるホヴランド（Hovland, C. I.）は，これら二つの特徴をまとめて**情報源泉の信憑性**（source credibility）と呼び，信憑性の高い情報源泉による説得は，低い情報源泉よりも態度変化を引き起こしやすいことを実験で示した（Hovland & Weiss, 1951）。

　専門性や誠実性だけでなく，送り手の**魅力**（好感をもたれる特徴を備えていること）も説得の成功に大きく貢献する。魅力を高める要因には，外見の良さやメディアに登場する有名人であること（セレブリティ）などがあるが，対人魅力に関する知見（6章参照）を考慮すれば，パーソナリティ特性や，送り手と受け手の共通点なども魅力を高めると考えられる。また，送り手が何らかの勢力（1章参照）をもっていたり，多数派であったりする場合も，受け手の態度変化が生じやすい。

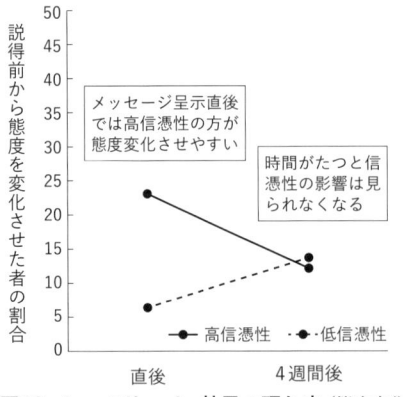

**図13-1a　スリーパー効果の現れ方（態度変化）**
（Hovland & Weiss, 1951 をもとに作成）

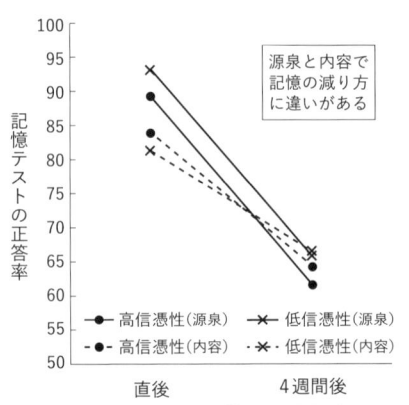

**図13-1b　スリーパー効果の現れ方（記憶）**
（Hovland & Weiss, 1951 をもとに作成）

## ●スリーパー効果

　ホヴランドらの研究（Hovland & Weiss, 1951）では，情報源泉の信憑性が高いほうが受け手の態度を変えやすいことが示されたが，4週間後に再度参加者の態度を測定した結果，その影響力が時間とともに小さくなることも同じ研究で示されている。この現象は**スリーパー効果**（sleeper effect）と呼ばれる（図13-1a）。スリーパー効果の原因は，情報源泉の信憑性に関する情報と説得メッセージの内容情報が別々に記憶されていることにある。説得メッセージが提示された直後はこれらの情報は強く結びついているが，その結びつきが時間経過で薄れたり，それぞれのインパクトが異なる速度で減少することで，スリーパー効果が生じると考えられている（図13-1b）。

## 2.2　何を説得メッセージに込めるか

　説得メッセージの基本的な構成は，主張とその正しさを示す根拠（論拠）の組み合わせである。受け手が主張内容を理解し，その根拠に納得すれば，その主張に同意したり，主張に含まれるものや事柄（態度対象）をポジティブに評価したりする形で態度変化が生じる。この説得メッセージの見せ方次第でも，説得の効果に違いが生じる。

## ●一面呈示と両面呈示

　誰かを説得したいときには，自分の主張だけをアピールし，相手にそれ以外の立場の意見について考える余裕を与えないほうが良いのだろうか。それともさまざまな立場に触れたうえで，自分の主張の正しさを伝えたほうが良いのだろうか。ある立場か

| 有効性が示されているので，ワクチンを接種すべきである。 | 有効性が示されているので，ワクチンを接種すべきである。しかし，副反応が生じるということも知られている。 | 有効性が示されているので，ワクチンを接種すべきである。副反応が生じるということも知られているが，重篤な副反応はまれである。 |
|---|---|---|
| 一面呈示 | 両面呈示（反駁なし） | 両面呈示（反駁あり） |

**図13-2　一面呈示と両面呈示（反駁あり・なし）の例**（Okuno et al., 2022の手続きを参考に作成）

らの主張に加え，その反対の立場からの主張にも言及する**両面呈示**のメッセージ（two-sided message）の説得と，特定の立場のみに言及する一面呈示の説得との比較研究では，概して両面呈示のほうが一面呈示よりも態度変化を引き起こしやすいことが明らかになっている。

　両面呈示が一面呈示より効果的な理由として，両面呈示が説得テーマの複雑さを示すとともに，その中で送り手の主張を際立たせることで，その説得力を高める方向に働くことが挙げられる。さらに，両面呈示は送り手の信憑性を高める効果をもつ。自分が支持する立場以外の考え方にも触れることは，送り手が誠実で公平であることを示すだけでなく，その問題に詳しい，すなわち高い専門性をもつことを意味するからである（Allen, 1991）。

　初期の研究では，教育レベルが高い人には両面呈示，低い人には一面呈示が有効であることが示された（Hovland et al., 1949）。しかし，その後の研究で，両面呈示と一面呈示のどちらが効果的かは，両面呈示のメッセージに反駁情報が含まれるかどうかで異なることが明らかになった（O'Keefe, 1999）。**反駁**（refutation）とは，主張の弱点を指摘して，その主張を論破しようとする試みである（図13-2）。両面呈示が一面呈示よりも態度変化を引き起こすのはこの反駁が含まれている場合のみであり，反駁を含まない両面呈示，つまり自分と相手の立場に触れるだけのメッセージは，一面呈示よりも態度への影響が小さかった。

### ●ポジティブ感情

　人はポジティブな感情を抱いた対象には接近し，ネガティブな感情を抱いた対象からは距離を置く傾向がある。そのため，直観的には，説得メッセージに対してポジティブ感情が高まれば，そのメッセージを受け入れやすくなるように思える。実際にはどうだろうか。

　ユーモラスなメッセージを見ると，私たちは楽しい気持ちになる。**ユーモア**と説得の関係を調べた研究をまとめた論文（牧野, 2005）によれば，説得に含まれるユーモ

アは受け手のポジティブ感情を高めるほか，送り手の親しみやすさや魅力を高める方向にも働く。しかし，ユーモアが態度変化を直接的に促進することを示す研究はあまりなく，事前態度やメッセージとの関連性，受け手のユーモア感受性などによって影響の仕方は異なっている（牧野，2005）。

　一方，メッセージの内容ではなく，その読みやすさや理解しやすさ，つまりメッセージ処理のしやすさが説得を促進することがある。これには**誤帰属**（misattribution）と呼ばれる心のしくみが関わっている。メッセージ処理のしやすさは，**知覚的流暢性**と呼ばれるポジティブな主観的感覚を高める（Schwarz, 2012）。この感覚が説得メッセージの内容の妥当性からきていると誤って認識されることで，態度変化が生じる。説得メッセージの反復による**単純接触効果**（6章参照）もこの誤帰属によって説明できる。

　ただし，ポジティブな感情の影響の仕方は，単純に対象をポジティブに見せるだけではない。感情が説得メッセージに触れたことで生じたものか，説得メッセージとは無関係に生じたものかによっても異なる（原，2005）。特に，源泉が曖昧な弱い感情状態（ムード）の影響の仕方は複雑で，説得メッセージをポジティブに感じさせるだけでなく，関連記憶を再生させる際の方向づけや，情報処理の方法に影響を与えるなど，さまざまな形がある（Forgas, 1995）。

## ●恐怖アピール

　広告など多くの説得メッセージは相手を不快にさせないよう工夫されているが，あえて受け手にネガティブな感情を引き起こすメッセージで説得を試みる手法もある。その一つが，**恐怖コミュニケーション**（恐怖アピール）と呼ばれる手法で，受け手の恐怖感情を利用する（Janis & Feshbach, 1953）。恐怖コミュニケーションでは，メッセージ内で脅威の存在を指摘して受け手の恐怖感情を高めた後，その脅威への対処行動を提案し，その対処行動を受け入れやすくする。例えば薬のCMでは，出演者が痛みや辛さに苦しむ場面を描いて視聴者の恐怖感情を高めた後，薬を使って回復する場面を見せることで，その薬の有効性をアピールする。

　恐怖コミュニケーションのプロセスを説明する理論に，**防護動機理論**（Rogers, 1983）がある。この理論では，説得メッセージの脅威評価と対処評価に基づいて防護動機が喚起されると，対処行動が生じる（図13-3）。脅威の深刻さや発生可能性がその脅威を放置するメリット（報酬）を上回る場合や，対処行動が効果的であり，自分でも実施可能であると判断される場合に防護動機が高まり，説得が受け入れられやすくなる。例えば，仕事を休んで病院に行くのが面倒で片頭痛を放置している人に受診

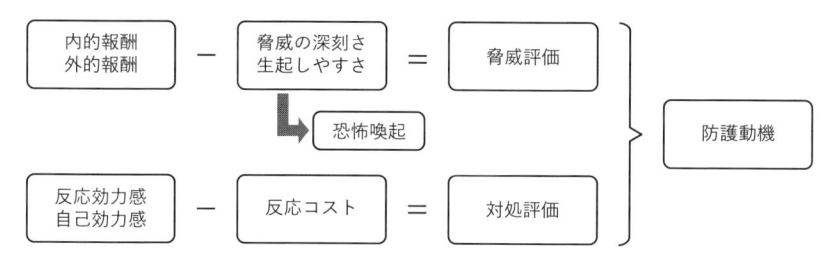

**図13-3　防護動機理論における認知的媒介プロセス**（Rogers, 1983より一部抜粋）

を勧める際には，片頭痛が命に関わる病気の前兆となり得ることや，近所に土日も診療している専門病院があることを伝えることが効果的である。

●**物語説得**

　主張と根拠の組み合わせの形を離れて，物語の中に説得メッセージを巧妙に入れ込む形の説得もある。物語を呈示することで，その中で仄めかされる主張に合致する方向に態度変化を生じさせようとする試みは，**物語説得**（narrative persuasion）と呼ばれる（Green & Brock, 2000）。物語説得には，物語内に登場する具体的なものやブランドに対する態度をポジティブにするものや，より抽象的な態度や価値観に働きかけるものなど，さまざまな形がある（Billandzic & Busselle, 2013）。

　物語説得の成否を分ける要因の一つが，物語にどれだけ没頭できるかという**物語移入**（narrative transportation）である（Green & Brock, 2002）。物語移入が生じると，物語の内容に対して疑念を抱いたり，送り手の説得意図を見抜いたり，説得内容に反論したりすることが難しくなり，態度変化が生じやすくなる。近年の研究では，物語内で生じる感情も態度変化を促進する方向に働くことが示されており（Nabi & Green, 2015），こうした感情の要素も含めた包括的なモデル化が期待されている。

## 2.3　説得への抵抗

　これまで，説得力を高めるアプローチの特徴について説明してきたが，説得にこれらの要素を組み込んだからといって，必ずしも態度変化が起きるわけではない。送り手に対して疑いをもったり，主張に批判的な目を向けたり，現状に固執して「今のままでいい」と説得をまったく受け入れない場合もある。このような現象は**説得への抵抗**と呼ばれる。抵抗が起きると説得が逆効果になり，態度が硬化したり，説得メッセージとは逆方向に変わったりする（今城, 2005; Knowles & Linn, 2004）。

### ●心理的リアクタンス

　説得への抵抗の心理的基盤となる動機づけの一つに，**心理的リアクタンス**（psychological reactance）がある。人は「自分の選択や行動の自由は自分にある」という信念をもっている。他者からの説得はこの信念に対する外部からの脅威とみなされ，説得に従うことは意思決定や行動の自由の放棄を意味するとも感じられうる。こうした場合には，受け手に強い抵抗感が生じて，自由を取り戻すような動機づけが高まる。これが心理的リアクタンスである。リアクタンスが起こると，受け手は態度変化を拒むだけでなく，送り手の主張とは逆方向に態度を変えることもある（これをブーメラン効果とも呼ぶ）。また，送り手に対する敵意や禁止された立場に対する魅力を高めたりすることもある（今城, 2005; Rains, 2013）。

　心理的リアクタンスが生じやすい状況には，いくつかの特徴がある。説得メッセージに「他のことを信じてはいけない」や「この話に従う以外の選択肢はない」といった強い表現が含まれている場合や，「この人は自分を説得しようとしている」と相手の説得意図を強く感じた場合にリアクタンスが起こりやすい（Worchel & Brehm, 1970）。強い表現だけでなく，事前の警告もリアクタンスを引き起こしやすい（深田, 2005）。また，受け手がもともともっている態度に対する確信度や，説得内容との一致の程度も影響を与える（今城, 2005）。近年では，それまで仮説的構成概念として扱われてきた心理的リアクタンスを，反論（認知的反応）と怒り（情動的反応）の合成物として理解するモデルが提唱されている（Dillard & Shen, 2005; Rains, 2013）。

## 3節　説得されるとどうなるか
### ── 説得メッセージの処理に影響する要因

　次に，説得の受け手に焦点を当ててみよう。送り手が工夫を凝らした説得メッセージを，受け手はどのように捉えるのだろうか。初期の研究では，説得の効きやすさに関連する受け手の個人差が研究された。そうした研究では，受け手は送り手の一方的な説得に翻弄される，受動的で弱い存在として位置づけられていた。しかしその後の研究では，受け手は送り手に操られるだけではなく，積極的に説得メッセージに向き合い，自ら態度を変化させる（あるいは変化させない）主体的な存在であることが示されるようになった。ここからは説得の受け手に注目し，受け手が説得メッセージを受け取ってから態度変化が起こるまでのプロセス全体を説明するモデルを紹介するほか，説得にさまざまな形で関わる受け手の個人差についても触れる。

## 3.1　メッセージ学習理論

　初期のシカゴ学派の研究では，説得による態度変化を，受け手が説得メッセージを学習する過程として捉える**メッセージ学習理論（学習モデル）**が提唱された（Hovland et al., 1953）。そこでは，説得が成立するには，受け手がメッセージに注意を向け，その内容を理解し，受け入れる必要があるとされた。そして，説得の構成要因を源泉（送り手），メッセージ，聴衆（受け手）に分け，それぞれで説得に効果をもつ特徴を明らかにする研究が盛んに行われた（図13-4）。前節で説明した説得のしやすさに影響する要因は，このモデルの独立変数に相当する。各構成要因は細分化され，説得を入力と出力の組み合わせから理解する**コミュニケーション・説得マトリックスモデル**（McGuire, 1985）で後に整理された。しかし，実際の説得場面においては，各要因が単独で効果をもつとは限らず，要因どうしの複雑な関係を考慮しなければならないことも明らかになった（深田, 2005a）。

## 3.2　精緻化見込みモデル

　1980年代になると，説得の結果だけでなく，説得メッセージがどのように理解されるのか，どのような思考が態度変化につながるのかという，情報処理のプロセスに焦点を当てた研究が行われるようになった。この時期には，説得メッセージの処理が二つの主要なパターンに分かれることを示すモデルが提唱された。それが**精緻化見込みモデル**（elaboration likelihood model; Petty & Cacioppo, 1986）やヒューリスティック・システマティックモデル（Chaiken, 1980）である。両モデルとも，説得メッセージの処理方法を，さまざまな手がかりを考慮してしっかり検討する方法と，少ない手がかりにのみ注目して短時間で判断する方法に分けている。ここでは特に精

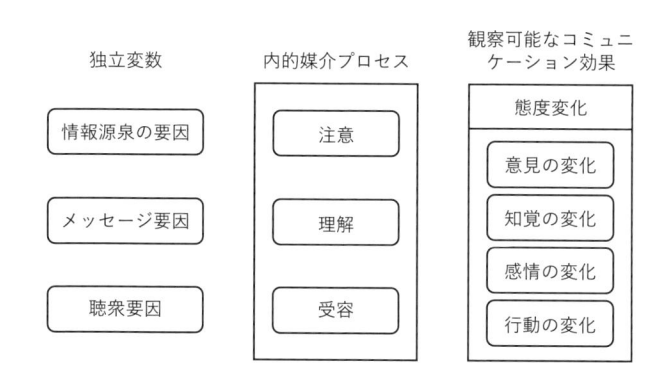

**図13-4　シカゴ学派の学習モデル**（Stone & Lukaszewski, 2009）

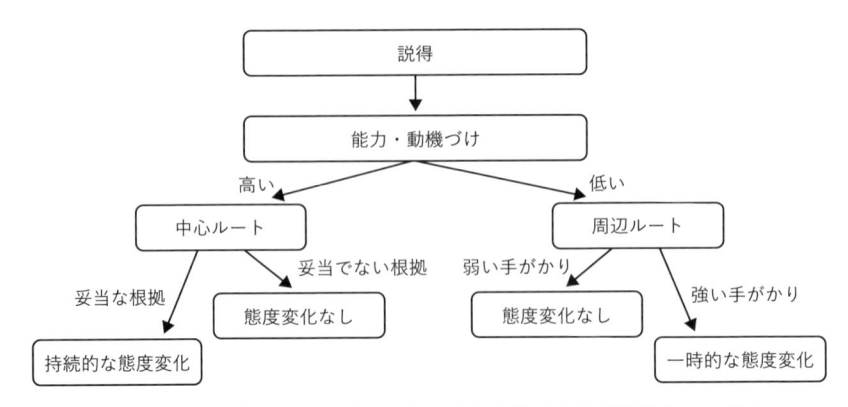

**図13-5　精緻化見込みモデルで想定される説得から態度変化への流れ**

緻化見込みモデルに注目し，通販サイトで洋服を購入する場面を例に挙げながら説明する。

　精緻化見込みモデルでは，さまざまな情報を考慮する処理プロセスを**中心ルート**（中心的処理）と呼び，説得内容に高い関心があったり，よく考えることができたりする場合にこのプロセスが生じるとしている。中心ルートの処理では，主張の根拠となる情報を集め，それらが論理的に考えて問題ないかを時間をかけて念入りに検討する。そして，主張が妥当であると判断された場合のみ，態度が変化する。例えば，ファッションに高い関心をもつ人が洋服を購入する際は，洋服の色や形，素材，手持ちの服との組み合わせなどさまざまな要因を考慮して，その服を買うかどうかを決めるだろう。

　一方で，少ない手がかりに注目する処理プロセスは**周辺ルート**（周辺的処理）と呼ばれる。周辺ルートでは，送り手の信憑性や根拠の数など，すぐに確認できる手がかりが態度変化の決定要因となる。ファッションへの関心が低い人が洋服を購入するときは，価格などのわかりやすい手がかりにだけ注目して，短時間で買うかどうかを決めるだろう。

　どちらのルートで情報処理が行われるかは，受け手が説得メッセージを処理しようとする動機づけの高さや，情報処理の能力によって決まる。動機づけや処理の能力が十分に高い場合は中心ルートが生じ，時間と労力を費やした丁寧な処理が行われる。一方，動機づけや能力が低い場合には，周辺ルートの処理が行われやすい。周辺ルートは手間や時間がかからないため日常生活でよく使われるが，中心ルートで変化した態度のほうが持続的で，反論にも強い（図13-5）。価格だけを理由に購入した洋服は，

結局お気に入りのものにはならず，タンスの奥にしまわれる可能性が高いのではないだろうか。

## 3.3　受け手の個人差と二過程理論の関係

　最後に，受け手の個人差と説得の関係についても触れる。初期の研究（McGuire, 1968）では，説得の成否を決める要因として受け手の知能や**自尊心**（14章参照）が挙げられていた。知能や自尊心のレベルが低い受け手は，説得メッセージに集中できず内容を十分に理解できないため，説得効果が出にくいとされていた。しかし一方で，知能や自尊心のレベルが高い受け手も説得が効きにくかった。これは彼らが反論などを思いつきやすいためであると考えられた。これらの知見を踏まえ，知能や自尊心が中程度である場合に最も説得されやすいという曲線的な関係が主張された。自尊心に関しては，複数の研究結果を統合するメタ分析（Rhodes & Wood, 1992）で曲線的な関係が示されたが，知能についてはデータセットが少なく，結論は出なかった。

　中期以降の研究では，個人差は二過程処理のふりわけ要因として位置づけられることが多い。先に述べた通り，精緻化見込みモデルでは中心ルートの処理と周辺ルートの処理のどちらが優勢になるかは，受け手の情報処理に対する動機づけや能力に左右される。受け手の動機づけや能力が高い場合には中心ルートの処理が行われるが，そうでない場合は周辺ルートの処理が行われる（図13-5）。受け手の動機づけに影響する個人差としては，認知活動に積極的に取り組む程度の個人差を示す**認知欲求**（need for cognition; Cacioppo & Petty, 1982; 藤島ら, 2020; 神山・藤原, 1991）や，問題に確固とした答えを求め，曖昧さを嫌う**認知的完結欲求**（need for closure; Kruglanski & Webster, 1996; 鈴木・桜井, 2003）が挙げられる（表13-1）。認知欲求が高いほど中心ルートが優勢になりやすく，認知的完結欲求が高いほど周辺ルートが優勢になりやすい。能力には，メッセージ理解能力や事前知識といった個人差が反映されるほか，妨害やタイムプレッシャー，関連情報の事前呈示の有無などの環境的要因も含まれる。

**表13-1　認知欲求および認知的完結欲求の項目例**

**認知欲求**（神山・藤原, 1991）
- あまり考えなくてもよい課題よりも，頭を使う困難な課題のほうが好きだ。
- 問題の答えがなぜそうなるのかを理解するよりも，単純に答えだけを知っている方がよい（逆転項目）。

**認知的完結欲求**（鈴木・桜井, 2003）
- 問題に直面しても，たいていの場合は最善の方法をすぐに見つけることができる。
- 規則正しい生活が自分の性にはあっていると思う。

　また，説得メッセージのテーマに自分が関係している程度を示す**自我関与**や，説得
メッセージを受け取る時点のムードも，動機づけや能力のレベルを変化させ，処理
モードのふりわけに影響を及ぼす（Bless et al., 1990; 原, 2005）。

　ブリニョールとペティ（Briñol & Petty, 2005）は，個別に検討されてきた態度や説
得に関連するとされるさまざまな個人差変数を，知識を求める程度，一貫性を求める
程度，自己価値を追求する程度，社会的承認を欲する程度の四つの動機づけから捉え
直したうえで，これらが説得メッセージの吟味（すなわち中心ルートの処理）とどの
ような関係にあるかを説明している。ここまでに取り上げた認知欲求は知識を求める
程度，認知的完結欲求は一貫性を求める程度，自尊心は自己価値の追求に分類される。
本章では取り上げなかったが，偏見抑制動機など個人や集団に対する態度に関わる個
人差が社会的承認に該当する。これら四つの動機づけは，説得に限らずさまざまな社
会的場面における個人差の影響を説明する際にも有用な切り口である。

## コラム14　説得の悪用から身を守る

　説得研究の成果は，使われ方次第で受け手となる個人だけでなく，周囲の人や社会にとって有害となる恐れがある。例えば悪質商法や詐欺，マインドコントロールの手口の中には，説得研究の知見が巧妙に応用されている場合がある。悪質な説得に対抗するためには私たちはどうすればいいだろうか。こうした観点からの研究も進んでいる。

　説得の影響力を弱める方略として早くから検討が進められてきたのは，根拠があまり強くない説得メッセージを前もって受け手に示し，それに対する反論を考えさせることで防衛力を高め，本番の説得に際しても安易に流されないようにする方法である。この方法は，予防接種が免疫を高めて病気への感染を防ぐことにちなんで**接種理論**（McGuire & Papageorgis, 1961）と呼ばれ，メタ分析や大規模な追試実験でも有効性が示されている。また，個人ができることとして，関連知識を深めることや，クリティカルシンキングのスキルを高めることも推奨される。ただし，人は「自分だけはだまされない」と過信しがちということもわかっているので，対策をとったからといって安心するのは禁物である（西田，2023）。

　悪質な説得への対策の研究知見は，インターネット上の誤情報にふりまわされないようにするための方策を考えるうえでも，重要な役割を果たしている。インターネット空間では多様な意見や情報が行き交うが，その中で私たちは自分と似た意見や関心をもつものばかりにアクセスしやすいことがわかっている。そのような場で情報をやり取りしていると，異なる考えに触れる機会が失われるだけでなく，異論や疑念を許さない雰囲気が蔓延し，意見が極端化したり，誤情報が拡散しやすくなってしまう（**エコーチェンバー現象**；Sunstein, 2009）。さらに，たとえ何らかのきっかけで情報が誤っていることがわかっても，すぐに自分の考えを修正することは難しく，最初に接触した誤情報の影響が持続しやすいこともわかっている（**誤情報持続効果**；田中ら，2022）。

　こうした誤情報への対応策は，情報接触前に行う**プレバンキング**と，接触後に行う**デバンキング**に分けられる。接種理論はこのうちプレバンキングの代表的な方法であり，ネットの誤情報に対しても有効である。その他，「これから接触する情報に誤りが含まれ得る」という警告や，なぜ誤情報が出回ったのかを説明したり，修正情報を提供することなどにも一定の効果がある（Lewandowsky et al., 2012）。

# 14章 自己

　心理学の創始者の一人であるウィリアム・ジェームズ（William James）は，著書『心理学原理』（James, 1892／今田訳, 1992）において，**自己**（self）には周囲の人々からの認識に基づいて形成される側面があることを強調し，これを**社会的自己**（social self）と名づけた。このように「自己」は社会との関わりを通じて形成される。それゆえ，「自己」は社会心理学における重要なテーマの一つとなっている。本章では，このような「自己」に関するトピックとして，自己意識，自己概念，自尊心と自己評価，自己呈示，自己開示を取り上げる。

## 1節　自己意識

　私たちが意識（注意）を向ける対象は，外部環境と自己の二つに分けられる。例えば，横断歩道を渡る際は信号機などの外部環境に意識が向けられるが，自分自身のパーソナリティについて考える際は自己に意識が向けられるであろう。このように自己に意識を向けることを**自己意識**（self-consciousness）または**自己注目**（self-focus）という。自己意識は感情や行動にさまざまな影響を及ぼすことが知られている。ここでは自己意識に関する理論を紹介する。

### 1.1　客体的自覚理論

　デュバルとウィックランド（Duval & Wicklund, 1972）は，自己に意識が向けられた状態を**（客体的）自覚状態**（objective self-awareness）と呼び，それが感情や行動に及ぼす影響について理論化した。この理論によれば，自覚状態は，鏡で自分の姿を見る，他者から注目される，録音した自分の声を聴く，などにより高まる。自覚状態が高まるとその状況における自己の適切さの基準（理想や社会的規範）が意識され，その基準と現実が一致しているかどうかが評価される。その際，基準に現実が達してい

ない（負の不一致）と不快感情が生じる。そのため，「基準と現実が一致するように行動を調整する」または「自己への注意を回避する（注意を外部環境にそらす）」ことで不快感情を低減しようとすると考えられている。

　シャイアーら（Scheier et al., 1974）は，自覚状態が高まることで実験参加者が「他者を攻撃すべきではない」という暗黙の規範（適切さの基準）と現実を一致させるように行動することを実験で示した。具体的には，学習の効果に関する実験という名目で，生徒役が問題に誤答したら罰として電気ショック（攻撃）を与えるように実験参加者（教師役）に依頼した。また，電気ショックの強度（10段階）は，実験参加者が自分で選んで決めるように伝えた。その強度を選ぶ際に，目の前に鏡がある／鏡がない状況（実験1），他者（観察者）から注目される／注目されない状況（実験2）を設けた。その結果，実験参加者は鏡がある状況や他者から注目される状況（すなわち，自覚状態が高まった場合）では，より弱い電気ショックを選ぶ傾向にあった。同様の手続きを用いた別の実験（Carver, 1974）では，事前に「罰の強度が強いほど，高い学習効果が得られる」と実験参加者に伝えることで，その場での適切さの基準を「強い罰を与えるべき」という方向に誘導した。その結果，実験参加者は，自覚状態が高まった場合により強い電気ショックを選ぶ傾向にあった。

## 1.2　自己意識理論

　その後，バス（Buss, 1980）は自覚状態を私的自覚と公的自覚の2側面から捉えた**自己意識理論**（self-consciousness theory）を提唱した。私的自覚とは，自己の感情，動機，思考など，他者が直接観察できない自己の内的な側面（**私的自己**）に意識が向けられた状態である。これは，自分自身について考える（例：内省する，日記をつける），小さな鏡で自分の顔を見るなどにより高まる。私的自覚が高まった状態の特徴として，私的自己に関する知識が明確になり，それに沿った行動をしようとする，感情や動機が強まるなどが挙げられる。一方，公的自覚は，自分の外見や行動など他者が直接観察できる自己の外的な側面（**公的自己**）に意識が向けられた状態である。これは，他者から注目される，録音された自分の声を聴く，三面鏡のような大きな鏡で自分の全身を見るなどにより高まる。公的自覚が高まった状態の特徴として，自己呈示（本章4節参照）への関心が高まり，他者の視点から見た公的な基準に沿った行動をしようとするなどが挙げられる。

　この理論に関する実証研究として，前述のシャイアーら（Scheier et al., 1974）の手続きを用いた実験がある（Froming et al., 1982）。この実験では，「罰の使用に関して自分は反対だが，他者の多くは賛成しているはずだ」と考えている人を実験参加者

（教師役）とした。その結果，小さな鏡によって私的自覚が高まった人はより弱い電気ショックを選び，他者から注目されることによって公的自覚が高まった人はより強い電気ショックを選ぶ傾向にあった（実験1）。さらに，罰に対して逆の考えをもつ人（「自分は賛成だが，他者の多くは反対しているはずだ」と考えている人）を実験参加者とした場合（実験2），実験1とは逆の結果が得られた。これらは私的自覚が高まった場合には個人的な考えや意見に沿った方向に行動し，公的自覚が高まった場合には他者の考えや意見に沿った方向に行動したことを示しており，自己意識理論の予測と一致する結果である。

## 1.3　自己意識と自己制御

　自己意識は自己制御と密接に関わっている。**自己制御**（self-regulation）とは，人が目標を設定し，それを達成するために自己の認知，感情，行動などを制御（コントロール）することである。自己意識（自覚状態）によって理想とする基準（目標）が意識され，それを達成するための行動が調整される。このように自己意識は自己制御の過程として捉えることができる（図14-1）。

　カーバーとシャイアー（Carver & Scheirer, 1998）は，客体的自覚理論をもとに，自己制御の過程について説明した**制御理論**（control theory）を提唱した。この理論によれば，まず，自覚状態によって理想とする基準が意識され，現実の状態との比較が

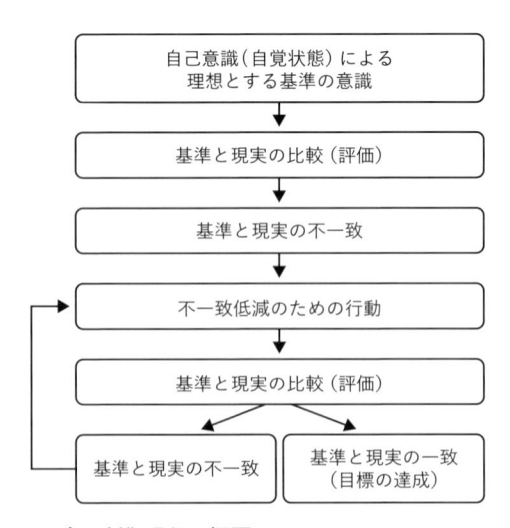

**図14-1　自己制御過程の概要**（Carver & Scheirer, 1998より作成）

生じる。このとき基準と現実が不一致であると評価された場合，それを低減するための行動が開始される。そして，その行動によって変化した現実の状態と基準との比較が再び生じる。その結果，まだ不一致であると判断されればそれを低減するための行動が行われ，再び基準との比較が生じるという過程が繰り返される。このような循環的な過程は，フィードバックループと呼ばれている。例えば，理想的な体型であるべきという基準をもっている人は，自己（自分の姿）に注意が向くことで，その理想と現実の体型との比較が生じる。このとき理想の体型とは不一致であると評価されると運動や食事制限などの行動が生じる。それにより変化した現実の体型と理想との比較が再び生じ，まだ不一致であると認識されれば，さらに運動や食事制限を続け，再度，比較が生じるということが繰り返される。

　また，不一致を認識した際に，それを低減する行動が開始されるかどうかは主観的確率（結果期待）によって判断される。すなわち，不一致を低減できる確率が高いと思えば行動が開始されるが，確率が低いと思えば不快感情が生じ，自己から注意を回避しようとする。例えば，理想と現実の体型との不一致を認識した際に，理想の体型に近づけることができると思えば，そのための行動が生じるが，それが困難だと思えば不快に感じ，自分の姿を見ないように注意をそらすといったことが挙げられる。

## 2節　自己概念

　自己に意識を向けることで，自分に関するさまざまな知識が獲得され，「自分とはこういう人間だ」という自己のイメージが形成される。このような自分自身についての比較的安定したイメージや知識のことを**自己概念**（self-concept）という。情報処理の観点から自己概念の構造に注目した研究が行われている。

### 2.1　自己スキーマ

　自己概念には自己に関する情報を効率的に処理できるしくみがある。具体的には，自己に関する重要な知識は，各々がばらばらに保存されているのではなく，関連のあるものどうしが結びつき，ネットワーク状の構造をもつ形で記憶されている。例えば，「自分はやさしい人間だ」と思っており，それが重要だと考えている人は，「電車で高齢者に席を譲った」「友人の悩みを丁寧に聞いた」など，自分のやさしさを表す過去の経験に基づいて構造化された豊富な知識をもっているといえる。このような自己概念の認知構造を**自己スキーマ**（self-schema）という（10章参照）。自己スキーマは，

自己に関連する情報の判断や記憶を促進する機能がある。

　例えば，マーカス（Markus, 1977）は，特定のパーソナリティ特性語（例：「主張的な」「協力的な」）が自分に当てはまるか否かを判断してもらう実験課題において，「独立性に関する自己スキーマを持っている人」（自分は独立的であり，それが重要な特徴であると考えている人）は，「依存性に関する自己スキーマを持っている人」や「どちらのスキーマも持っていない人」と比べ，独立性に関連する単語（例：「主張的な」）の判断が，他の単語の判断よりも速いことを明らかにしている。また，単語の記憶課題を行った実験（Markus et al., 1982）では，実験参加者のもつ自己スキーマに関連するパーソナリティ特性語は，他のパーソナリティ特性語よりも記憶されやすいことが示されている。

## 2.2　作動的自己概念

　私たちはさまざまな自己概念をもっているが，それら全てが常に意識されているわけではない。例えば，大学では学生としての自己，きょうだいの前では兄や姉としての自己というように，その時々の状況に応じて意識されている自己の側面は変化する。このようにある時点で意識されている自己概念を**作動的自己概念**（working self-concept；Markus & Kunda, 1986）という。作動的自己概念は，その時々の感情，認知，行動に影響を及ぼす。例えば，学校と家では，自分自身に対する感じ方や振る舞いが異なるのは，その状況での作動的自己概念が異なるためであると考えられる。

## 2.3　自己複雑性

　自己を「学生」「長男」と少数の側面で捉えている人もいれば，「学生」「長男」「アスリート」「カフェ店員」……と，より多くの側面で捉えている人もいるであろう。このように，自己をどのくらい多くの側面で捉えているかを表す概念を**自己複雑性**（self-complexity；Linville, 1987）という。自己をより多くの側面で捉え，その各側面が互いに独立しているほど，自己複雑性が高いとされる。自己複雑性が高ければ，否定的な出来事の負の影響が緩和されることが指摘されている（Linville, 1987）。なぜならば，否定的な出来事によって自己のある側面に負の影響があったとしても（例：学業での失敗で「学生としての自己」に否定的な感情を抱く），その影響は他の独立した自己の側面（例：「カフェ店員としての自己」）には波及しにくいためである。また，自己の側面が多ければ，その負の影響は自己全体としては小さいものとなる。

　実際に，自己複雑性が高い人は低い人と比べ，ストレスフルな出来事を経験した後の抑うつや身体症状（例：胃痛，頭痛，吐き気など）が少ない傾向にあることが示さ

れている（Linville, 1987）。一方で，肯定的な側面と否定的な側面に分けて自己複雑性を捉えた研究（Woolfolk et al., 1995）では，否定的自己複雑性が高い（独立した自己の否定的な側面がより多い）場合は，むしろ，否定的な出来事による負の影響（抑うつ症状）が増加する可能性があることも示されている。

## 3節　自尊心と自己評価

**自尊心**（self-esteem，自尊感情ともいう）とは，自分自身を全体的に捉えたときの自己に対する肯定的な評価である。一方で，自分の語学力は高い（低い），運動能力は高い（低い）など，自己の特定の領域に関する評価を**自己評価**（self-evaluation）という。自己の研究の中でも，自尊心や自己評価に関する研究は盛んに行われている。以降ではそれら自尊心や自己評価に関する知見を紹介する。

### 3.1　特性自尊心と状態自尊心

自尊心には特性と状態の2側面がある。**特性自尊心**（trait self-esteem）とは，時間や状況を超えて比較的安定した個人特性として捉えた自尊心である。一方で，さまざまな出来事や状況（例：重要な仕事での成功や失敗）によって自尊心が一時的に上下することもある。このように，さまざまな要因によって変化する状態として捉えた自尊心を**状態自尊心**（state self-esteem）という。

自尊心の測定には自己回答式の尺度がよく用いられる。例えば，ローゼンバーグ（Rosenberg, 1965）が作成した自尊心尺度では，自己への肯定的（または否定的）な感情を表す10項目（表14-1参照）に対して自分に当てはまる程度を回答することで特性自尊心の高さを数値化する。また，状態自尊心を測定する場合は，今現在の状態を意識させて回答を求める方法が用いられる。例えば，阿部・今野（2007）が作成した尺度では，「『いま』この瞬間に考えていること」について，10項目（例：「いま，

**表14-1　自尊心を測定する尺度の項目例**（Rosenberg, 1965; 山本ら, 1982）

- 自分に対して肯定的である
- だいたいにおいて，自分に満足している
- 自分は全くだめな人間だと思うことがある *

各項目について，「1. あてはまらない」から「5. あてはまる」までの5段階で評定する（山本ら, 1982）。
* は逆転項目であり，評定の値を逆転して得点を算出する。

自分に対して肯定的であると感じる」）に回答を求める方法が用いられている。

## 3.2 自尊心の安定性

　自尊心が日常的に変化しやすい人もいれば，そうでない人もいる。このような短期的な自尊心の変動のしやすさを自尊心の安定性という（Kernis et al., 1989）。カーニスら（Kernis et al., 1989）は，大学生に7日間毎日，自尊心尺度に回答してもらい，その7日間の得点の個人内平均値を自尊心の高さの指標とし，7日間の得点の変動の大きさ（個人内標準偏差）を安定性の指標として，怒りや敵意との関連を検討した。その結果，自尊心が高く不安定な人は怒りや敵意を感じやすいことが示されている。また別の研究（Kernis et al., 1991）では，自尊心が高いほど抑うつ症状が低い傾向があるが，それは自尊心の安定性が高い人のみでみられることが明らかにされている。これらの結果は，自尊心の性質を把握するうえで，その高さだけではなく安定性を考慮することも重要であることを示唆している。

## 3.3 顕在的自尊心と潜在的自尊心

　自尊心には顕在，潜在という2側面もある。通常の自尊心尺度では，回答者が意識的に内省して評定するため，自分で意識できる側面の自尊心（**顕在自尊心**：explicit self-esteem）を測定しているといえる。一方で，自分では意識できない側面に焦点を当てて測定された自尊心もあり，これを**潜在自尊心**（implicit self-esteem；Greenwald & Banaji, 1995）という。潜在自尊心の測定は，潜在連合テスト（Greenwald & Farnham, 2000）と呼ばれる測定法が主に用いられる（12章参照）。これは単語の分類作業を行い，その正答率や反応時間から概念間の結合の強さ（例：「自分」－「肯定的」）を測定する方法である。顕在と潜在の関連を検討した研究では，顕在自尊心が高ければ，潜在自尊心も高いというわけではないことが明らかにされている（Bosson et al., 2000）。また，顕在的自尊心は高いが潜在的自尊心が低い人は，自己愛傾向が高く，自己防衛傾向（3.4項参照）が強いことが示唆されている（Jordan et al., 2003）。

## 3.4 自己高揚

　人には自尊心や自己評価を維持，高揚しようとする動機があり，これを**自己高揚**（self-enhancement）動機という。自己高揚動機は，自己防衛と自己高揚の二つに分けられる。自尊心や自己評価が脅かされた場合に，それを回復，維持しようとする動機が自己防衛動機であり，脅威がなくても日常的に自己評価を高く維持しようとする動機が自己高揚動機である（Alicke & Sedikides, 2009）。以降では，それら自己高揚や

自己防衛に関する知見を紹介する。

## ●平均以上効果

　自分のさまざまな特性や能力について平均よりも上であると考える傾向を**平均以上効果**（better-than-average effect；Alicke et al., 1995）という。アメリカで約100万人の生徒を対象にした調査では，70％が自分のリーダーシップ能力を平均より上だと回答し，85％が他人とうまくやっていく能力を平均より上だと回答したことが示されている（Alicke & Govorun, 2005）。また，アメリカの大学教員を対象とした研究では，94％の教員が自分の教育能力を平均以上と回答している（Cross, 1977）。テイラーとブラウン（Taylor & Brown, 1988）は，平均以上効果などの自己高揚傾向や，自分の将来を現実よりも楽観的に考える傾向など，人には自分自身に都合良く物事を捉える傾向があることを指摘した。そして，それらを総じてポジティブ幻想（7章参照）と名づけ，そのような傾向は個人の精神的健康の促進に寄与すると主張している。

## ●社会的比較と自己評価

　自分と他者を比べることを**社会的比較**（social comparison）という。例えば，学校の成績，運動能力，容姿を友人と比べるなど，私たちは日常のさまざまな場面で社会的比較を行っている。社会的比較は，自分の意見や能力について正しい評価を得ようとするために行われる（Festinger, 1954）。しかし，それ以外にも，自己防衛や自己高揚のために行われる場合もある。その一つは**下方比較**（downward comparison）である（Wills, 1981）。これは，自分よりも劣った他者と比較することを指す。例えば，学業成績が悪かった際に，自分よりも成績が低い他者を見て安心する，などのように下方比較は自己防衛のために行われることがある。

　一方で自分よりも優れた他者と比較することを**上方比較**（upward comparison）という（コラム15参照）。上方比較によって自己評価が低下することがあるが，自己改善動機（自分を現状よりも改善したいという動機）が高まる場合もある（Wood, 1989）。

## ●補償的自己高揚

　自己のある領域の自己評価が脅かされた場合に，他の領域の自己評価を高揚することで，自己全体の価値を補償しようとすることを**補償的自己高揚**（compensatory self-enhancement）という。例えば，学業成績が悪かった際に，自分の運動能力などの他の良い側面を思い出すことで，自分自身をポジティブに捉えようとすることが挙げられる。ブラウンとスマート（Brown & Smart, 1991）の実験では，事前に行った知能

テストの成績が低いと伝えられたことで，知的側面の自己評価が低下した実験参加者は，その後，自分の社会的側面（例：優しさ）をより高く評価しようとすることが明らかにされている。ただし，この結果は特性自尊心が高い人でのみ示されている。

## ●栄光浴

　「有名なプロスポーツ選手が自分と同じ学校の出身である」ことを周囲にアピールするなど，優れた他者や集団と自己との結びつきを強調することで間接的に自己高揚をする傾向を**栄光浴**（Basking In the Reflected Glory：BIRGing）という。栄光浴は，アメリカンフットボールで有名な大学の学生にインタビューを行った実験で示されている（Cialdini et al., 1976）。インタビューでは，学生に最初にいくつかの問題が出された後，最後に大学のアメリカンフットボールチームの試合の結果について尋ねた。その結果，チームが試合に勝利していた場合には「『私たち』は勝利した」と答え，試合に負けていた場合には「『彼ら』は負けた」と答える傾向が高かった。これらは，インタビューを受けた学生が，「私たち」という表現を用いて，優れた集団（勝利したチーム）と自己との結びつきを強調することで，間接的に自己高揚をしたのだと考えられる。特に，この傾向は直前に自己評価が低下していた学生（インタビューの最初に出された問題の正答数が平均以下であったと伝えられた学生）で顕著であったことから，栄光浴は自己防衛の方略として用いられることも明らかにされている。

## ●自己評価維持モデル

　テッサー（Tesser, 1988）は，社会的比較や栄光浴の知見をもとに，人が他者との比較を通じて自己評価を維持・高揚する過程を説明した**自己評価維持モデル**（self-evaluation maintenance model）を提唱した。このモデルによれば，自己評価の低下や上昇をもたらす過程には比較過程と反映過程の二つがあり，これらの過程は相手との「心理的距離」が近い場合に生じるとされる。比較過程は他者との比較により自己評価が低下または上昇する過程である。例えば，重要な試験の成績が友人よりも良くて誇らしい（自己評価の上昇），または，悪くて悔しい（自己評価の低下）といったことが挙げられる。一方，反映過程は，他者の優れた遂行により個人の自己評価が上昇する過程である。例えば，友人が部活で活躍して自分も誇らしい（自己評価の上昇）といったことが挙げられる。どちらの過程が生じるかは，「自己関与度」「遂行結果」の要因の組み合わせによって決まる（図14-2）。自己関与度が高い領域での遂行結果は比較過程を生じさせる。他方，自己関与度が低い領域では他者の優れた遂行によって反映過程が生じる。

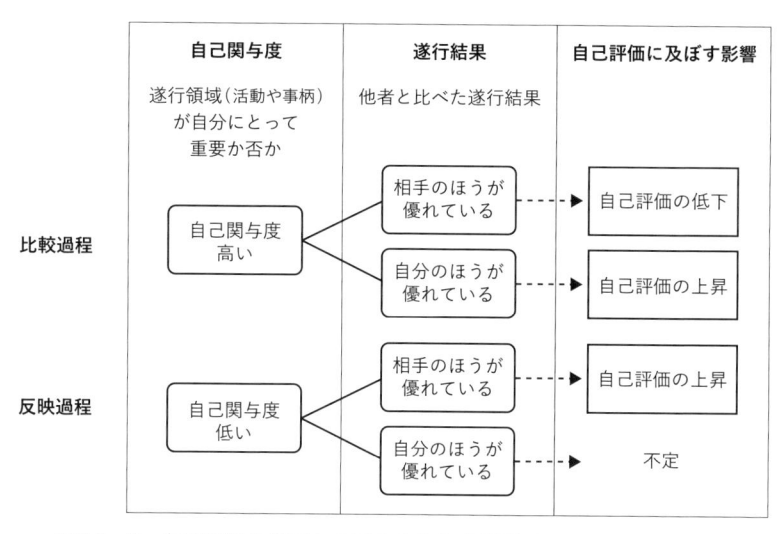

**図14 - 2　自己評価の低下と上昇をもたらす過程**（Tesser, 1988 より作成）

　人は，これら三つの要因を認知的，行動的に調整することで，自己評価を維持・高揚しようとする。例えば，自分にとって重要な語学試験の結果が友人よりも劣っていた場合，心理的距離を遠ざける（例：その友人と接しないようにする），自己関与度を低く見積もる（例：語学は重要ではないと考える），遂行結果を変える（例：語学力を上げるために一生懸命勉強する）といったことが挙げられる。

## 3.5　自尊心の機能に関する理論

　人はなぜ自尊心や自己評価を維持・高揚しようとするのであろうか。その理由に関する有力な仮説の一つは**ソシオメーター理論**（sociometer theory；Leary & Baumeister, 2000）による説明である。この理論では，進化適応の観点から，自尊心は自分の関係価値を示す主観的指標であると考えられている。関係価値とは，他者からみて自分はどの程度，関係を構築・維持する相手として価値があるかを示す程度のことを指す。私たちの祖先が絶滅せずに生き残れたのは，集団を形成し，他者と協力しながら生活してきたからであり，集団に受容されず，排斥されてしまった場合には生存の危機が生じる。それゆえ，自身の関係価値に注意を払い，他者からの排斥を避け，受容を高めるように行動することが必要となる。自尊心は，その際に自分の関係価値が維持できているかどうかを知らせる役割を果たしていると仮定されている。つまり，人は自尊心そのものではなく，関係価値を維持・高揚しようとしているのだと

考えられる。リアリーら（Leary et al, 1995）は，5人1組で参加する実験を行い，実験参加者を「1人で課題を行う（孤立する）」条件，または，「他のメンバーと一緒に課題を行う（孤立しない）」条件のいずれかに割り当てた。そして，その割り当ての理由を実験参加者に伝えた。その結果，「他のメンバーの好みで割り当てを決めた」と伝えた場合では，孤立しない条件と比べ，孤立する条件の実験参加者のほうが状態自尊心が低いことが示された。一方，「ランダムで割り当てを決めた」と伝えた場合は，条件間で実験参加者の状態自尊心に違いはみられなかった。これらは，単に孤立するか否かではなく，他者からの排斥や受容に応じて状態自尊心が変化することを示しており，ソシオメーター理論の仮説と合致する結果である。

## 4節　自己呈示

　私たちは日常生活でさまざまな自己の姿を他者に見せている。その中でも，自己にとって望ましい結果を得るために，自己に関する特定の印象を他者に与えようと自己の印象を操作することを**自己呈示**（self-presentation）という。また自己呈示は他者だけでなく呈示者自身にも影響を及ぼすことがある。本節ではそのような自己呈示に関する知見を概観する。

### 4.1　自己呈示の分類

　ジョーンズとピットマン（Jones & Pittman, 1982）は，他者に対する影響力（社会的勢力）を獲得するための自己呈示を目的別に五つに分類した（表14-2）。「取り入り」「自己宣伝」「示範」のように相手に自分の「ポジティブな印象」を与えようと行われるものだけでなく，「威嚇」や「哀願」といった「ネガティブな印象」を与えようと行われるものもある。しかし，いずれも自己にとって望ましい結果を得る目的で行われるという点においては共通している。

　また，自己呈示は「主張的－防衛的」の次元でも分類される（Tedeschi & Norman, 1985）。**主張的自己呈示**とは，特定の印象を他者に与えるために積極的に行われる自己呈示を指す。上記の5種類はこれに含まれる。一方で，**防衛的自己呈示**とは，他者が自分に対してネガティブな印象を抱く可能性がある場合にそれを防ぐために行われる自己呈示を指す。例えば，弁解（責任回避のために言い訳を述べること），正当化（自分の非を弱めるために行われる言明），謝罪（自分に非を認め，責任を受け入れる言明），セルフ・ハンディキャッピング（後述）などが挙げられる。

表14-2　**自己呈示の方略**（Jones & Pittman, 1982 より作成）

| 方略 | 説明 |
|---|---|
| 取り入り | 相手から好意を得るために行われる。<br>例えば，あえて親切な行為をする，相手の意見に同調する，お世辞を言う，など。<br>「追従者」，「同調者」など本来の目的とは異なる印象を与える可能性もある。 |
| 自己宣伝 | 相手から有能な人間であるとみられるために行われる。<br>例えば，自分の長所や能力を主張する，など。<br>「自惚れ」や「不誠実」など本来の目的とは異なる印象を与える可能性もある。 |
| 示範 | 道徳的価値があり完璧な人間であるとみられるために行われる。<br>例えば，あえて自己犠牲的，献身的な行動をする，など。<br>「偽善者」や「聖人ぶった」など本来の目的とは異なる印象を与える可能性もある。 |
| 威嚇 | 相手に危険がもたらされることを示して恐怖感を抱かせ，自分の要求を受け入れさせるために行われる。<br>例えば，脅かす，怒りをぶつける，など。<br>「うるさい」，「無能」など本来の目的とは異なる印象を与える可能性もある。 |
| 哀願 | 自分は弱い存在であるという印象を作り，相手から同情や援助を得るために行われる。<br>例えば，自分を非難する，援助を懇願する，など。<br>「なまけもの」，「要求者」など本来の目的とは異なる印象を与える可能性もある。 |

## 4.2　セルフ・ハンディキャッピング

　セルフ・ハンディキャッピング（self-handicapping）とは，自分の遂行を妨害するような不利な条件を自ら作り出したり，不利な条件の存在を他者に主張したりすることである。これは自己防衛や自己高揚（本章3節参照）のために行われる自己呈示の方略である（Tice, 1991）。例えば，重要な試験の直前に周囲の人に「前日，調子が悪くて勉強できなかった」とあえて主張するといったことが挙げられる。これにより実際に試験に失敗しても，失敗の原因が能力不足にあるという推測が割り引かれる。もし試験に成功した場合は，不利な条件にもかかわらず成功したと考えられ，成功の原因が能力の高さにあると割り増しされて推測されることになる。いずれの場合でも自分に有利な評価になる可能性を高めることができる。不利な条件の存在を言語的に主張するだけのものを「主張的セルフ・ハンディキャッピング」といい，実際に不利な条件を作り出すもの（例：あえて寝不足の状態で試験を受ける）を「獲得的セルフ・ハンディキャッピング」という（Arkin & Baumgardner, 1985）。

## 4.3　自己呈示の内在化

　自己呈示は，呈示者自身の自己概念に影響を及ぼすこともある。例えば，自己紹介場面であえて陽気に振る舞うと自分は陽気な人間だとより認識するようになるといったように，自己呈示に一致する方向に自己概念が変化する。このような現象を**自己呈**

**示の内在化**（internalization of self-presentation）という（内在化とは，外部の規範や価値観などを個人の内面に取り入れ，自分のものとする過程を指す）。

　自己呈示が他者から観察される状況で行われる場合に内在化が生じやすいことがタイス（Tice, 1992）による実験で明らかにされている。この実験では，大学生の実験参加者にインタビューを受けてもらい，その際に外向的（外向的呈示），または，内向的（内向的呈示）に振る舞うように依頼した。また，インタビューが他者に観察され，かつ，実験参加者自身の個人情報（氏名，年齢，出身地，など）を開示する場合（公的条件）と，インタビューが他者に観察されず，個人情報も開示しない場合（私的条件）の2種類の条件を設定した。インタビュー後，実験参加者に実際はどの程度外向的なパーソナリティなのかを評定するように求めた。その結果，私的条件では，インタビュー時の振る舞い（外向的・内向的）にかかわらず，パーソナリティ評定に差はみられなかった。しかし，公的条件では，インタビュー時に外向的に振る舞った場合は，内向的に振る舞った場合と比べ，自分をより外向的なパーソナリティであると評定することが示された（図14-3）。

　自己呈示の内在化が生じる理由の一つとして，認知的不協和の解消（12章参照）が挙げられる。具体的には，他者に対する行動（自己呈示）と自己概念の不一致による不協和を低減するために，その行動の方向に自己概念の変容が生じたと考えられる。

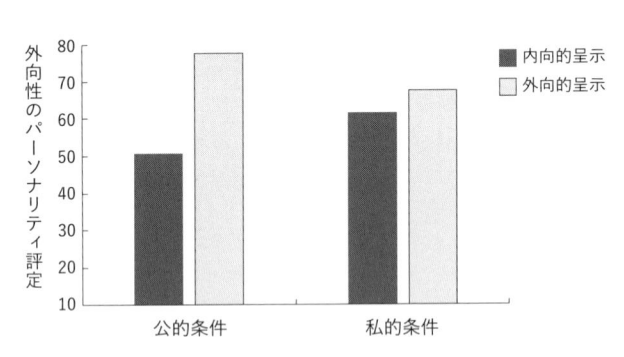

**図14-3　インタビュー（自己呈示）後のパーソナリティ評定**（Tice, 1992より作成）
得点が高いほど，自分自身を外向的なパーソナリティであると評定したことを示す。

# 5節　自己開示

　自己開示（self-disclosure）とは「個人的な情報を他者に伝える行為」（Jourard, 1971）である。自己呈示とは異なり，自分の印象を操作しようとする意図の低い行為であり，自己に関する情報をありのままに伝えることを指す。ここでは言語を介して行われる自己開示に焦点を当て，その五つの機能（Derlega et al, 1987）を紹介する。

　一つめは感情表出である。自己開示は，不安や緊張などの鬱積したネガティブな感情を表出し，それが解消されることでカタルシス（感情の浄化）的な効果をもたらす。例えば，外傷的出来事（配偶者の死，離婚，失恋など）の経験後に，その内容や感情について自己開示をする（友人に話す，記述する）ことで，一時的には否定的な感情が生じるが，長期的には健康へのネガティブな影響を減少させることがいくつかの研究で示されている（Pennebaker & Beall, 1986; Pennebaker & O'Heeron, 1984）。

　二つめは自己明確化である。他者に自分のことを話す状況では自覚状態が高まるため，自分の考えや信念がより明確になり，自己理解につながる。自己開示を予期するだけでも，その過程で自己理解につながることもある（例：友人に悩みを相談するために，伝える内容を考えることで改めて自分の意見や感情に気づく）。

　三つめは社会的妥当化である。人は他者との比較によって自分の意見や能力の妥当性を評価しようとする。自己開示によって相手からフィードバックが得られることにより開示者の自己概念（自己評価）の確認や修正が促される。

　四つめは対人関係の発展である。自己開示は，その受け手側には開示者からの好意や信頼感を示すものとして解釈され，報酬として機能し得る。そのため，受け手の開示者に対する好意も高まる。さらに，人は相手から受けた報酬に対して同等の報酬を返すべきという返報性の規範をもつため，自己開示の受け手は開示者に対して同程度に内面的な自己開示を相手に返そうとする（**自己開示の返報性**）。このような返報性が繰り返されることで次第に親密さが深まるという観点から，**社会的浸透理論**（social penetration theory；Altman & Taylor, 1973）では，二者間の自己開示を内容の広さと深さの2側面から捉え，親密さの進展について説明している（6章参照）。

　五つめは社会的コントロールである。自己開示をどの他者にどの程度行うかなどを調整することで，他者からの印象や対人関係の進展をコントロールすることができる。これは自己開示を戦略的に用いることを示しており，自分の印象を操作しようとする意図が比較的高いという点において，自己呈示的な特徴をもつ機能であるといえる。

## コラム15　SNS利用と上方比較

　SNSの普及に伴い，SNSに関する心理学的研究が盛んに行われている。SNSでは，家族や友人など既存の対人関係だけではなく，普段は交流できないようなさまざまな他者とコミュニケーションをとることができる。このようなSNS上での交流は，他者とのつながりやソーシャル・サポート（8章参照）の認知を高め，それにより孤独感が低下するなど精神的健康にポジティブな影響があることが示されている（Clark et al., 2018）。

　一方で，ネガティブな影響も指摘されている。例えば，SNSの閲覧が上方比較による自己評価の低下や妬みの発生と関連していることが指摘されている（Verduyn et al., 2020）。SNSではタイムライン機能などを通じて，つながりのある他者のさまざまな情報（例：プロフィールや投稿）を効率的に閲覧できる。さらに，SNS上で情報を発信する側は，「より見栄えの良い自撮り写真を選んだり，修正したりして投稿する」などのように実際の対人場面と比べ，簡単に自分を誇示できる。そのため，SNS上では他者の成功や充実した（ようにみえる）様子が頻繁に目にされやすくなる。その結果，上方比較が生じる頻度が増し，自己評価の低下や妬みが生じる可能性が高まると考えられる。実際に，Facebook利用者を対象とした実験（Ozimek & Bierhoff, 2020）では，Facebookで友達の情報を閲覧する課題を行った人は，研究所のホームページで職員の情報を閲覧する課題を行った人や，何も閲覧しなかった人と比べ，その直後の状態自尊心が低かったことが示されている。また，高校生を対象とした縦断的調査（Cheng et al., 2023）では，SNSで他者の情報を閲覧する時間が長い人ほど，妬みを感じる傾向が高く，それが抑うつ傾向の高さと関連していることが明らかにされている。

　ただし，これらの知見はSNSの閲覧が全ての人に悪影響をもたらすことを示唆しているわけではない。例えば，利用者のパーソナリティ特性の違いによって影響が異なる可能性もある。一部の研究では，社会的比較志向性（日常的に他者との比較を行いやすい傾向）が低い人は，高い人と比べ，SNSの閲覧によるネガティブな影響が生じにくいことが示されている（Vogel et al., 2015）。また，SNS上での上方比較によって新しいアイデアや刺激が得られ，自己改善への動機づけが高まるといったポジティブな影響も報告されている（Meier & Schäfer, 2018）。さらに，SNSの閲覧によるネガティブな影響を低減する介入方法の検討を試みた研究（Weber et al., 2022）も行われており，今後さらなる研究の進展が期待される。

# おわりに

　社会心理学という学問領域が誕生して100年以上が経過しました。その間に，私たちの社会はさまざまな変化を遂げてきました。これに波長を合わせるように，社会心理学者たちも次々と新しい研究トピックを提案し，社会で起きるさまざまな問題の解決に向けて力を注いできたように思われます。

　しかし一方で，社会心理学が扱う研究トピックの身近さゆえに，この分野の中核である「状況論（序章参照）」の考え方が置いてきぼりをくらい，最近ではその考えを十分に理解しないまま社会心理学を学ぶ学生も増えてきたように思われます。もっとも，その原因は私たち研究者の側にあるかもしれません。というのも，社会心理学とは何かと問われれば，しばしば「人や社会との影響関係を扱う学問」などとざっくりとした説明に終始していることがあるからです。学生からすれば，例えば「影響」という単語一つ取り上げても，ある人の働きかけが他の人に伝播するくらいのイメージは湧くでしょうが，状況論の本質にたどり着くにはいささか物足りなさを感じるでしょう。

　このような経緯を踏まえ，「もっと状況論がイメージできるような書籍を！」と考えて企画したのが本書です。そして，このねらいを各研究の最前線でご活躍されている先生方にお伝えし，編著者のわがままに付き合っていただく形で各章をご執筆いただきました。とはいえ，出来上がった本書が編著者のねらいをうまく具現化できているかは甚だ心許ないところもあります。したがって，本書を読み終えて状況論が理解できたならばそれはご執筆いただいた先生方の功績，そうでない場合は全て編著者の責であるとお考えください。

　本書では，社会を「森」，人々を「その中で交差する木々」に見立てて各章が結ばれています。清浄な空気は森や木々があるところで生み出されるように，私たちの心も社会（森）や人（木々）が存在する「状況」に出会うからこそ生まれます。澄んだ空気のないところには森や木々がないように，私たちの心も社会（森）や人（木々）がなければ成立しません。つまり，私たちの心は社会や人という相手がいる状況の中で初めて作られるものであり，そこでの心の動きを研究対象とするのが社会心理学なのです。読者の方がこうしたイメージをぼんやりとでも持っていただければ幸甚の至りです。

　ところで，本書では人の心が状況によって決まるということを主眼に置いてはいま

すが，これは状況に左右されない心の存在を否定するものではありません。スタンフォード監獄実験（序章参照）を行ったジンバルドーは，2008年のTED Talks出演時に，イラクで起こったアブグレイブ刑務所での捕虜虐待事件の原因について「リンゴ（兵士）を腐らせる樽（環境）が悪い」と状況論を全面に押し出すコメントをしています。その一方で，線路に落下した白人男性を黒人男性が躊躇なく飛び込んで助けたケースを引用し，状況の力が及ばない強い心が存在することも彼は番組でほのめかしています。このように，状況にのまれることなく，自らの判断を信じるヒロイックな心も人間には備わっているのです。そのようなブレない人間の心がどこから来るのか，今後の社会心理学ではこれを検討する価値が大いにあるように思われます。

　最後に，本書の編集過程におきましてさまざまなご助力をいただきました北大路書房の森光佑有氏と古川裕子氏に深く感謝の意を表します。私たち編著者の編集作業が捗らない「状況」に直面されても，あたたかく見守る姿勢を保ちながら，丁寧な助言と推敲作業を繰り返し行ってくださいました。状況の力に流されなかった二氏におかれましては，改めまして心よりお礼を申し上げます。

2024年8月<br>
編著者一同

# 引用文献

## ●序章　社会心理学のトリセツ

Bateson, M., Nettle, D., & Roberts, G. (2006). Cues of being watched enhance cooperation in a real-world setting. *Biology Letters, 2*(3), 412–414.

Dear, K., Dutton, K., & Fox, E. (2019). Do 'watching eyes' influence antisocial behavior? A systematic review & meta-analysis. *Evolution and Human Behavior, 40*(3), 269–280.

Haney, C., Banks, C., & Zimbardo, P. (1973). Interpersonal dynamics in a simulated prison. *International Journal of Criminology & Penology, 1*(1), 69–97.

長谷川 公一　(2007).　新しい社会学のために　長谷川 公一・浜 日出夫・藤村 正之・町村 敬志　社会学 (pp. 1–16)　有斐閣

平石 界・中村 大輝　(2021).　心理学における再現性危機の10年 —— 危機は克服されたのか, 克服され得るのか　科学哲学, *54*(2), 27–50.

池田 功毅・平石 界　(2016).　心理学における再現可能性危機 —— 問題の構造と解決策 ——　心理学評論, *59*(1), 3–14.

Lewin, K. (1951). *Field theory in social science: Selected theoretical papers.* Cartwright, D. (Ed.) Harpers.

三浦 麻子・小林 哲郎　(2015).　オンライン調査モニタのSatisfice に関する実験的研究　社会心理学研究, *31*(1), 1–12.

Northover, S. B., Pedersen, W. C., Cohen, A. B., & Andrews, P. W. (2017). Artificial surveillance cues do not increase generosity: Two meta-analyses. *Evolution and Human Behavior, 38*(1), 144–153.

Open Science Collaboration (2015). Estimating the reproducibility of psychological science. *Science, 349,* aac4716.

サトウ タツヤ　(2008).　起源神話？　1908年は社会心理学が始まった年?!　日本心理学会（編）　心理学ワールド,（43), 34.

Searle, A. (1999). *Introducing research and data in psychology: A Guide to methods and analysis.* Routledge.〔サール, A.／宮本 聡介・渡辺 真由美（訳)(2005). 心理学研究法入門　新曜社〕

菅原 健介　(2009).　社会心理学の方法論　堀 洋道（監修)・吉田 富二雄・松井 豊・宮本 聡介（編）　新編社会心理学改訂版 (pp. 258–265)　福村出版

太幡 直也　(2023).　心理調査とさまざまな研究法の比較　髙橋 尚也・宇井 美代子・宮本 聡介（編）　心理調査と心理測定尺度 —— 計画から実施・解析まで —— (pp. 19–37)　サイエンス社

van Veen, V., Krug, M. K., Schooler, J. W., & Carter, C. S. (2009). Neural activity predicts attitude change in cognitive dissonance. *Nature Neuroscience, 12*(11), 1469–1474.

渡邊 芳之　(2016).　心理学のデータと再現可能性　心理学評論, *59*(1), 98–107.

Zimbardo, P. (2007). *The lucifer effect: Understanding how good people turn evil.* Random House.〔ジンバルドー, P.／鬼澤 忍・中山 宥（訳)(2015).　ルシファー・エフェクト —— ふつうの人が悪魔に変わるとき ——　海と月社〕

## ●1章　集団内のパフォーマンス

Allport, F. H. (1920). The influence of the group upon association and thought. *Journal of Experimental Psychology, 3*(3), 159–182.

尼崎 光洋・清水 安夫 (2008).　高校野球部員を対象とした集団効力感の研究 —— 集団凝集性及び部活動ストレッサーとの関連による検討 ——　学校メンタルヘルス, *11*, 23–31.

Bales, R. F., & Cohen, S. P. (1979). SYMLOG: *A system for multiple level observations of groups*. Free Press.

Festinger, L., Schachter, S., & Back, K. W. (1950). *Social pressures in informal groups: A study of human factors in housing*. Harper.

Fiedler, F. E. (1967). *A theory of leadership effectiveness*. McGraw-Hill.〔フレッド, F. E.／山田 雄一（監訳）(1970).　新しい管理者像の探求　産業能率短期大学出版部〕

French, J. R. P., & Raven, B. (1959). The bases of social power. In D. Cartwright (Ed.), *Studies in social power* (pp. 150–167). University of Michigan.

淵上 克義 (2009). リーダーシップ研究の動向と課題　組織科学, *43*, 4–15.

Hersey, P., & Blanchard, K. H. (1977). *Management of organizational behavior: Utilizing human resources* (3rd ed.), Prentice Hall.〔ハーシー, P. ブランチャード, K. H.／山本 成二・水野 基・成田 攻（訳）(1978).　入門から応用へ　行動科学の展開 —— 人的資源の活用 ——　日本生産性本部〕

House, R. J. (1971). A path-goal theory of leader effectiveness. *Administrative Science Quarterly, 16*, 321–339.

House, R. J., & Dessler, G. (1974). The path-goal theory of leadership: Some post hoc and a priori tests. In. J. G. Hunt & L. L. Larson (Eds.), *Contingency approaches to leadership*. Southern Illinois University Press.

Hunt, P. J., & Hillery, J. M. (1973). Social facilitation in a coaction setting: An examination of the effects over learning trials. *Journal of Experimental Social Psychology, 9*, 563–571.

今井 芳昭 (2018).　第6章　社会的促進と社会的抑制　野島 一彦・繁桝 算男（監修）・竹村 和久（編）社会・集団・家族心理学　遠見書房

Karasawa, M. (1988). Effects of cohesiveness and inferiority upon ingroup favoritism. *Japanese Psychological Research, 30*, 49–59.

Kerr, N. L., & Bruun, S. E. (1983). Dispensability of member effort and group motivation losses: Free-rider effects. *Journal of Personality and Social Psychology, 44*, 78–94.

小窪 輝吉 (1996).　パフォーマンスの内的誘因が社会的手抜きに及ぼす効果　実験社会心理学研究, *36*, 12–19.

Kotter, J. P. (1990). *A force for change: How leadership differs from management*. Free press.

Kravitz, D., & Martin, B. (1986). Ringelmann rediscovered: The ordinal article. *Journal of Personality and Social Psychology, 50*, 936–941.

Latané, B., Williams, K., & Harkins, S. (1979). Many hands make light the work: The causes and consequences of social loafing. *Journal of Personality and Social Psychology, 37*, 822–832.

Levine, J. M. (1989). Reaction to opinion deviance in small groups. In P. B. Paulus (Ed.), *Psychology of group influence* (pp. 187–231). Lawrence Erlbaum Associates.

McCarty, M. K., & Karau, S. J. (2017). Social inhibition. In S. G. Harkins, K. D. Williams, & J. M. Burger (Eds.), *The Oxford handbook of social influence* (pp. 165–181). Oxford University Press.

三隅 二不二 (1966).　新しいリーダーシップ —— 集団指導の行動科学 ——　ダイヤモンド社

三隅 二不二 (1978).　リーダーシップ行動の科学　有斐閣

村本 由紀子 (1996).　集団と集合状態との曖昧な境界 —— 早朝の公園で見出される多様なアイデンティティ ——　社会心理学研究, *12*, 113–124.

野口 修司・若島 孔文 (2007).　青年期の親子関係における社会的勢力とコミュニケーションに関する研

究　家族心理学研究, *21*, 95–105.

大渕 憲一　(2001).　社会心理学の立場から —— 非行の集団過程　シンポジウム「犯罪・非行とパーソナリティ研究」—— 日本パーソナリティ心理学会

大平 秀樹・丹治 哲雄　(1992).　社会的促進における媒介要因としての生理的覚醒水準　心理学研究, *62*, 369–372.

Ringelmann, M. (1913). Research on animate sources of power: The work of man. *Annales de l'Institut national agronomique, 2e serie-tome XII*, 1–40.

Schachter, S. (1951). Deviation, rejection, and communication. *The Journal of Abnormal and Social Psychology, 46*(2), 190–207.

Shaw, M. E. (1954). Some effects of unequal distribution of information upon group performance in various communication nets. *The Journal of Abnormal and Social Psychology, 49*(4, Pt.1), 547–553.

Stogdill, R. M. (1974). *Handbook of leadership: A survey of theory and research.* Free Press.

Triplett, N. (1898). The dynamogenic factors in pacemaking and competition. The *American Journal of Psychology, 9*(4), 507–533.

Uziel, L. (2007). Individual difference in the social facilitation effect: A review and meta-analysis. *Journal of Research in Personality, 41*(3), 579–601.

Williams, K. D., & Karau, S. J. (1991). Social loafing and social comparison: The effects of expectations of co-worker performance. *Journal of Personality and Social Psychology, 61*, 570–581.

Zajonc, R. B. (1965). Social facilitation. *Science, 149*, 269–274.

## ●2章　集団内での判断

Asch, S. E. (1951). Effects of group pressure upon the modification and distortion of judgments. In H. Guetzkow (Ed.), *Groups, leadership and men* (pp. 177–190). Carnegie Press.

Asch, S. E. (1955). Opinions and social pressure. *Scientific American, 193*(5), 31–35.

Baron, R. S. (2005). So right it's wrong: Groupthink and the ubiquitous nature of polarized group decision making. In M. P. Zanna (Ed.), *Advances in experimental social psychology: Vol. 37* (pp. 219–253). Elsevier Academic Press.

Burnstein, E., & Vinokur, A. (1977). Persuasive argumentation and social comparison as determinants of attitude polarization. *Journal of Experimental Social Psychology, 13*(4), 315–332.

Dawes, R. M. (1980). Social dilemmas. *Annual Review of Psychology, 31*, 169–193.

Deutsch, M., & Gerard, H. B. (1955). A study of normative and informational social influences upon individual judgment. *The Journal of Abnormal and Social Psychology, 51*(3), 629–636.

Hardin, G. (1968). The tragedy of the commons. *Science, 162*(3859), 1243–1248.

Isenberg, D. J. (1986). Group polarization: A critical review and meta-analysis. *Journal of Personality and Social Psychology, 50*(6), 1141–1151.

Janis, I. L. (1982). *Groupthink: Psychological studies of policy decisions and fiascoes.* Houghton Mifflin.〔ジャニス, I. L.／細江 達郎（訳）(2022). 集団浅慮 —— 政策決定と大失敗の心理学的研究 —— 新曜社〕

神 信人　(2009). 集合的無知　日本社会心理学会（編）社会心理学事典 (pp. 300–301.)　丸善出版

Latané, B., & Darley, J. M. (1968). Group inhibition of bystander intervention in emergencies. *Journal of Personality and Social Psychology, 10*(3), 215–221.

McCauley, C., Stitt, C. L., Woods, K., & Lipton, D. (1973). Group shift to caution at the race track. *Journal of Experimental Social Psychology, 9*(1), 80–86.

Milgram, S. (1974). *Obedience to authority: An experimental view.* Harper & Row. 〔ミルグラム，S.／山形浩生（訳）(2008). 服従の心理 河出書房新社〕

Miyajima, T., & Yamaguchi, H. (2017). I want to but I won't: Pluralistic ignorance inhibits intentions to take paternity leave in Japan. *Frontiers in Psychology, 8,* 1508.

Moscovici, S., Lage, E., & Naffrechoux, M. (1969). Influence of a consistent minority on the responses of a majority in a color perception task. *Sociometry, 32*(4), 365–380.

O'Gorman, H. J. (1979). White and Black perceptions of racial values. *Public Opinion Quarterly, 43*(1), 48–59.

大沼 進 (2007). 人はどのような環境問題解決を望むのか —— 社会的ジレンマからのアプローチ —— ナカニシヤ出版

Parks, C. D., & Cowlin, R. A. (1996). Acceptance of uncommon information into group discussion when that information is or is not demonstrable. *Organizational Behavior and Human Decision Processes, 66*(3), 307–315.

Postmes, T., & Spears, R. (1998). Deindividuation and antinormative behavior: A meta-analysis. *Psychological Bulletin, 123*(3), 238–259.

Prentice, D. A., & Miller, D. T. (1996). Pluralistic ignorance and the perpetuation of social norms by unwitting actors. In M. P. Zanna (Ed.), *Advances in experimental social psychology: Vol. 28* (pp. 161–209). Academic Press.

Sanders, G. S., & Baron, R. S. (1977). Is social comparison irrelevant for producing choice shifts? *Journal of Experimental Social Psychology, 13*(4), 303–314.

Spears, R., Lea, M., & Postmes, T. (2007). Computer-mediated communication and social identity. In A. Joinson, K. McKenna, T. Postmes, & U. Reips (Eds.), *The Oxford handbook of internet psychology* (pp. 253–269). Oxford University Press.

Stasser, G., Taylor, L.A. & Hanna, C. (1989) Information Sampling in Structured and Unstructured Discussions of Three-and Six-Person Groups. *Journal of Personality and Social Psychology, 57*(1), 67–78.

Stasser, G., & Titus, W. (1985). Pooling of unshared information in group decision making: Biased information sampling during discussion. *Journal of Personality and Social Psychology, 48*(6), 1467–1478.

Wallach, M. A., Kogan, N., & Bem, D. J. (1962). Group influence on individual risk taking. *The Journal of Abnormal and Social Psychology, 65*(2), 75–86.

山岸 俊男 (2008). 日本の「安心」はなぜ，消えたのか —— 社会心理学から見た現代日本の問題点 —— 集英社インターナショナル

Zimbardo, P. G. (1969). The human choice: Individuation, reason, and order versus deindividuation, impulse, and chaos. *Nebraska symposium on motivation, 17,* 237–307.

## ●3章　集団間の関係

Abrams, D. & Hogg, M. A. (1990). *Social identity theory: Constructive and critical advances.* Harvester Wheatsheaf.

Adorno, T. W., Frenkel-Brunswik, E., Levinson, D. J., & Sanford, R. N. (1950). *The authoritarian personality.* Harper & Row.

Allport, G. W. (1954). *The nature of prejudice.* Addison-Wisely. 〔オルポート，G. W.／原谷 達夫・野村 昭（訳）（1968). 偏見の真理　培風館〕

Bettencourt, B. A., Brewer, M. B., Croak, M. R., & Miller, N. (1992). Cooperation and the reduction of intergroup bias: The role of reward structure and social orientation. *Journal of Experimental Social Psychology, 28*(4), 301–319.

Campbell, D. T. (1965). Ethnocentric and other altruistic motives. In D. LeVine (Ed.), *Nebraska symposium on motivation : Vol. 13* (pp. 283–311). University of Nebraska Press.

Dovidio, J. F., Gaertner, S. L., Isen, A. M., & Lowrance, R. (1995). Group representations and intergroup bias: Positive affect, similarity, and group size. *Personality and Social Psychology Bulletin, 21*(8), 856–865.

Duckitt, J., & Farre, B. (1994). Right-wing authoritarianism and political intolerance among Whites in the future majority-rule South Africa. *The Journal of Social Psychology, 134*(6), 735–741.

Fiske, S. T., Cuddy, A. J., Glick, P., & Xu, J. (2002). A model of (often mixed) stereotype content: Competence and warmth respectively follow from perceived status and competition. In *Social cognition* (pp. 162–214). Routledge.

Fiske, S. T., Xu, J., Cuddy, A. C., & Glick, P. (1999). (Dis) respecting versus (dis) liking: Status and interdependence predict ambivalent stereotypes of competence and warmth. *Journal of Social Issues, 55*(3), 473–489.

Halabi, S., Dovidio, J. F., & Nadler, A. (2008). When and how do high status group members offer help: Effects of social dominance orientation and status threat. *Political Psychology, 29*(6), 841–858.

Halabi, S., & Nadler, A. (2017). The intergroup status as helping relations model: Giving, seeking and receiving help as tools to maintain or challenge social inequality. In E. van Leeuwen & H. Zagefka (Eds.), *Intergroup helping* (pp. 205–221). Springer.

Halabi, S., Nadler, A., & Dovidio, J. F. (2011). Reactions to receiving assumptive help: The moderating effects of group membership and perceived need for help 1. *Journal of Applied Social Psychology, 41*(12), 2793–2815.

Hewstone, M., Rubin, M., & Willis, H. (2002). Intergroup bias. *Annual Review of Psychology, 53*, 575–604.

Ho, A. K., Sidanius, J., Kteily, N., Sheehy-Skeffington, J., Pratto, F., Henkel, K. E., Foels, R., & Stewart, A. L. (2015). The nature of social dominance orientation: Theorizing and measuring preferences for intergroup inequality using the new SDO₇ scale. *Journal of Personality and Social Psychology, 109*(6), 1003–1028.

Hogg, M. A., & Abrams, D. (1988). *Social identifications: A social psychology of intergroup relations and group processes.* Routledge.〔ホッグ, M. A.・エイブラムス, D.／吉村 護・野村 泰代（訳）(1995). 社会的アイデンティティ理論——新しい社会心理学体系化のための一般理論—— 北大路書房〕

Jackson, L. M., & Esses, V. M. (2000). Effects of perceived economic competition on people's willingness to help empower immigrants. *Group Processes & Intergroup Relations, 3*(4), 419–435.

Katz, D. (1965). Nationalism and strategies of international conflict resolution. *International behavior: A social-psychological analysis* (pp. 356–390). Holt, Rinehart & Winston.

Mackie, D. M., Devos, T., & Smith, E. R. (2000). Intergroup emotions: Explaining offensive action tendencies in an intergroup context. *Journal of Personality and Social Psychology, 79*(4), 602.

Mackie, D. M., & Smith, E. R. (1998). Intergroup relations: insights from a theoretically integrative approach. *Psychological Review, 105*(3), 499.

村井 潤一郎（編著）・藤田 哲也（監修）(2018). 絶対役立つ社会心理学——日常の中の「あるある」と「なるほど」を探す—— (p. 184) ミネルヴァ書房

Nadler, A. (1998). Relationship, esteem, and achievement perspectives on autonomous and dependent help seeking. In S. A. Karabenick (Ed.), *Strategic help seeking: Implications for learning and teaching* (pp. 61–93). Lewrence Erlbaum Associates.

Nadler, A. (2002). Inter-group helping relations as power relations: Maintaining or challenging social dominance between groups through helping. *Journal of Social Issues, 58*(3), 487–502.

Nadler, A., & Halabi, S. (2006). Intergroup helping as status relations: Effects of status stability, identification, and type of help on receptivity to high-status group's help. *Journal of Personality and Social Psychology, 91*(1), 97.

Nadler, A., Harpaz-Gorodeisky, G., & Ben-David, Y. (2009). Defensive helping: threat to group identity, ingroup identification, status stability, and common group identity as determinants of intergroup help-giving. *Journal of Personality and Social Psychology, 97*(5), 823.

Riek, B. M., Mania, E. W., & Gaertner, S. L. (2006). Intergroup threat and outgroup attitudes: A meta-analytic review. *Personality and Social Psychology Review, 10*(4), 336–353.

Rubin, M., & Hewstone, M. (1998). Social identity thoery's self-esteem hypothesis: A review and some suggestions for clarification. *Personality and Social Psychology Review, 2*, 40–62.

Sachdev, I., & Bourhis, R. Y. (1987). Status differenttals and intergroup behaviour. *European Journal of Social Psychology, 17*(3), 277–293.

Schneider, M. E., Major, B., Luthanen, R., & Crocker, J. (1996). Social stigma and the potential costs of assunptive help. *Personality and Social Psychology Bulletin, 22*(2), 201–209.

Sherif, M., Harvery, O. J., White, B. J., Hood, W. R., & Sherif, C. W. (1961). *The Robbers Cave experiment: Intergroup conflict and cooperation.* The Institute of Group Relations, the University of Oklahoma.

Sherif, M., Harvery, O. J., White, B. J., Hood, W. R., & Sherif, C. W. (1988). *The Robbers Cave experiment: Intergroup conflict and cooperation.* Wesleyan University Press.

Sidanius, J., & Pratto, F. (2001). *Social dominance: An intergroup theory of social hierarchy and oppression.* Cambridge University Press.

Stephan, W. G., & Renfro, C. L. (2002). The role of threats in intergroup relations (pp. 191–208). *From prejudice to intergroup emotions.* Psychology Press.

Stephan, W. G., & Stephan, C. W. (2000). An integrated threat theory of prejudice. In S. Oskamp (Ed.), *Reducing prejudice and discrimination* (pp. 23–45). Lawrence Erlbaum Associates.

Tajfel, H., Billig, M., Bundy, R. P., Flament, C. (1971). Social categorization and intergroup behavior. *European Journal of Social Psychology, 1*, 149–177.

Tajfel, H., & Turner, J. C. (1979). An integrative theory of intergroup conflict. In W. G. Austin & S. Worchel (Eds.), *The social psychology of intergroup relations* (pp. 33–47). Brooks/Cole.

高野 了太・高 史明・野村 理朗　(2021).　日本語版右翼権威主義尺度の作成　心理学研究, *91*(6), 398–408.

Turner, J. C., Hogg, M. A., Oakes, P. J., Reicher, S. D., & Wetherell, M. S. (1987). *Rediscovering the social group: A self-categorization theory.* Basil Blackwell.〔ターナー, J. C.・ホッグ, M. A.・オークス, P. J.・ウェザレル, M.／蘭 千壽・磯崎 三喜年, 内藤 哲雄・遠藤 由美（訳）(1995).　社会集団の再発見――自己カテゴリー化理論――　誠信書房〕

Yamagishi, T., Jin, N., & Kiyonari, T. (1999). Bounded generalized reciprocity: Ingroup boasting and ingroup favoritism. *Advances in Group Processes, 1*, 315–328.

## ●4章　文化

Ang, S., Dyne, L. V., & Koh, C. (2006). Personality correlates of the four-factor model of cultural intelligence. *Group and Organization Management, 31*, 100–123.

Castano, E., Sacchi, S. & Gries, P. H. (2003). The perception of the other in international relations: Evidence for the polarizing effect of entitativity. *Political Psychology, 24*, 449–468.

Chinese Culture Connection. (1987). Chinese values and the search for culture-free dimensions of culture. *Journal of Cross-Cultural Psychology, 18*(2), 143–164.

Cohen, D., Nisbett, R. E., Bowdle, B. F. & Schwarz, N. (1996). Insult, aggression, and the southern culture of honor: An "experimental ethnography." *Journal of Personality and Social Psychology, 70*, 945–960.

Fincher, C. L., Thornhill, R., Murray, D. R. & Schaller, M. (2008). Pathogen prevalence predicts human cross-cultural variability in individualism/collectivism. *Proceedings of the Royal Society B: Biological Sciences, 275*, 1279–1285.

Graham, J., Haidt, J. & Nosek, B. (2009). Liberals and conservatives rely on different sets of moral foundations. *Journal of Personality and Social Psychology, 96*, 1029–1046.

Grossmann, I., & Varnum M. E. (2015). Social structure, infectious diseases, disasters, secularism, and cultural change in America. *Psychological Science, 26*(3), 311–324.

Hammer, M. R., Bennett, M. J., & Wiseman, R. (2003). Measuring intercultural sensitivity: The intercultural development inventory. *International Journal of Intercultural Relations, 27*(4), 421–443.

Heine, S. J., & Lehman, D. R. (2004). Move the body, change the self: Acculturative effects on the self-concept. In M. Schaller & C. Crandall (Eds.), *The psychological foundations of culture* (pp. 305–331). Lawrence Erlbaum Associates.

Heine, S. J., Lehman, D. R., Markus, H. R., & Kitayama, S. (1999). Is there a universal need for positive self-regard? *Psychological Review, 106*, 766–794.

Henrich, J., Heine, S. J. & Norenzayan, A. (2010). The weirdest people in the world? *Behavioral and Brain Sciences, 33*, 61–83.

Hitokoto, H., Takahashi, Y., & Kaewpijit, J. (2014). Happiness in Thailand: Variation between urban and rural regions. *Psychologia, 57*(4), 229–244.

Hofstede, G. (1991). Cultures and organization：Software of the mind. McGraw-Hill.〔ホフステード,G.／岩井紀子・岩井八郎（訳)(1995)．多文化世界——違いを学び共存への道を探る——　有斐閣〕

Hofstede, G. (2001). *Culture's consequences: Comparing values, behaviors, institutions and organizations across nations.* Sage Publications.

Huntington, S. P. (1997). *The clash of civilizations and the remaking of world order.* Touchstone.

Kitayama, S., Markus, H. R., & Kurokawa, M. (2000). Culture, emotion, and well-being: Good feelings in Japan and the United States. *Cognition and Emotion, 14*, 93–124.

Kitayama, S., Park, H., Sevincer, A. T., Karasawa, M., & Uskul, A. K. (2009). A cultural task analysis of implicit independence: Comparing North America, Western Europe, and East Asia. *Journal of Personality and Social Psychology, 97*, 236–255.

Kito, M., Yuki, M., & Thomson, R. (2017). Relational mobility and close relationships: A socioecological approach to explain cross-cultural differences. *Personal Relationship, 24*, 114–130.

Kroeber, A. L., & Kluckhohn, C. (1952). *Culture: A critical review of concepts and definitions. Papers of the Peabody Museum of Archaeology & Ethnology, Harvard University, 47*(1), viii, 223.

Kross, E., & Grossmann, I. (2012). Boosting wisdom: Distance from the self enhances wise reasoning, attitudes, and behavior. *Journal of Experimental Psychology: General, 141*, 43–48.

Leersnyder, J. D., Mesquita, B., & Kim, H. S. (2011). Where do my emotions belong? A study of immigrants' emotional acculturation. *Personality and Social Psychology Bulletin, 37*, 451–463.

Leung, K., Ang, S., & Tan, M. L. (2014). Intercultural competence. *Annual Review of Organizational*

*Psychology and Organizational Behavior, 1,* 489–519.

Lickel, B., Miller, N., Stenstrom, D. M., Denson, T. F., & Schmader, T. (2006). Vicarious retribution: The role of collective blame in intergroup aggression. *Personality and Social Psychology Review, 10,* 372–390.

Maddux, W. W., & Galinsky, A. D. (2009). Cultural borders and mental barriers: The relationship between living abroad and creativity. *Journal of Personality and Social Psychology, 96,* 1047–1061.

Markus, H. R., & Conner, A. (2013). *Clash!: How to thrive in a multicultural world.* Plume, 2014.

Markus, H. R., & Kitayama, S. (2003). Models of agency: Sociocultural diversity in the construction of action. *Nebraska Symposium Motivation, 49,* 1–57.

Minkov, M. (2009). Predictors of differences in subjective well-being across 97 nations. *Cross-Cultural Research, 43*(2), 152–179.

Morling, B., Kitayama, S., & Miyamoto, Y. (2002). Cultural practices emphasize influence in the United States and adjustment in Japan. *Personality and Social Psychology Bulletin, 28,* 311–323.

Morris, M. W., & Peng, K. (1994). Culture and cause: American and Chinese attributions for social and physical events. *Journal of Personality and Social Psychology, 67,* 949–971.

中尾 元・渡辺 文夫 (2023). 異文化間能力研究 新曜社

Norasakkunkit, V., & Uchida, Y. (2011). Psychological consequences of postindustrial anomie on self and motivation among Japanese youth. *Journal of Social Issues, 67,* 774–786.

Oishi, S., & Graham, J. (2010). Social ecology: Lost and found in psychological science. Perspectives on Psychological *Science, 5,* 356–377.

Oishi, S., Lun, J., & Sherman, G. D. (2007). Residential mobility, self-concept, and positive affect in social interactions. *Journal of Personality and Social Psychology, 93,* 131–141.

Oishi, S., Miao, F. F., Koo, M., Kisling, J., & Ratliff, K. A. (2012). Residential Mobility Breeds Familiarity-Seeking. *Journal of Personality and Social Psychology, 102,* 149–162.

Oishi, S., Rothman, A. J., Snyder, M., Su, J., Zehm, K., Hertel, A. W., Gonzales, M. H., & Sherman, G. D. (2007). The socioecological model of procommunity action: The benefits of residential stability. *Journal of Personality and Social Psychology, 93,* 831–844.

Pettigrew, T. F., & Tropp, L. R. (2008). How does intergroup contact reduce prejudice? Meta-analytic tests of three mediators. *European Journal of Social Psychology, 38,* 922–934.

Proulx, T., Heine, S. J., & Vohs, K. D. (2010). When is the unfamiliar the uncanny? Meaning affirmation after exposure to absurdist literature, humor, and art. *Personality and Social Psychology Bulletin, 36,* 817–829.

Richerson, P. J., & Boyd, R. (2005). *Not by genes alone: How culture transformed human evolution.* University of Chicago Press.

Rohmann, A., Piontkowski, U., & van Randenborgh, A. (2008). When attitudes do not fit: Discordance of acculturation attitudes as an antecedent of intergroup threat. *Personality and Social Psychology Bulletin, 34*(3), 337–352.

Sato, K., & Yuki, M. (2014). The association between self-esteem and happiness differs in relationally mobile vs. stable interpersonal contexts. *Frontiers in Psychology, 5,* Article 1113.

Schweder, R. A., & Sullivan, M. A. (1993). Cultural psychology: Who needs it. *Annual Review of Psychology, 44,* 497–523.

Sevincer, A. T., Kwon, J. Y., Varnum, M. E. W., & Kitayama, S. (2021). Risky business: Cosmopolitan culture and risk-taking. *Journal of Cross-Cultural Psychology, 52,* 295–315.

Talhelm, T., Zhang, X., & Oishi, S. (2018). Moving chairs in Starbucks: Observational studies find rice-wheat cultural differences in daily life in China. *Science Advances, 4*, eaap8469.

Talhelm, T., Zhang, X., Oishi, S., Shimin, C., Duan, D., Lan, X., & Kitayama, S. (2014). Large-scale psychological differences within china explained by rice versus wheat agriculture. *Science, 344*, 603–608.

Uchida, Y., & Kitayama, S. (2009). Happiness and unhappiness in east and west: Themes and variations. *Emotion, 9*, 441–456.

Uskul, A. K., Kitayama, S., & Nisbett, R. E. (2008). Ecocultural basis of cognition: farmers and fishermen are more holistic than herders. *Proceedings of the National Academy of Sciences, 105*, 8552–8556.

Yoshino, S., & Oshio, A. (2022). Personality and migration in Japan: Examining the tendency of extroverted and open people to migrate to Tokyo. *Journal of Research in Personality, 96*, Article 104168.

## ●5章　対人コミュニケーション

相川 充　(2009)．新版 人づきあいの技術 ── ソーシャルスキルの心理学 ──　サイエンス社

Argyle, M., & Cook, M. (1976). *Gaze and mutual gaze*. Cambridge University Press.

Argyle, M., & Dean, J. (1965). Eye-contact, distance and affiliation. *Sociometry, 28*, 289–304.

Birdwhistell, R. L. (1955). Background to kinesics. *ETC: A Review of General Semantics, 13*, 10–18.

Bower, G. H. (1981). Mood and memory. *American Psychologist, 36*, 129–148.

Burgoon, J. K. (1994). Nonverbal signals. In M. L. Knapp & G. R. Miller (Eds.), *Handbook of interpersonal communication* (pp. 229–285). Sage Publications.

大坊 郁夫　(1991)．非言語的表出性の測定 ── ACT 尺度の構成 ──　北星学園大学文学部北星論集, *28*, 1–12.

大坊 郁夫　(1998)．しぐさのコミュニケーション ── 人は親しみをどう伝えあうか ──　サイエンス社

大坊 郁夫　(2001)．対人コミュニケーションの社会性　対人社会心理学研究, *1*, 1–16.

大坊 郁夫・磯 友輝子　(2009)．対人コミュニケーション研究への科学的アプローチ　大坊 郁夫・永瀬 治郎（編）講座 社会言語科学3 ── 関係とコミュニケーション ──（pp. 2–35）ひつじ書房

Fiske, S. T., & Taylor, S. E. (1991). *Social cognition* (2nd ed.). McGraw-Hill.

Forgas, J. P., & Bower, G. H. (1987). Mood effects on person perception judgments. *Journal of Personality and Social Psychology, 53*, 53–60.

Forgas, J. P., & Bower, G. H., & Krantz, S. E. (1984). The influence of mood on perceptions of social interactions. *Journal of Experimental Social Psychology, 20*, 497–513.

Forrest, J. A., Feldman, R. S., & Tyler, J. M. (2004). When accurate beliefs lead to better lie detection. *Journal of Applied Social Psychology, 34*, 764–780.

Friedman, H. S., Prince, L. M., Riggio, R. E., & DiMatteo, M. R. (1980). Understanding and assessing nonverbal expressiveness: The affective communication test. *Journal of Personality and Social Psychology, 39*, 333–351.

深田 博己　(1998)．インターパーソナル・コミュニケーション ── 対人コミュニケーションの心理学 ──　北大路書房

Gilovich, T., Savitsky, K., & Medvec, V. H. (1998). The illusion of transparency: Biased assessments of others' ability to read one's emotional states. *Journal of Personality and Social Psychology, 75*, 332–346.

五十嵐 祐　(2009)．CMC と対人関係, 孤独感　三浦 麻子・森尾 博昭・川浦 康至（編）インターネット

心理学のフロンティア (pp. 117-148)　誠信書房

池上 知子　(2001).　対人認知の心理機構　唐沢 穣・池上 知子・唐沢 かおり・大平 英樹（編）　社会的認知の心理学——社会を描く心のはたらき——(pp. l4-45)　ナカニシヤ出版

Joinson, A. N. (2003). *Understanding the psychology of internet behaviour*. Palgrave Macmillan.〔ジョインソン, A. N./三浦 麻子・畦地 真太郎・田中 敦（訳）(2004). インターネットにおける行動と心理——バーチャルと現実のはざまで——　北大路書房〕

Loftus, E. F. (1997). Creating false memories. *Scientific American, 277*, 70-75.

Mehrabian, A., & Wiener, M. (1967). Decoding of inconsistent communications. *Journal of Personality and Social Psychology, 6*, 109-114.

村井 潤一郎　(2005).　強調語が発言内容の欺瞞性認知に及ぼす影響　パーソナリティ研究, *14*, 92-100.

成毛 信男　(1993).　言語コミュニケーションの概念と特徴　橋本 満弘・石井　敏（編）　コミュニケーション論入門 (pp. 126-167)　桐原書店

Newcomb, T. M., Turner, R. H., & Converse, P. E. (1965). *Social psychology: The study of human interaction*. Holt, Rinehart & Winston.〔ニューカム, T. M.・ターナー, R. H.・コンヴァース, P. E./古畑 和孝（訳）(1973).　社会心理学——人間の相互作用の研究——　岩波書店〕

小川 一美　(2011).　対人コミュニケーションに関する実験的研究の動向と課題　教育心理学年報, *50*, 187-198.

Ogawa, K., & Hall, J. A. (2018). *Influence of knowledge and motivation on interpersonal accuracy* [Paper presentation]. Nonverbal Preconference of SPSP 2018, Atlanta, GA, United States.

岡部 朗一　(1996).　コミュニケーションの基礎概念　古田　暁（監修）異文化コミュニケーション——新・国際人への条件——［改訂版］(pp. 15-38)　有斐閣

Patterson, M. L. (1983). *Nonverbal behavior: A functional perspective*. Springer-Verlag.〔パターソン, M. L./工藤 力（監訳）(1995). 非言語コミュニケーションの基礎理論　誠信書房〕

Richmond, V. P., & McCroskey, J. C. (2004). *Nonverbal behavior in interpersonal relations* (5th ed.). Allyn & Bacon.〔リッチモンド, V. P., & マクロスキー, J. C./山下 耕二（編訳）(2006).　非言語行動の心理学——対人関係とコミュニケーション理解のために——　北大路書房〕

Rosenthal, R., Hall, J. A., DiMatteo, M. R., Rogers, P. L., & Archer, D. (1979). *Sensitivity to nonverbal communication: The PONS test*. Johns Hopkins University Press.

三宮 真智子　(2008).　コミュニケーション教育のための基礎資料——トラブルに発展する誤解事例の探索的検討——　日本教育工学会論文誌, *32*, 173-176.

三宮 真智子　(2017).　誤解の心理学——コミュニケーションのメタ認知——　ナカニシヤ出版

Shannon, C. E., & Weaver, W. (1949). *The mathematical theory of communication*. University of Illinois Press.

Swann, W. B., Jr., & Gill, M. J. (1997). Confidence and accuracy in person perception: Do we know what we think we know about our relationship partners? *Journal of Personality and Social Psychology, 73*, 747-757.

武田 美亜・沼崎 誠　(2007).　相手との親密さが内的経験の積極的伝達場面における2種類の透明性の錯覚に及ぼす効果　社会心理学研究, *23*, 57-70.

Vrij, A. (2008). *Detecting lies and deceit: Pitfalls and opportunities* (2nd ed.). John Wiley & Sons.〔ヴレイ, A./太幡 直也・佐藤 拓・菊地 史倫（監訳）(2016).　嘘と欺瞞の心理学——対人関係から犯罪捜査まで 虚偽検出に関する真実——　福村出版〕

## ●6章　対人関係の形成

Altman, I., & Taylor, D. A. (1973). *Social penetration: The development of interpersonal relationships*. Holt, Rinehart & Winston.

Anderson, N. H. (1968). Likableness ratings of 555 personality-trait words. *Journal of Personality and Social Psychology, 9*(3), 272–279.

青木 孝悦 (1971). 性格表現用語の心理 ―― 辞典的研究 455語の選択, 分類および望ましさの評定 ―― 心理学研究, *42*(1) pp. 1–13.

Aronson, E., & Linder, D. (1965). Gain and loss of esteem as determinants of interpersonal attractiveness. *Journal of Experimental Social Psychology, 1*(2), 156–171.

Berry, D. S., & McArthur, L. Z. (1986). Perceiving character in faces: The impact of age-related craniofacial changes on social perception. *Psychological Bulletin, 100*(1), 3–18.

Byrne, D., & Nelson, D. (1965). Attraction as a linear function of proportion of positive reinforcements. *Journal of Personality and Social Psychology, 1*(6), 659–663.

Chartrand, T. L., & Bargh, J. A. (1999). The chameleon effect: The perception–behavior link and social interaction. *Journal of Personality and Social Psychology, 76*(6), 893–910.

Cunningham, M. R. (1986). Measuring the physical in physical attractiveness: Quasi-experiments on the sociobiology of female facial beauty. *Journal of Personality and Social Psychology, 50*(5), 925–935.

Cunningham, M. R., Barbee, A. P., & Pike, C. L. (1990). What do women want? Facialmetric assessment of multiple motives in the perception of male facial physical attractiveness. *Journal of Personality and Social Psychology, 59*(1), 61–72.

Dion, K., Berscheid, E., & Walster, E. (1972). What is beautiful is good. *Journal of Personality and Social Psychology, 24*(3), 285–290.

Dutton, D. G., & Aron, A. P. (1974). Some evidence for heightened sexual attraction under conditions of high anxiety. *Journal of Personality and Social Psychology, 30*(4), 510–517.

Festinger, L., Schachter, S., & Back, K. (1950). *Social pressures in informal groups: A study of human factors in housing*. Harper.

Griffitt, W. (1970). Environmental effects on interpersonal affective behavior: Ambient effective temperature and attraction. *Journal of Personality and Social Psychology, 15*(3), 240–244.

池上 知子・遠藤 由美 (2008). グラフィック社会心理学第2版 サイエンス社

Jones, J. T., Pelham, B. W., Carvallo, M., & Mirenberg, M. C. (2004). How do I love thee? Let me count the Js: Implicit egotism and interpersonal attraction. *Journal of Personality and Social Psychology, 87*(5), 665–683.

Kaplan, K. J., Firestone, I. J., Degnore, R., & Moore, M. (1974). Gradients of attraction as a function of disclosure probe intimacy and setting formality: On distinguishing attitude oscillation from attitude change-study one. *Journal of Personality and Social Psychology, 30*(5), 638–646.

Levinger, G. & Snoek, D. J. (1972). *Attraction in relationship: A new look at interpersonal attraction*. General Learning Press.

May, J. L., & Hamilton, P. A. (1980). Effects of musically evoked affect on women's interpersonal attraction toward and perceptual judgments of physical attractiveness of men. *Motivation and Emotion, 4*, 217–228.

Pazhoohi, F., Hassan, S. B., & Kingstone, A. (2023). The interacting effects of men's height and shoulder-to-hip ratio on comfort distance: A virtual reality study. *Adaptive Human Behavior and Physiology*, 1–10.

Schachter, S., & Singer, J. (1962). Cognitive, social, and physiological determinants of emotional state. *Psychological Review, 69*(5), 379–399.

Segal, M. W. (1974). Alphabet and attraction: An unobtrusive measure of the effect of propinquity in a field setting. *Journal of Personality and Social Psychology, 30*(5), 654–657.

Singh, D. (1993). Adaptive significance of female physical attractiveness: Role of waist-to-hip ratio. *Journal of Personality and Social Psychology, 65*(2), 293–307.

Singh, D. (2002). Female mate value at a glance: Relationship of waist-to-hip ratio to health, fecundity and attractiveness. *Neuroendocrinology Letters, 23*(4), 81–91.

鈴木 公啓・岸本 泰蔵・今井 浩 (2024). WHR (waist-to-hip ratio) は本当に0.7が好まれるのか？ 容装心理学研究, *3*(1), 8–20.

Taylor, S. E., Peplau, L. A., & Sears, D. O. (2000). *Social psychology* (10th ed.). Prentice Hall.

Thornhill, R., Gangestad, S. W., Miller, R., Scheyd, G., McCollough, J. K., & Franklin, M. (2003). Major histocompatibility complex genes, symmetry, and body scent attractiveness in men and women. *Behavioral Ecology, 14*(5), 668–678.

Wedekind, C., Seebeck, T., Bettens, F., & Paepke, A. J. (1995). MHC-dependent mate preferences in humans. *Proceedings of the Royal Society of London. Series B: Biological Sciences, 260*(1359), 245–249.

White, G. L., Fishbein, S., & Rutsein, J. (1981). Passionate love and the misattribution of arousal. *Journal of Personality and Social Psychology, 41*(1), 56–62.

山本 眞理子・原 奈津子 (2006). 他者を知る —— 対人認知の心理学 —— サイエンス社

Zajonc, R. B. (1968). Attitudinal effects of mere exposure. *Journal of Personality and Social Psychology, 9*, 1–27.

## ● 7章　人間関係の維持

Ackerman, J. M., Griskevicius, V., & Li, N. P. (2011). Let's get serious: Communicating commitment in romantic relationships. *Journal of Personality and Social Psychology, 100*(6), 1079–1094.

Baumeister, R. F., Campbell, J. D., Krueger, J. I., & Vohs, K. D. (2003). Does high self-esteem cause better performance, interpersonal success, happiness, or healthier lifestyles? *Psychological Science in the Public Interest, 4*(1), 1–44.

Baumeister, R. F., DeWall, C. N., Ciarocco, N. J., & Twenge, J. M. (2005). Social exclusion impairs self-regulation. *Journal of Personality and Social Psychology, 88*(4), 589–604.

Berkman, L. F., & Syme, S. L. (1979). Social networks, host resistance, and mortality: A nine-year follow-up study of Alameda County residents. *American Journal of Epidemiology, 109*(2), 186–204.

Clark, M. S., & Aragón, O. R. (2013). Communal (and other) relationships: History, theory development, recent findings, and future directions. In J. A. Simpson & L. Campbell (Eds.), *The Oxford handbook of close relationships* (pp. 255–280). Oxford University Press.

Clark, M. S., & Mills, J. R. (1979). Interpersonal attraction in exchange and communal relationships. *Journal of Personality and Social Psychology, 37*(1), 12–24.

Clark, M. S., & Mills, J. R. (1993). The difference between communal and exchange relationships: What it is and is not? *Personality and Social Psychology Bulletin, 19*(6), 684–691.

Clark, M. S., & Mills, J. R. (2012). A theory of communal (and exchange) relationships. In P. A. M. Van Lange, A. W. Kruglanski, & E. T. Higgins (Eds.), *Handbook of theories of social psychology: Vol. 2* (pp. 232–250). Sage Publications.

Clark, M. S., Mills, J. R., & Powell, M. C. (1986). Keeping track of needs in communal and exchange relationships. *Journal of Personality and Social Psychology, 51*(2), 333–338.

Clark, M. S., Ouellette, R., Powell, M. C., & Milberg, S. (1987). Recipient's mood, relationship type, and helping. *Journal of Personality and Social Psychology, 53*(1), 94–103.

Downey, G., Freitas, A. L., Michaelis, B., & Khouri, H. (1998). The self-fulfilling prophecy in close relationships: Rejection sensitivity and rejection by romantic partners. *Journal of Personality and Social Psychology, 75*(2), 545–560.

Filipkowski, K. B., Jones, D. R., Bernstein, M. J., Smyth, J. M. (2022). Stress-responses to ostracism: Examining cortisol and affective reactivity to in-person and online exclusion. *Journal of Health Psychology, 27*(8), 1793–1804.

Fiske, A. P. (1992). The four elementary forms of sociality: Framework for a unified theory of social relations. *Psychological Review, 99*(4), 689–723.

Fiske, A. P., & Haslam, N. (1996). Social cognition is thinking about relationships. *Current Directions in Psychological Science, 5*(5), 143–148.

Foa, E. B., & Foa, U. G. (2012). Resource theory of social exchange. In K. Törnblom & A. Kazemi (Eds.), *Handbook of social resource theory: Theoretical extensions, empirical insights, and social applications* (pp. 15–32). Springer-Verlag.

Fredrickson, B. L. (2001). The role of positive emotions in positive psychology: The broaden-and-build theory of positive emotions. *American Psychologist, 56*(3), 218–226.

Fredrickson, B. L., & Branigan, C. (2005). Positive emotions broaden the scope of attention and thought-action repertoires. *Cognition and Emotion, 19*(3), 313–332.

Gneezy, U., & Rustichini, A. (2000). A fine is a price. *Journal of Legal Studies, 29*(1), 1–17.

Gouldner, A. W. (1960). The norm of reciprocity: A preliminary statement. *American Sociological Review, 25*(2), 161–178.

Haselton, M. G., & Buss, D. M. (2000). Error management theory: A new perspective on biases in cross-sex mind reading. *Journal of Personality and Social Psychology, 78*(1), 81–91.

Haselton, M. G., & Nettle, D. (2006). The paranoid optimist: An integrative evolutionary model of cognitive biases. *Personality and Social Psychology Review, 10*(1), 47–66.

橋本 剛 (2005). ストレスと対人関係 ナカニシヤ出版

Hobfoll, S. E., Nadler, A., & Leiberman, J. (1986). Satisfaction with social support during crisis: Intimacy and self-esteem as critical determinants. *Journal of Personality and Social Psychology, 51*(2), 296–304.

Holmes, T. H., & Rahe, R. H. (1967). The social readjustment rating scale. *Journal of Psychosomatic Research, 11*(2), 213–221.

Homans, G. C. (1961). *Social behavior: Its elementary forms*. Harcourt, Brace & World.

Johnson, D. J., & Rusbult, C. E. (1989). Resisting temptation: Devaluation of alternative partners as a means of maintaining commitment in close relationships. *Journal of Personality and Social Psychology, 57*(6), 967–980.

Katz, J., Tirone, V., & Schukrafft, M. (2012). Breaking up is hard to do: Psychological entrapment and women's commitment to violent dating relationship. *Violence and Victims, 27*(4), 455–469.

Kavakli, M. (2021). Which one is more detrimental for humankind? Ostracism or social exclusion? Their effects on depression, anxiety, stress. *Journal of Cognitive Behavioral Psychotherapy and Research, 10*(1), 12–18.

Kelley, H. H., & Thibaut, J. W. (1978). *Interpersonal relations: A theory of interdependence.* John Wiley & Sons.

Kross, E., Egner, T., Ochsner, K., Hirsch, J., & Downey, G. (2007). Neural dynamics of rejection sensitivity. *Journal of Cognitive Neuroscience, 19*(6), 945–956.

Le, B., & Agnew, C. R. (2003). Commitment and its theorized determinants: A meta-analysis of the investment model. *Personal Relationships, 10*(1), 37–57.

Leary, M. R., & Baumeister, R. F. (2000). The nature and function of self-esteem: Sociometer theory. In M. P. Zanna (Ed.), *Advances in experimental social psychology: Vol. 32* (pp. 1–62). Academic Press.

Leary, M. R., Kowalski, R. M., Smith, L., & Phillips, S. (2003). Teasing, rejection, and violence: Case studies of the school shootings. *Aggressive Behavior, 29*(3), 202–214.

Martz, J. M., Verette, J., Arriaga, X. B., Slovik, L. F., Cox, C. L., & Rusbult, C. E. (1998). Positive illusion in close relationships. *Personal Relationships, 5*(2), 159–181.

McNulty, J. K. (2011). The dark side of forgiveness: The tendency to forgive predicts continued psychological and physical aggression in marriage. *Personality and Social Psychology Bulletin, 37*(6), 770–783.

McNulty, J. K., O'Mara, E. M., & Karney, B. R. (2008). Benevolent cognitions as a strategy of relationship maintenance: "Don't sweat the small stuff"... But it is not all small stuff. *Journal of Personality and Social Psychology, 94*(4), 631–646.

諸井 克英 (1989). 対人関係への衡平理論の適用(2) —— 同性親友との関係における衡平性と情動的状態 —— 実験社会心理学研究, *28*(2), 131–141.

Murray, S. L., Griffin, D. W., Derrick, J. L., Harris, B., Aloni, M., & Leder, S. (2011). Tempting fate or inviting happiness? Unrealistic idealization prevents the decline of marital satisfaction. *Psychological Science, 22*(5), 619–626.

Rhatigan, D. L., & Axsom, D. K. (2006). Using the investment model to understand battered women's commitment to abusive relationships. *Journal of Family Violence, 21*(2), 153–162.

Rusbult, C. E., Agnew, C. R., & Arriaga, X. B. (2012). The investment model of commitment processes. In P. A. M. Van Lange, A. W. Kruglanski, & E. T. Higgins (Eds.), *Handbook of theories of social psychology: Vol. 2* (pp. 218–231). Sage Publications.

Rusbult, C. E., Arriaga, X. B., & Agnew, C. R. (2001). Interdependence in close relationships. In G. J. O. Fletcher & M. S. Clark (Eds.), *Blackwell handbook in social psychology: Vol. 2. Interpersonal processes* (pp. 359–387). Blackwell.

Rusbult, C. E., Van Lange, P. A. M., Wildschut, T., Yovetich, N. A., & Verette, J. (2000). Perceived superiority in close relationships: Why it exists and persists. *Journal of Personality and Social Psychology, 79*(4), 521–545.

Simpson, J. A. (1990). Influence of attachment styles on romantic relationships. *Journal of Personality and Social Psychology, 59*(5), 971–980.

Simpson, J. A., Ickes, W., & Blackstone, T. (1995). When the head protects the heart: Empathic accuracy in dating relationships. *Journal of Personality and Social Psychology, 69*(4), 629–641.

Sommer, K. L., & Baumeister, R. F. (2002). Self-evaluation, persistence, and performance following implicit rejection: The role of trait self-esteem. *Personality and Social Psychology Bulletin, 28*(7), 926–938.

Taylor, D. N., & Del Pilar, J. (1992). Self-esteem, anxiety, and drug use. *Psychological Reports, 71*(3), 896–898.

寺島 瞳・竹澤 みどり・宮前 淳子・松井 めぐみ・宇井 美代子 (2020). IPV (Intimate Partner Violence) 関係継続・終結の意思決定に関する性差の検討 —— 投資モデルの観点から —— パーソナリティ研究, *29*(2), 94–96.

Thibaut, J. W., & Kelley, H. H. (1959). *The social psychology of groups*. John Wiley & Sons.

上原 俊介 (2022). 親密な人間関係における怒りの感情表出と血圧 日本心理学会第86回大会発表論文集, 161.

上原 俊介・森 丈弓・中川 知宏 (2019). 親密な関係における怒りの感情表出と効果 —— 生存時間分析による検討 —— 実験社会心理学研究, *59*(1), 25–36.

Uehara, S., Nakagawa, T., Tabata, N., & Suzuki, R. (2024). *Does anger expression lead to relationship closeness or does relationship closeness lead to anger expression: A longitudinal analysis.* (unpublished manuscript)

Walster, E., Walster, G. W., & Berscheid, E. (1978). *Equity: Theory and research*. Allyn & Bacon.

Williamson, G. M., & Clark, M. S. (1992). Impact of desired relationship type on affective reactions to choosing and being required to help. *Personality and Social Psychology Bulletin, 18*(1), 10–18.

Záhorcová, L., Dršťáková, Ž., & Masaryková, M. (2023). Forgiveness, its factors, and unforgivable acts in romantic relationships: A mixed-methods study. *Personal Relationships, 30*(2), 471–500.

## ●8章　援助とサポート

Awad, E., Dsouza, S., Kim, R., Schulz, J., Henrich, J., Shariff, A., Bonnefon, J. F., & Rahwan, I. (2018). The moral machine experiment. *Nature, 563*(7729), 59–64.

Barron, G., & Yechiam, E. (2002). Private e-mail requests and the diffusion of responsibility. *Computers in Human Behavior, 18*(5), 507–520.

Bateson, M., Nettle, D., & Roberts, G. (2006). Cues of being watched enhance cooperation in a real-world setting. *Biology Letters, 2*(3), 412–414.

Batson, C. D., Eklund, J. H., Chermok, V. L., Hoyt, J. L., & Ortiz, B. G. (2007). An additional antecedent of empathic concern: Valuing the welfare of the person in need. *Journal of Personality and Social Psychology, 93*(1), 65–74.

Berg, C. A., & Upchurch, R. (2007). A developmental-contextual model of couples coping with chronic illness across the adult life span. *Psychological Bulletin, 133*(6), 920–954.

Berkman, L. F., Kawachi, I., & Glymour, M. M. (Eds.). (2014). *Social epidemiology* (2nd ed.). Oxford University Press.〔バークマン, L. F. 他（編）／高尾 総司・藤原 武男・近藤 尚己（訳）(2017). 社会疫学（上・下） 大修館書店〕

Bolger, N., & Amarel, D. (2007). Effects of social support visibility on adjustment to stress: Experimental evidence. *Journal of Personality and Social Psychology, 92*(3), 458–475.

Bolger, N., Zuckerman, A., & Kessler, R. C. (2000). Invisible support and adjustment to stress. *Journal of Personality and Social Psychology, 79*(6), 953–961.

Bowlby, J. (1980). *Attachment and loss*. Basic Books.

Carlo, G., Okun, M. A., Knight, G. P., & de Guzman, M. R. T. (2005). The interplay of traits and motives on volunteering: Agreeableness, extraversion and prosocial value motivation. *Personality and Individual Differences, 38*(6), 1293–1305.

Carlson, M., Charlin, V., & Miller, N. (1988). Positive mood and helping behavior: A test of six hypotheses. *Journal of Personality and Social Psychology, 55*(2), 211–229.

Carlson, M., & Miller, N. (1987). Explanation of the relation between negative mood and helping.

*Psychological Bulletin, 102*(1), 91–108.

Cutrona, C. E., & Russell, D. W. (1990). Type of social support and specific stress: Toward a theory of optimal matching. In B. R. Sarason, I. G. Sarason & G. R. Pierce (Eds.), *Social support: An interactional view* (pp. 319–366). John Wiley & Sons.

Eissa, G., & Lester, S. W. (2018). When good deeds hurt: The potential costs of interpersonal helping and the moderating roles of impression management and prosocial values motives. *Journal of Leadership & Organizational Studies, 25*(3), 339–352.

Ekström, M. (2012). Do watching eyes affect charitable giving? Evidence from a field experiment. *Experimental Economics, 15*(3), 530–546.

Ell, K., Nishimoto, R., Mediansky, L., Mantell, J., & Hamovitch, M. (1992). Social relations, social support and survival among patients with cancer. *Journal of Psychosomatic Research, 36*(6), 531–541.

Erlandsson, A., Dickert, S., Moche, H., Västfjäll, D., & Chapman, C. (2023). Beneficiary effects in prosocial decision making: Understanding unequal valuations of lives. *European Review of Social Psychology,* 1–48.

Ernest-Jones, M., Nettle, D., & Bateson, M. (2011). Effects of eye images on everyday cooperative behavior: A field experiment. *Evolution and Human Behavior, 32*(3), 172–178.

Feeney, B. C. (2004). A secure base: Responsive support of goal strivings and exploration in adult intimate relationships. *Journal of Personality and Social Psychology, 87*(5), 631–648.

Feeney, B. C., & Collins, N. L. (2015). A new look at social support: A theoretical perspective on thriving through relationships. *Personality and Social Psychology Review, 19*(2), 113–147.

Fischer, P., Krueger, J. I., Greitemeyer, T., Vogrincic, C., Kastenmüller, A., Frey, D., Heene, M., Wicher, M., & Kainbacher, M. (2011). The bystander-effect: A meta-analytic review on bystander intervention in dangerous and non-dangerous emergencies. *Psychological Bulletin, 137*(4), 517–537.

Graziano, W. G., Habashi, M. M., Sheese, B. E., & Tobin, R. M. (2007). Agreeableness, Empathy, and Helping: A Person × Situation Perspective. *Journal of Personality and Social Psychology, 93*(4), 583–599.

Hart, P. S., Lane, D., & Chinn, S. (2018). The elusive power of the individual victim: Failure to find a difference in the effectiveness of charitable appeals focused on one compared to many victims. *PLOS ONE, 13*(7), Article e0199535.

橋本 剛 (2020). 援助要請の諸相と陥穽　心理学評論, 63(4), 497–502.

Holt-Lunstad, J., Smith, T. B., Baker, M., Harris, T., & Stephenson, D. (2015). Loneliness and Social Isolation as Risk Factors for Mortality: A Meta-Analytic Review. *Perspectives on Psychological Science, 10*(2), 227–237.

Holt-Lunstad, J., Smith, T. B., & Layton, J. B. (2010). Social relationships and mortality risk: A meta-analytic review. *PLoS Medicine, 7*(7), e1000316.

Horowitz, L. M., Krasnoperova, E. N., Tatar, D. G., Hansen, M. B., Person, E. A., Galvin, K. L., & Nelson, K. L. (2001). The way to console may depend on the goal: Experimental studies of social support. *Journal of Experimental Social Psychology, 37*(1), 49–61.

Hostinar, C. E., Sullivan, R. M., & Gunnar, M. R. (2014). Psychobiological mechanisms underlying the social buffering of the hypothalamic-pituitary-adrenocortical axis: A review of animal models and human studies across development. *Psychological Bulletin, 140*(1), 256–282.

Hui, C., Lam, S. S., & Law, K. K. (2000). Instrumental values of organizational citizenship behavior for promotion: A field quasi-experiment. *The Journal of Applied Psychology, 85*(5), 822–828.

Jang, S., Stephens, A. B., & Smith, R. W. (2023). Identifying different patterns of citizenship motives: A latent profile analysis. *Occupational Health Science.*

Kaplan, G. A., Salonen, J. T., Cohen, R. D., Brand, R. J., Syme, S. L., & Puska, P. (1988). Social connections and mortality from all causes and from cardiovascular disease: Prospective evidence from eastern Finland. *American Journal of Epidemiology, 128*(2), 370–380.

Kaplan, G. A., Wilson, T. W., Cohen, R. D., Kauhanen, J., Wu, M., & Salonen, J. T. (1994). Social functioning and overall mortality: Prospective evidence from the kuopio ischemic heart disease risk factor study. *Epidemiology, 5*(5), 495–500.

Kirsch, J. A., & Lehman, B. J. (2015). Comparing visible and invisible social support: Non-evaluative support buffers cardiovascular responses to stress. *Stress and Health, 31*(5), 351–364.

Kogut, T., & Kogut, E. (2013). Exploring the relationship between adult attachment style and the identifiable victim effect in helping behavior. *Journal of Experimental Social Psychology, 49*(4), 651–660.

古村 健太郎・戸田 弘二 (2020). 助け合いとしてのアタッチメント 心理学評論, *63*(3), 263–280.

Kouvonen, A., Oksanen, T., Vahtera, J., Stafford, M., Wilkinson, R., Schneider, J., Väänänen, A., Virtanen, M., Cox, S. J., Pentti, J., Elovainio, M., & Kivimäki, M. (2008). Low workplace social capital as a predictor of depression. *American Journal of Epidemiology, 167*(10), 1143–1151.

Latané, B., Darley, J. M., 竹村 研一・杉崎 和子 (1997). 冷淡な傍観者 ―― 思いやりの社会心理学 ―― ブレーン出版

Latané, B., & Rodin, J. (1969). A lady in distress: Inhibiting effects of friends and strangers on bystander intervention. *Journal of Experimental Social Psychology, 5*(2), 189–202.

Lee, M., & Rotheram-Borus, M. J. (2001). Challenges associated with increased survival among parents living with HIV. *American Journal of Public Health, 91*(8), 1303–1309.

Lefevor, G. T., Fowers, B. J., Ahn, S., Lang, S. F., & Cohen, L. M. (2017). To what degree do situational influences explain spontaneous helping behaviour? A meta-analysis. *European Review of Social Psychology, 28*(1), 227–256.

Liu, D., Ainsworth, S. E., & Baumeister, R. F. (2016). A meta-analysis of social networking online and social capital. *Review of General Psychology, 20*(4), 369–391.

森 久美子 (2020). 共感の負の効果 ―― 五十嵐論文へのコメント ―― 心理学評論, *63*(4), 418–421.

中谷 素之・岡田 涼 (2020). 学業的・社会的領域の目標と学業的援助要請に関する包括的レビュー ―― 援助を求めることは常に最善か？ ―― 心理学評論, *63*(4), 457–476.

Nettle, D., Nott, K., & Bateson, M. (2012). "Cycle Thieves, We Are Watching You": Impact of a Simple Signage Intervention against Bicycle Theft. *PLoS ONE, 7*(12), 8–12.

Northover, S. B., Pedersen, W. C., Cohen, A. B., & Andrews, P. W. (2017). Artificial surveillance cues do not increase generosity: two meta-analyses. *Evolution and Human Behavior, 38*(1), 144–153.

Oh, H. J., & Bae, S. M. (2021). The moderating effects of individual and community social capital on the relationship between depressive symptoms and suicide in the elderly. *Current Psychology, 40*(8), 4164–4171.

Patterson, T. L., Shaw, W. S., Semple, S. J., Cherner, M., McCutchan, J. A., Atkinson, J. H., Grant, I., & Nannis, E. (1996). Relationship of psychosocial factors to HIV disease progression. *Annals of Behavioral Medicine : A Publication of the Society of Behavioral Medicine, 18*(1), 30–39.

Penninx, B. W. J. H., Van Tilburg, T., Kriegsman, D. M. W., Deeg, D. J. H., Boeke, A. J. P., & Van Eijk, J. T. M. (1997). Effects of social support and personal coping resources on mortality in older age: The longitudinal aging study Amsterdam. *American Journal of Epidemiology, 146*(6), 510–519.

Pfattheicher, S. (2015). A regulatory focus perspective on reputational concerns: The impact of prevention-focused self-regulation. *Motivation and Emotion, 39*(6), 932–942.

Pfattheicher, S., & Keller, J. (2015). The watching eyes phenomenon: The role of a sense of being seen and public self-awareness. *European Journal of Social Psychology, 45*(5), 560–566.

Philpot, R., Levine, M., Lindegaard, M. R., & Philpot, R. (2020). Would I be helped? Cross-national CCTV footage shows that intervention is the norm in public conflicts. *American Psychologist, 75*(1), 66–75.

Powell, K. L., Roberts, G., & Nettle, D. (2012). Eye images increase charitable donations: Evidence from an opportunistic field experiment in a supermarket. *Ethology, 118*(11), 1096–1101.

Putnam, R. D. (2000). *Bowling alone: The collapse and revival of American community*. Touchstone Books/Simon & Schuster.〔パットナム, R. D.／柴内 康文（訳）(2006). 孤独なボウリング —— 米国コミュニティの崩壊と再生 ——　柏書房〕

Rigdon, M., Ishii, K., Watabe, M., & Kitayama, S. (2009). Minimal social cues in the dictator game. *Journal of Economic Psychology, 30*(3), 358–367.

Rioux, S. M., & Penner, L. A. (2001). The causes of organizational citizenship behavior: A motivational analysis. *Journal of Applied Psychology, 86*(6), 1306–1314.

坂田 桐子 (2020). チームにおける助け合いに潜むもう一つの陥穽　心理学評論, *63*(4), 453–456.

Schroeder, J., Waytz, A., & Epley, N. (2017). Endorsing help for others that you oppose for yourself: Mind perception alters the perceived effectiveness of paternalism. *Journal of Experimental Psychology: General, 146*(8), 1106–1125.

Snelgrove, J. W., Pikhart, H., & Stafford, M. (2009). A multilevel analysis of social capital and self-rated health: Evidence from the British Household Panel Survey. *Social Science and Medicine, 68*(11), 1993–2001.

Uchino, B. N. (2009). Understanding the links between social support and physical health: A life-span perspective with emphasis on the separability of perceived and received support. *Perspectives on Psychological Science, 4*(3), 236–255.

van Bommel, M., van Prooijen, J. W., Elffers, H., & Van Lange, P. A. M. (2012). Be aware to care: Public self-awareness leads to a reversal of the bystander effect. *Journal of Experimental Social Psychology, 48*(4), 926–930.

Voelpel, S. C., Eckhoff, R. A., & F¨rster, J. (2008). David against Goliath? Group size and bystander effects in virtual knowledge sharing. *Human Relations, 61*(2), 271–295.

### ●9章　攻撃と暴力

Anderson, C. A., & Bushman, B. J. (2002). Human aggression. *Annual Review of Psychology, 53*, 27–51.

Babiak, P., & Hare, R. D. (2007). *Snakes in suits: When psychopaths go to work*. Harper Collins Publishers.〔バビアク, P.・ヘア, R. D.／真喜志 順子（訳）(2007).　社内の「知的確信犯」を探し出せ　ファーストプレス〕

Bandura, A. (1973). *Aggression: A social learning analysis*. Prentice-Hall.

Bar-Tal, D. (2011). *Intergroup conflicts and their resolution: A social psychological perspective*. Psychology Press.〔バル・タル, D.／熊谷 智博・大渕 憲一（監訳）(2012) .　紛争と平和構築の社会心理学 —— 集団間の葛藤とその解決 ——　北大路書房〕

Baumeister, R. F., Bratslavsky, E., Muraven, M., & Tice, D. M. (1998). Ego depletion: Is the active self a limited resource? *Journal of Personality and Social Psychology, 74*(5), 1252–1265.

Berkowitz, L. (1993). *Aggression: Its causes, consequences, and control*. McGraw-Hill.

Bowles, S. (2009). Did warfare among ancestral hunter-gatherers affect the evolution of human social behaviors? *Science, 324*(5932), 1293–1298.

Brebels, L., De Cremer, D., & Sedikides, C. (2008). Retaliation as a response to procedural unfairness: A self-regulatory approach. *Journal of Personality and Social Psychology, 95*(6), 1511–1525.

Bulletin of the Atomic Scientists (2004). *A moment of historic danger: It is still 90 seconds to midnight. 2024 Doomsday Clock Statement.* https://thebulletin.org/wp-content/uploads/2024/01/2024-Doomsday-Clock-Statement.pdf

Christie, R., & Geis, F. L. (1970). *Studies in Machiavellianism*. Academic Press.

Crick, N. R., & Grotpeter, J. K. (1995). Relational aggression, gender, and social-psychological adjustment. *Child Development, 66*, 710–722.

Crick, N. R., Ostrov, J. M., & Werner, N. E. (2006). A longitudinal study of relational aggression, physical aggression, and children's social–psychological adjustment. *Journal of Abnormal Child Psychology, 34*, 127–138.

Damacio, A. R. (1994). *Descartes' error: Emotion, reason, and the human brain*. Quill Publishing.〔ダマシオ，A. R.／田中 三彦（訳）(2000). 生存する脳——心と脳と身体の神秘 講談社〕

Dodge, K. A. (1991). The structure and function of reactive and proactive aggression. In D. J. Pepler & K. H. Rubin (Eds.), *The development and treatment of childhood aggression* (pp. 201–218). Lawrence Erlbaum Associates.

Dollard, J., Doob, L., Miller, N. E., Mowrer, O. H., & Sears, R. R. (1939). *Frustration and aggression*. Yale University Press.〔ドラード，J. 他／宇津木 保（訳）(1959). 欲求不満と暴力 誠信書房〕

Dutton, K. (2012). *The wisdom of psychopaths: What saints, spies, and serial killers can teach us about success*. Penguin Random House.〔ダットン，K.／小林 由香里（訳）(2013). サイコパス——秘められた能力—— NHK出版〕

Feshbach, S. (1964). The function of aggression and the regulation of aggressive drive. *Psychological Review, 71*, 257–272.

Frijda, N. H. (2007). *The laws of emotion*. Psychology Press.

Gat, A. (2006). *War in human civilization*. Oxford University Press.〔ガット，A.／石津 朋之・永末 聡・山本 文史（監訳）歴史と戦争研究会（訳）(2022). 文明と戦争（上）（下）——人類二百万年の興亡—— 中央公論新社〕

Glowacki, L. (2022). The evolution of peace. *Behavioral and Brain Sciences, 47*, DOI: https://doi.org/10.1017/S0140525X22002862

Glowacki, L. & Wrangham, R. (2013). The role of rewards in motivating participation in simple warfare. *Human Nature, 24*(4), 444–460.

Gollwitzer, M., Meder, M., & Schmitt, M. (2011). What gives victims satisfaction when they seek revenge? *European Journal of Social Psychology, 41*, 364–374.

Harari, Y. N. (2014). *Sapiens: A brief history of humankind*. London: Harvill Secker.〔ハラリ，Y. N.／柴田 裕之（訳）(2016). サピエンス全史 （上）（下）——文明の構造と人類の幸福—— 河出書房新社〕

Hare, B. (2017). Survival of the friendliest: How sapiens evolved via selection for prosociality. *Annual Review of Psychology, 68*, 155–186.

Hare, B., & Woods, V. (2020). *Survival of the friendliest: Understanding our origins and rediscovering our common humanity*. Random House.〔ヘア，B.・ウッズ，V.／藤原 多伽夫（訳）(2022). ヒトは〈家畜化〉して進化した——私たちはなぜ寛容で残酷な生き物になったのか—— 白揚社〕

Hare, R. D. (1970). *Psychopathy: Theory and research.* Wiley.〔ヘア, R. D.／小林 宏明（訳）(2000). 診断名サイコパス —— 身近にひそむ異常人格者たち —— 早川書房〕

Heym, N., Firth, J., Kibowski, F., Sumich, A., Egan, V., & Bloxsom, C. A. (2019). Empathy at the heart of darkness: Empathy deficits that bind the Dark Triad and those that mediate indirect relational aggression. *Frontiers in Psychiatry, 10,* Article 95,

Higgs, T., Olver, M. E., Nunes, K., & Cortoni, F. (2020). Risk relevance of psychometric assessment and evaluator ratings of dynamic risk factors in high-risk violent offenders. *Legal and Criminological Psychology, 25,* 219–236.

Jugl, I., Bender, D., & Lösel, F. (2023). Do sports programs prevent crime and reduce reoffending? A systematic review and meta-analysis on the effectiveness of sports programs. *Journal of Quantitative Criminology, 39,* 333–384.

Krahé, B. (2020). *The Social psychology aggression* (3rd ed.). Routledge.

Lorenz, K. (1963). *Das sogenannte Böse: Zur Naturgeschichte der Aggression.* Dr. G. Borotha-Schoeler Verlag.〔ローレンツ, K.／日高 敏隆・久保 和彦（訳）(1970). 攻撃 —— 悪の自然誌 —— みすず書房〕

Miller, N., Pederson, W. C., Earleywine, M., & Pollock, V. E. (2003). A theoretical model of triggered aggression. *Personality and Social Psychology Review, 7,* 75–97.

内閣府 (2020).「基本的法制度に関する世論調査」の概要 https://survey.gov-online.go.jp/r01/r01-houseido/

大渕 憲一 (2003). 満たされない自己愛 —— 現代人の心理と対人葛藤 —— 筑摩書房

大渕 憲一 (2008). 社会的排斥と不適応 —— 実験社会心理学的検討 —— 群馬大学社会情報学部（編），平成20年度群馬大学社会心理学セミナー報告, 1-21.

大渕 憲一 (2011). 新版 人を傷つける心 —— 攻撃性の社会心理学 —— サイエンス社

Ohbuchi, K., Tamura, T., Quigley, B. M., Tedeschi, J. T., Madi, N., Bond, M. H., & Mummendey, A. (2004). Anger, blame, and dimensions of perceived norm violations: Culture, gender, and relationships. *Journal of Applied Social Psychology, 34,* 1587–1603.

Paulhus, D. L., & Williams, K. M. (2002). The Dark Triad of personality: Narcissism, Machiavellianism, and psychopathy. *Journal of Research in Personality, 36*(6), 556–563.

Schwarz, N. (2012). Feelings-as-information theory. In P. A. M. Van Lange, A. W. Kruglanski, & E. T. Higgins. (Eds.), *Handbook of theories of social psychology: Vol. 1* (pp. 289–308). Sage Publications.

下司 忠大・小塩 真司 (2017). 日本語版 Short Dark Triad（SD3-J）の作成 パーソナリティ研究, 26, 12–22.

Staub, E. (2013). Building a peaceful society: Origins, prevention, and reconciliation after genocide and other group violence. *American Psychologist, 68*(7), 576–589.

田中 雅史 (2023). ナルシシズムの力 —— 村上春樹からまどマギまで —— 新典社

Tedeschi, J. T., & Felson, R. B. (1994). *Violence, aggression, and coercive actions.* American Psychological Association.

Twenge, J. M., Baumeister, R. F., Tice, D. M., & Stucke, T. S. (2001). If you can't join them, beat them: Effects of social exclusion on aggressive behavior. *Journal of Personality and Social Psychology, 81,* 1058–1069.

Van den Bos, K. (2018). *Why people radicalize: How unfairness judgements are used to fuel radical beliefs, extremist behavior, and terrorism.* Oxford University Press.〔ファンデンボス, K.／熊谷 智博・大渕 憲一（訳）( 印刷中) 人はなぜ過激化するのか —— テロと正義の心理学 —— 法政大学出

版会〕

Wilson, M. L., Boesch, C., Fruth, B., Furuichi, T., Gilby, I. C., Hashimoto, C., Hobaiter, C. L., Hohmann, G., Itoh, N., Koops, K., Lloyd, J. N., Matsuzawa, T., Mitani, J. C., Mjungu, D. C., Morgan, D., Muller, M. N., Mundry, R., Nakamura, M., Pruetz, J., Pusey, A. E., Riedel, J., Sanz, C., Schel, A. M., Simmons, N., Waller, M., Watts, D. P., White, F., Wittig, R. M., Zuberbuhler, K., Wrangham, R. W. (2014). Lethal aggression in Pan is better explained by adaptive strategies than human impacts. *Nature, 513*(7518), 414–417.

Wrangham, R. W. (1999). Evolution of coalitionary killing. *Yearbook of Physical Anthropology, 42,* 1–30.

Wrangham, R. W. & Peterson, D. (1996). *Demonic males: Apes and the origins of human violence.* Houghton Mifflin.〔ランガム, R. W. ピーターソン, D.／山下 篤子（訳）(1998). 男の凶暴性はどこからきたか 三田出版会〕

Zeigler-Hill, V. & Marcus, D. K. (2016). Introduction: A bright future for dark personality features? In V. Zeigler-Hill. & D. K. Marcus. (Eds.), *The dark side of personality: Science and practice in social, personality, and clinical psychology* (pp. 3–22). American Psychological Association.

### ●10章　社会的認知のしくみ

Abele, A. E., Ellemers, N., Fiske, S. T., Koch, A., & Yzerbyt, V. (2021). Navigating the social world: Toward an integrated framework for evaluating self, individuals, and groups. *Psychological Review, 128*(2), 290–314.

Abele, A. E., Uchronski, M., Suitner, C., & Wojciszke, B. (2008). Towards an operationalization of the fundamental dimensions of agency and communion: Trait content ratings in five countries considering valence and frequency of word occurrence. *European Journal of Social Psychology, 38*(7), 1202–1217.

Asch, S. E. (1946). Forming impressions of personality. *The Journal of Abnormal and Social Psychology, 41*(3), 258–290.

Bless, H., & Burger, A. M. (2017). Mood and the regulation of mental abstraction. *Current Directions in Psychological Science, 26*(2), 159–164.

Brewer, M. B. (1988). A dual process model of impression formation. In T. K. Srull & R. S. Wyer, Jr. (Eds.), *Advances in social cognition: Vol. 1* (pp. 1–36). Lawrence Erlbaum Associates.

Chaiken, S., & Trope, Y. (Eds.). (1999). *Dual-process theories in social psychology.* Guilford Press.

Englich, B., & Mussweiler, T. (2001). Sentencing under uncertainty: Anchoring effects in the courtroom. *Journal of Applied Social Psychology, 31*(7), 1535–1551.

Englich, B., Mussweiler, T., & Strack, F. (2005). The last word in court—A hidden disadvantage for the defense. *Law and Human Behavior, 29*(6), 705–722.

Epley, N. (2014). Mindwise: *Why we misunderstand what others think, believe, feel, and want.* Random House.〔N, エプリー.／波多野 理彩子（訳）(2015). 人の心は読めるか？ 早川書房〕

Epley, N., Akalis, S., Waytz, A., & Cacioppo, J. T. (2008). Creating social connection through inferential reproduction: Loneliness and perceived agency in gadgets, Gods, and greyhounds. *Psychological Science, 19*(2), 114–120.

Epley, N., Keysar, B., Van Boven, L., & Gilovich, T. (2004). Perspective taking as egocentric anchoring and adjustment. *Journal of Personality and Social Psychology, 87*(3), 327–339.

Fiedler, K. (2018). Storing and retrieving information. In R. Greifeneder, H. Bless, & K. Fiedler (Eds.), *Social cognition* (2nd ed., pp. 53–81). Routledge.

Fiske, S. T. (1980). Attention and weight in person perception: The impact of negative and extreme behavior. *Journal of Personality and Social Psychology, 38*(6), 889–906.

Forgas, J. P., & Bower, G. H. (1987). Mood effects on person-perception judgments. *Journal of Personality and Social Psychology, 53*(1), 53–60.

Galinsky, A. D., & Mussweiler, T. (2001). First offers as anchors: The role of perspective-taking and negotiator focus. *Journal of Personality and Social Psychology, 81*(4), 657–669.

Gigerenzer, G. (2004). Dread risk, September 11, and fatal traffic accidents. *Psychological Science, 15*(4), 286–287.

Gray, K., & Wegner, D. M. (2010). Blaming God for our pain: Human suffering and the divine mind. *Personality and Social Psychology Review, 14*(1), 7–16.

Higgins, T. E., Rholes, W. S., & Jones, C. R. (1977). Category accessibility and impression formation. *Journal of Experimental Social Psychology, 13*(2), 141–154.

Isen, A. M., Shalker, T. E., Clark, M., & Karp, L. (1978). Affect, accessibility of material in memory, and behavior: A cognitive loop? *Journal of Personality and Social P, 36*(1), 1–12.

Kahneman, D., & Tversky, A. (1973). On the psychology of prediction. *Psychological Review, 80*(4), 237–251.

唐沢 かおり (2017). なぜ心を読みすぎるのか――みきわめと対人関係の心理学　東京大学出版会

Kelley, H. H. (1950). The warm-cold variable in first impressions of persons. *Journal of Personality, 18*, 431–439.

Kozak, M. N., Marsh, A. A., & Wegner, D. M. (2006). What do I think you're doing? Action identification and mind attribution. *Journal of Personality and Social Psychology, 90*(4), 543–555.

Kruger, J., & Savitsky, K. (2009). On the genesis of inflated (and deflated) judgments of responsibility. *Organizational Behavior and Human Decision Processes, 108*(1), 143–152.

Lerner, J. S., & Tetlock, P. E. (1999). Accounting for the effects of accountability. *Psychological Bulletin, 125*(2), 255–275.

Lombardi, W. J., Higgins, E. T., & Bargh, J. A. (1987). The role of consciousness in priming effects on categorization: Assimilation versus contrast as a function of awareness of the priming task. *Personality and Social Psychology Bulletin, 13*(3), 411–429.

Miller, N., & Campbell, D. T. (1959). Recency and primacy in persuasion as a function of the timing of speeches and measurements. *The Journal of Abnormal and Social Psychology, 59*(1), 1–9.

Neuberg, S. L. (1989). The goal of forming accurate impressions during social interactions: Attenuating the impact of negative expectancies. *Journal of Personality and Social Psychology, 56*(3), 374–386.

Neuberg, S. L., & Fiske, S. T. (1987). Motivational influences on impression formation: Outcome dependency, accuracy-driven attention, and individuating processes. *Journal of Personality and Social Psychology, 53*(3), 431–444.

Ross, M., & Sicoly, F. (1979). Egocentric biases in availability and attribution. *Journal of Personality and Social Psychology, 37*(3), 322–336.

Schroeder, J., Caruso, E. M., & Epley, N. (2016). Many hands make overlooked work: Over-claiming of responsibility increases with group size. *Journal of Experimental Psychology: Applied, 22*(2), 238–246.

Schwarz, N. (1990). Feelings as information: informational and motivational functions of affective states. In E. T. Higgins & R. M. Sorrentino (Eds.), *Handbook of motivation and cognition: Foundations of social behavior: Vol. 2* (pp. 527–561). Guilford Press.

Schwarz, N. (2012). Feelings-as-information theory. In P. A. M. Van Lange, A. W. Kruglanski, & E. T. Higgins (Eds.), *Handbook of theories of social psychology: Vol. 1* (pp. 289–308). Sage Publications.

Schwarz, N., & Clore, G. L. (1983). Mood, misattribution, and judgments of well-being: Informative and directive functions of affective states. *Journal of Personality and Social Psychology, 45*(3), 513–523.

Schwarz, N., & Clore, G. L. (2007). Feelings and phenomenal experiences. In A. W. Kruglanski & E. T. Higgins (Eds.), *Social psychology: Handbook of basic principles* (2nd ed., pp. 385–407). Guilford Press.

Sherman, J. W., Macrae, C. N., & Bodenhausen, G. V. (2000). Attention and stereotyping: cognitive constraints on the construction of meaningful social impressions. *European Review of Social Psychology, 11*(1), 145–175.

Tversky, A., & Kahneman, D. (1974). Judgment under uncertainty: Heuristics and biases. *Science, 185*(4157), 1124–1131.

Waytz, A., Morewedge, C. K., Epley, N., Monteleone, G., Gao, J., & Cacioppo, J. T. (2010). Making sense by making sentient: Effectance motivation increases anthropomorphism. *Journal of Personality and Social Psychology, 99*(3), 410–435.

Willis, J., & Todorov, A. (2006). First impressions: Making up your mind after a 100-ms exposure to a face. *Psychological Science, 17*(7), 592–598.

Wojciszke, B., Bazinska, R., & Jaworski, M. (1998). On the dominance of moral categories in impression formation. *Personality and Social Psychology Bulletin, 24*(12), 1251–1263.

## ●11章　社会的認知におけるバイアス

Allport, G. W. (2014). *The nature of prejudice: Unabridged 25th anniversary edition.* Basic Books.

Aronson, J., Lustina, M. J., Good, C., Keough, K., Steele, C. M., & Brown, J. (1999). When white men can't do math: Necessary and sufficient factors in stereotype threat. *Journal of Experimental Social Psychology, 35*(1), 29–46.

Biernat, M., Collins, E. C., Katzarska-Miller, I., & Thompson, E. R. (2009). Race-based shifting standards and racial discrimination. *Personality and Social Psychology Bulletin, 35*(1), 16–28.

Brewer, M. B. (1988). A dual process model of impression formation. In T. K. Srull & R. S. Wyer, Jr. (Eds.), *Advances in social cognition: Vol. 1* (pp. 1–36). Lawrence Erlbaum Associates.

Brown, R., & Wootton-Millward, L. (1993). Perceptions of group homogeneity during group formation and change. *Social Cognition, 11*(1), 126–149.

Collins, E. C., Biernat, M., & Eidelman, S. (2009). Stereotypes in the communication and translation of person impressions. *Journal of Experimental Social Psychology, 45*(2), 368–374.

Cuddy, A. J., Fiske, S. T., & Glick, P. (2008). Warmth and competence as universal dimensions of social perception: The stereotype content model and the BIAS map. In M. P. Zama (Ed.), *Advances in experimental social psychology: Vol. 40* (pp. 61–149). Academic Press.

Darley, J. M., & Gross, P. H. (1983). A hypothesis-confirming bias in labeling effects. *Journal of Personality and Social Psychology, 44*(1), 20.

Devine, P. G., & Malpass, R. S. (1985). Orienting strategies in differential face recognition. *Personality and Social Psychology Bulletin, 11*(1), 33–40.

Fiske, S. T. (1993). Controlling other people: The impact of power on stereotyping. *American psychologist, 48*(6), 621.

Fiske, S. T., Cuddy, A. J., Glick, P., & Xu, J. (2018). A model of (often mixed) stereotype content: Competence and warmth respectively follow from perceived status and competition. In *Social* cognition: Selected works of Susan T. Fiske (pp. 162–214). Routledge.

Fiske, S. T., & Neuberg, S. L. (1990). A continuum of impression formation, from category-based to individuating processes: Influences of information and motivation on attention and interpretation. In M. P. Zanna (Ed.), Advances in experimental social psychology: Vol. 23 (pp. 1–74). Academic Press.

Fiske, S. T., Xu, J., Cuddy, A. C., & Glick, P. (1999). (Dis) respecting versus (dis) liking: Status and interdependence predict ambivalent stereotypes of competence and warmth. Journal of Social Issues, 55(3), 473–489.

Gilbert, D. T., & Hixon, J. G. (1991). The trouble of thinking: Activation and application of stereotypic beliefs. Journal of Personality and Social Psychology, 60(4), 509.

Hamilton, D. L., & Gifford, R. K. (1976). Illusory correlation in interpersonal perception: A cognitive basis of stereotypic judgments. Journal of Experimental Social Psychology, 12(4), 392–407.

Heider, F. (1958). The psychology of interpersonal relations. New York; Wiley.

Inzlicht, M., & Ben-Zeev, T. (2000). A threatening intellectual environment: Why females are susceptible to experiencing problem-solving deficits in the presence of males. Psychological science, 11(5), 365–371.

Jones, E. E., & Harris, V. A. (1967). The attribution of attitudes. Journal of Experimental Social Psychology, 3(1), 1–24.

Jost, J. T., & Banaji, M. R. (1994). The role of stereotyping in system-justification and the production of false consciousness. British Journal of Social Psychology, 33, 1–27.

Kunda, Z., & Sherman-Williams, B. (1993). Stereotypes and the construal of individuating information. Personality and Social Psychology Bulletin, 19(1), 90–99.

Laurin, K. (2018). Inaugurating rationalization: Three field studies find increased rationalization when anticipated realities become current. Psychological science, 29(4), 483–495.

Lerner, M. J., & Miller, D. T. (1978). Just world research and the attribution process: Looking back and ahead. Psychological Bulletin, 85(5).

Linville, P. W., Fischer, G. W., & Salovey, P. (1989). Perceived distributions of the characteristics of in-group and out-group members: Empirical evidence and a computer simulation. Journal of Personality and Social Psychology, 57(2), 165.

Maass, A., Ceccarelli, R., & Rudin, S. (1996). Linguistic intergroup bias: Evidence for in-group-protective motivation. Journal of Personality and Social Psychology, 71(3), 512.

Maass, A., Milesi, A., Zabbini, S., & Stahlberg, D. (1995). Linguistic intergroup bias: Differential expectancies or in-group protection?. Journal of Personality and Social Psychology, 68(1), 116.

Maass, A., Montalcini, F., & Biciotti, E. (1998). On the (dis-) confirmability of stereotypic attributes. European Journal of Social Psychology, 28(3), 383–402.

Mullen, B., & Hu, L. T. (1989). Perceptions of ingroup and outgroup variability: A meta-analytic integration. Basic and applied social psychology, 10(3), 233–252.

Paluck, E. L., Porat, R., Clark, C. S., & Green, D. P. (2021). Prejudice reduction: Progress and challenges. Annual review of psychology, 72, 533–560.

Pettigrew, T. F. (1979). The ultimate attribution error: Extending Allport's cognitive analysis of prejudice. Personality and Social Psychology Bulletin, 5(4), 461–476.

Smith, H. J., & Tyler, T. R. (1997). Choosing the right pond: The impact of group membership on self-esteem and group-oriented behavior. Journal of Experimental Social Psychology, 33, 146–170.

Spencer, S. J., Steele, C. M., & Quinn, D. M. (1999). Stereotype threat and women's math performance.

*Journal of Experimental Social Psychology, 35*(1), 4-28.

Tajfel, H., & Turner, J. C. (1979). An integrative theory of intergroup conflict. In W. G. Austin & S. Worchel (Eds.), *The social psychology of intergroup relations* (pp. 33-47). Brooks/Cole.

Todorov, A., & Uleman, J. S. (2003). The efficiency of binding spontaneous trait inferences to actors' faces. *Journal of Experimental Social Psychology, 39*(6), 549-562.

Trope, Y. (1986). Identification and inferential processes in dispositional attribution. *Psychological Review, 93*, 239-257.

Wilder, D, A. (1981). Perceiving persons as a group: Categorization and intergroup relations. In. D. L. Hamilton (Ed.), *Cognitive processes in stereotyping and intergroup behavior.* Lawrence Erlbaum Associates.

Word, C. O., Zanna, M. P., & Cooper, J. (1974). The nonverbal mediation of self-fulfilling prophecies in interracial interaction. *Journal of Experimental Social Psychology, 10*(2), 109-120.

## ●12章　態度

Allport, G. W. (1935). Attitudes. In C. Murchison (Ed.), *Handbook of social psychology* (pp. 798-844). Clark University Press.

Back, M. D., Schmukle, S. C., & Egloff, B. (2009). Predicting actual behavior from the explicit and implicit self-concept of personality. *Journal of Personality and Social Psychology, 97*, 533-548.

Bosson, J. K., Swann, W. B., & Pennebaker, J. W. (2000). Stalking the perfect measure of implicit self-esteem: The blind men and elephant revisited? *Journal of Personality and Social Psychology, 79*, 631-643.

Byrne, D., & Nelson, D. (1965). Attraction as a linear function of proportion of positive reinforcements. *Journal of Personality and Social Psychology, 1*, 659-663.

Dovidio, J., Kawakami, K., Johnson, C., Johnson, B., & Howard, A. (1997). The nature of prejudice: Automatic and controlled processes. *Journal of Experimental Social Psychology, 33*, 510-540.

Festinger, L. (1957). *A theory of cognitive dissonance.* Stanford University Press.〔フェスティンガー，L. ／末永 俊郎（監訳）(1965).　認知的不協和の理論　誠信書房〕

Festinger, L., & Carlsmith, J. M. (1959). Cognitive consequences of forced compliance. *Journal of Abnormal and Social Psychology, 58*, 203-210.

Fiske, S. T., & Taylor, S. E. (2008). *Social cognition: From brains to culture.* McGraw-Hill.〔フィスク，S. T.・テイラー，S. E.／宮本 聡介・唐沢 穣・小林 知博・原 奈津子（編訳）(2013).　社会的認知研究 ―― 脳から文化まで ――　北大路書房〕

藤森 立男 （1980).　態度の類似性, 話題の重要性が対人魅力に及ぼす効果 ―― 魅力次元との関連において ――　実験社会心理学研究, *20*, 35-43.

Greenwald, A. G., & Banaji, M. R. (1995). Implicit social cognition: Attitudes, self-esteem, and stereotypes. *Psychological Review, 102*, 4-27.

Greenwald, A. G., & Farnham, S. D. (2000). Using the implicit Association test to measure self-esteem and self-concept. *Journal of Personality and Social Psychology, 79*, 1022-1038.

Greenwald, A. G., McGhee, D. E., & Schwartz, J. L. K. (1998). Measuring individual differences in implicit cognition: The Implicit Association Test. *Journal of Personality and Social Psychology, 74*, 1464-1480.

Greenwald, A. G., Nosek, B. A., & Banaji, M. R. (2003). Understanding and using the Implicit Association Test: I. An improved scoring algorithm. *Journal of Personality and Social Psychology, 85*, 197-216.

Greenwald, A. G., Poehlman, T. A., Uhlmann, E., & Banaji, M. R. (2009). Understanding and using the Implicit Association Test: III. Meta-analysis of predictive validity. *Journal of Personality and Social Psychology, 97,* 17–41.

畑野 快・溝上 慎一　(2013)．　大学生の主体的な授業態度と学習時間に基づく学生タイプの検討　日本教育工学会論文誌, *37,* 13–21.

畑野 快・長沼 祥太郎・斎藤 有吾　(2022)．　主体的な学修態度と成績・汎用的能力の獲得感の関連 —— 授業外学修時間との交互作用に着目して ——　大学教育学会誌, *44,* 20–28.

林 幹也　(2011)．　社会心理学における現在の態度研究とその展望　明星大学心理学年報, *29,* 65–72.

Heider, F.（1958).　*The psychology of interpersonal relations.* Wiley.

稲垣（藤井）勉　(2017)．　多様性教育による韓国への潜在的・顕在的態度の変容可能性の検討　長崎大学大学教育イノベーションセンター紀要, *8,* 65–79.

河野 和明・中村 真　(2021)．　現代日本人の嫌悪対象集団の諸特徴 —— 中国・韓国・北朝鮮を中心として ——　エモーション・スタディーズ, *7,* 47–60.

北村 英哉　(2020)．　自動的処理と統制的処理　唐沢かおり（編）社会的認知 —— 現状と展望 —— (pp. 83–98)　ナカニシヤ出版

北村 英哉・大坪 庸介　(2012)．　進化と感情から解き明かす社会心理学　有斐閣アルマ

Lane, K. A., Banaji, M. R., Nosek, B. A., & Greenwald, A. G. (2007). Understanding and using the Implicit Association Test: IV: What we know (so far) about the method. In B. Wittenbrink & N. Schwarz (Eds.), *Implicit measures of attitudes* (pp. 59–102). Guilford Press.

Likert, R. (1932). A technique for the measurement of attitudes. *Archives of Psychology, 22,* 5–55.

McConahay, J. B. (1986). Modern Racism, Ambivalence, and the Modern Racism Scale. In J. F. Dovidio & S. L. Gaertner (Eds.), *Prejudice, discrimination, and racism* (pp. 91–125). Academic Press.

McConnell, A. R., & Leibold, J. M. (2001). Relations among the Implicit Association Test, discriminatory behavior, and explicit measures of racial attitudes. *Journal of Experimental Social Psychology, 37,* 435–442.

三浦 麻子　(2017)．　研究の基礎 —— 人間を対象とする測定における諸問題 ——　三浦 麻子（監修・著）なるほど！　心理学研究法 (pp. 66–78)　北大路書房

三浦 佳世　(2021)．　セマンティック・ディファレンシャル法　子安 増生・丹野 義彦・箱田 裕司（監修）有斐閣現代心理学辞典 (p.451)　有斐閣

Nisbett, R., & Wilson, T. (1977). Telling more than we can know: Verbal reports on mental processes. *Psychological Review, 84,* 231–259.

Nosek, B. A., Greenwald, A. G., & Banaji, M. R. (2007). The Implicit Association Test at age 7: A methodological and conceptual review. In J. A. Bargh (Ed.), *Automatic processes in social thinking and behavior* (pp. 265–292). Psychology Press.

小塩 真司　(2016)．　心理尺度構成における再検査信頼性係数の評価 ——「心理学研究」に掲載された文献のメタ分析から ——　心理学評論, *59,* 68–83.

尾崎 由佳　(2006)．　接近・回避行動の反復による潜在的態度の変容　実験社会心理学研究, *45,* 98–110.

Rosenberg, M. J., & Hovland, C. I. (1960). Cognitive, affective and behavioral components of attitudes. In M. J. Rosenberg, C. I. Hovland, W. J. McGuire, & J. W. Brehm (Eds.), *Attitude organization and change: An analysis of consistency among attitude components* (pp. 1–14). New Haven: Yale University Press.

下條 信輔　(2008)．　サブリミナル・インパクト —— 情動と潜在認知の現代 ——　筑摩書房

潮村 公弘　(2015)．　潜在連合テスト (IAT) の実施手続きとガイドライン —— 紙筆版IAT を用いた実習プ

ログラム・マニュアル―― 対人社会心理学研究, *15*, 31–38.

潮村 公弘 (2016). 自分の中の隠された心――非意識的態度の社会心理学―― サイエンス社

田中 国夫 (1981). 態度 下中 直人 (1981). 平凡社心理学事典 (pp. 549–550) 平凡社

谷口 淳一 (2020). あの子のことを好きと思えるのはなぜ？ 谷口 淳一・西村 太志・相馬 敏彦・金正 祐司（編著）エピソードでわかる社会心理学 [ 新版] (pp. 32–33) 北樹出版

Wood, A. M., Kaptoge, S., Butterworth, A. S., Willeit, P., Warnakula, S., Bolton, T., Paige, E., Paul, D. S., Sweeting, M., Burgess, S., Bell, S., Astle, W., Stevens, D., Koulman, A., Selmer, R. M., Monique Verschuren, W. M., Sato, S., Njølstad, I., Woodward, M., … Danesh, J. (2018). Risk thresholds for alcohol consumption: combined analysis of individual-participant data for 599 912 current drinkers in 83 prospective studies. *Lancet, 391*, 1513–1523.

## ●13章　説得

Allen, M. (1991). Meta-analysis comparing the persuasiveness of one-sided and two-sided messages. *Western Journal of Speech Communication, 55*(4), 390–404.

Billandzic, H., & Busselle, R. (2013). Narrative persuasion. In J. P. Dillard & L. Shen (Eds.), *The SAGE handbook of persuasion* (pp. 200–219). Sage Publications.

Bless, H., Bohner, G., Schwarz, N., & Strack, F. (1990). Mood and persuasion: A cognitive response analysis. *Personality and Social Psychology Bulletin, 16*(2), 331–345.

Briñol, P., & Petty, R. E. (2005). Individual differences in attitude change. In D. Albarracin, B. T. Johnson, & M. P. Zanna (Eds.), *The handbook of attitudes* (pp. 575–615). Lawrence Erlbaum Associates.

Cacioppo, J. T., & Petty, R. E. (1982). The need for cognition. *Journal of Personality and Social Psychology, 42*(1), 116–131.

Chaiken, S. (1980). Heuristic versus systematic information processing and the use of source versus message cues in persuasion. *Journal of Personality and Social Psychology, 39*(5), 752–766.

Dillard, J. P., & Shen, L. (2005). On the nature of reactance and its role in persuasive health communication. *Communication Monographs, 72*(2), 144–168.

Forgas, J. P. (1995). Mood and judgment: The affect infusion model (AIM). *Psychological Bulletin, 117*(1), 39–66.

藤島 喜嗣・髙橋 幸子・江利川 滋・山田 一成 (2020). 日本語版認知欲求尺度の公募型Web調査における妥当性 昭和女子大学生活心理研究所紀要, *22*, 13–24.

深田 博己 (2002). 説得心理学ハンドブック――説得コミュニケーション研究の最前線―― 北大路書房

深田 博己 (2005a). 特集「説得の心理学」に寄せて 心理学評論, *48*(1), 3–9.

深田 博己 (2005b). 説得への抵抗における警告の役割 心理学評論, *48*(1), 61–80.

Green, M. C., & Brock, T. C. (2000). The role of transportation in the persuasiveness of public narratives. *Journal of Personality and Social Psychology, 79*(5), 701–721.

Green, M., & Brock, T. (2002). In the mind's eye: Transportation-imagery model of narrative persuasion. In M. C. Green, J. J. Strange, & T. C. Brock (Eds.), *Narrative impact: Social and cognitive foundations* (pp. 315–341). Lawrence Erlbaum Associates.

原 奈津子 (2005). 説得における感情の役割 心理学評論, *48*(1), 10–20.

Hovland, C. I., Janis, I. L., & Kelley, H. H. (1953). *Communication and persuasion: Psychological studies of opinion change*. Yale University Press.

Hovland, C. I., Lumsdaine, A. A., & Sheffield, F. D. (1949). *Experiments on mass communication*. Princeton

University Press.

Hovland, C. I., & Weiss, W. (1951). The influence of source credibility on communication effectiveness. *Public Opinion Quarterly, 15*(4), 635–650.

今井 芳昭　(2006).　依頼と説得の心理学 ―― 人は他者にどう影響を与えるか ――　サイエンス社

今城 周造　(2005).　説得への抵抗と心理的リアクタンス　心理学評論, *48*(1), 44–56.

Janis, I. L., & Feshbach, S. (1953). Effects of fear-arousing communications. *Journal of Abnormal and Social Psychology, 48*(1), 78–92.

神山 貴弥・藤原 武弘　(1991).　認知欲求尺度に関する基礎的研究　社会心理学研究, *6*(3), 184–192.

Knowles, E. S., & Linn, J. A. (Eds.). (2004). *Resistance and persuasion* (1st ed.). Psychology Press.

Kruglanski, A. W., & Webster, D. M. (1996). Motivated closing of the mind: "Seizing" and "freezing." *Psychological Review, 103*(2), 263–283.

Lewandowsky, S., Ecker, U. K. H., Seifert, C. M., Schwarz, N., & Cook, J. (2012). Misinformation and its correction: Continued influence and successful debiasing. *Psychological Science in the Public Interest: A Journal of the American Psychological Society, 13*(3), 106–131.

牧野 幸志　(2005).　説得とユーモア表現　心理学評論, *48*(1), 100–109.

McGuire, W. J. (1968). Personality and susceptibility to social influence. In E. F. Borgatta & W. W. Lambert (Eds.), *Handbook of personality: Theory and research* (pp. 1130–1187). Rand McNally.

McGuire, W. J. (1985). Attitudes and attitude change. In G. Lindzey & E. Aronson (Eds.), *Handbook of social psychology, 3rd Edition: Vol. 2* (pp. 233–346). Random House.

McGuire, W. J., & Papageorgis, D. (1961). The relative efficacy of various types of prior belief-defense in producing immunity against persuasion. *Journal of Abnormal and Social Psychology, 62*(2), 327–337.

Nabi, R. L., & Green, M. C. (2015). The role of a narrative's emotional flow in promoting persuasive outcomes. *Media Psychology, 18,* 137–162.

西田 公昭　(2023).　マインドコントロールの仕組み　カンゼン

O'Keefe, D. J. (1999). How to handle opposing arguments in persuasive messages: A meta-analytic review of the effects of one-sided and two-sided messages. *Annals of the International Communication Association, 22*(1), 209–249.

Okuno, H., Arai, S., Suzuki, M., & Kikkawa, T. (2022). Impact of refutational two-sided messages on attitudes toward novel vaccines against emerging infectious diseases during the covid-19 pandemic. *Frontiers in public health, 10,* 775486.

Petty, R. E., & Cacioppo, J. T. (1986). The Elaboration Likelihood Model of persuasion. In L. Berkowitz (Ed.), *Advances in experimental social psychology: Vol. 19* (pp. 123–205). Academic Press.

Rains, S. A. (2013). The nature of psychological reactance revisited: A meta-analytic review. *Human Communication Research, 39*(1), 47–73.

Rhodes, N., & Wood, W. (1992). Self-esteem and intelligence affect influenceability: The mediating role of message reception. *Psychological Bulletin, 111*(1), 156–171.

Rogers, R. W. (1983). Cognitive and physiological processes in fear appeals and attitude change: A revised theory of protection motivation. In J. T. Cacioppo & R. Petty (Eds.), *Social psychophysiology: A sourcebook* (pp. 153–177). Guilford Press.

榊 博文　(2002).　説得と影響 ―― 交渉のための社会心理学 ――　ブレーン出版

Schwarz, N. (2012). Feelings-as-information theory. In P. A. M. Van Lange, A. W. Kruglanski, & E. T. Higgins (Eds.), *Handbook of theories of social psychology: Vol. 1* (pp. 289–308). Sage Publications.

Stone, D. L., & Lukaszewski, K. M. (2009). An expanded model of the factors affecting the acceptance and effectiveness of electronic human resource management systems. *Human Resource Management Review, 19*(2), 134–143.

Sunstein, C. (2009). *Republic.com 2.0*. Princeton University Press.

鈴木 公基・桜井 茂男 (2003). 認知的完結欲求尺度の作成と信頼性・妥当性の検討 心理学研究, *74*(3), 270–275.

田中 優子・犬塚 美輪・藤本 和則 (2022). 誤情報持続効果をもたらす心理プロセスの理解と今後の展望 ―― 誤情報の制御に向けて ―― 認知科学, *29*(3), 509–527.

Worchel, S., & Brehm, J. W. (1970). Effect of threats to attitudinal freedom as a function of agreement with the communicator. *Journal of Personality and Social Psychology, 14*(1), 18–22.

## ●14章 自己

阿部 美帆・今野 裕之 (2007). 状態自尊感情尺度の開発 パーソナリティ研究, *16*(1), 36–46.

Alicke, M. D., & Govorun, O. (2005). The better-than-average effect. In M. D. Alicke, D. A. Dunning, & J. I. Krueger (Eds.), *The self in social judgment* (pp. 85–106). Psychology Press.

Alicke, M. D., Klotz, M. L., Breitenbecher, D. L., Yurak, T. J., & Vredenburg, D. S. (1995). Personal contact, individuation, and the better-than-average effect. *Journal of Personality and Social Psychology, 68*(5), 804–825.

Alicke, M. D., & Sedikides, C. (2009). Self-enhancement and self-protection: What they are and what they do. *European Review of Social Psychology, 20*, 1–48.

Altman, I., & Taylor, D. A. (1973). *Social penetration: The development of interpersonal relationships*. Holt, Rinehart & Winston.

Arkin, R. M., & Baumgardner, A. H. (1985). Self-handicapping. In J. H. Harvey & G. Weary (Eds.), *Attribution: Basic issues and applications* (pp. 169–202). Academic Press.

Bosson, J. K., Swann, W. B., Jr., & Pennebaker, J. W. (2000). Stalking the perfect measure of implicit self-esteem: The blind men and the elephant revisited? *Journal of Personality and Social Psychology, 79*(4), 631–643.

Brown, J. D., & Smart, S. A. (1991). The self and social conduct: Linking self-representations to prosocial behavior. *Journal of Personality and Social Psychology, 60*(3), 368–375.

Buss, A. H. (1980). *Self-consciousness and social anxiety*. Freeman.

Carver, C. S. (1974). Facilitation of physical aggression through objective self-awareness. *Journal of Experimental Social Psychology, 10*(4), 365–370.

Carver, C. S., & Scheier, M. F. (1998). *On the self-regulation of behavior*. Cambridge University Press.

Cheng, W., Nguyen, D.N., & Nguyen, P.N.T. (2023). The association between passive social network usage and depression/negative emotions with envy as a mediator. *Scientific Reports, 13*, Article 10097.

Cialdini, R. B., Borden, R. J., Thorne, A., Walker, M. R., Freeman, S., & Sloan, L. R. (1976). Basking in reflected glory: Three (football) field studies. *Journal of Personality and Social Psychology, 34*(3), 366–375.

Clark, J. L., Algoe, S. B., & Green, M. C. (2018). Social network sites and well-being: The role of social connection. *Current Directions in Psychological Science, 27*(1), 32–37.

Cross, K.P. (1977). Not can, but will college teaching be improved? *New Directions for Higher Education, 17*, 1–15.

Derlega, V. J., Margulis, S. T., & Winstead, B. A. (1987). A social-psychological analysis of self-disclosure in psychotherapy. *Journal of Social and Clinical Psychology, 5*(2), 205–215.

Duval, S., & Wicklund, R. A. (1972). *A theory of objective self awareness*. Academic Press.

Festinger, L. (1954). A theory of social comparison processes. *Human Relations, 7*, 117–140.

Froming, W. J., Walker, G. R., & Lopyan, K. J. (1982). Public and private self-awareness: When personal attitudes conflict with societal expectations. *Journal of Experimental Social Psychology, 18*(5), 476–487.

Greenwald, A. G., & Banaji, M. R. (1995). Implicit social cognition: Attitudes, self-esteem, and stereotypes. *Psychological Review, 102*(1), 4–27.

Greenwald, A. G., & Farnham, S. D. (2000). Using the implicit association test to measure self-esteem and self-concept. *Journal of Personality and Social Psychology, 79*(6), 1022–1038.

James, W. (1892). *Psychology: Briefer course*. Macmillan and Co. 〔ジェームズ, W.／今田 寛（訳）(1992). 心理学（上）岩波文庫〕

Jones, E. E. & Pittman, T. S. (1982). Toward a general theory of strategic self-presentation. In J. S. Suls (Ed.), *Psychological perspectives on the self: Vol. 1* (pp. 231–262). Lawrence Erlbaum Associates.

Jordan, C. H., Spencer, S. J., Zanna, M. P., Hoshino-Browne, E., & Correll, J. (2003). Secure and defensive high self-esteem. *Journal of Personality and Social Psychology, 85*(5), 969–978.

Jourard, S. M. (1971). *Self-disclosure: An experimental analysis of the transparent self*. John Wiley.

Kernis, M. H., Grannemann, B. D., & Barclay, L. C. (1989). Stability and level of self-esteem as predictors of anger arousal and hostility. *Journal of Personality and Social Psychology, 56*(6), 1013–1022.

Kernis, M. H., Grannemann, B. D., & Mathis, L. C. (1991). Stability of self-esteem as a moderator of the relation between level of self-esteem and depression. *Journal of Personality and Social Psychology, 61*(1), 80–84.

Leary, M. R., & Baumeister, R. F. (2000). The nature and function of self-esteem: Sociometer theory. In M. P. Zanna (Ed.), *Advances in experimental social psychology: Vol. 32* (pp. 1–62). Academic Press.

Leary, M. R., Tambor, E. S., Terdal, S. K., & Downs, D. L. (1995). Self-esteem as an interpersonal monitor: The sociometer hypothesis. *Journal of Personality and Social Psychology, 68*(3), 518–530.

Linville, P. W. (1987). Self-complexity as a cognitive buffer against stress-related illness and depression. *Journal of Personality and Social Psychology, 52*(4), 663–676.

Markus, H. (1977). Self-schemata and processing information about the self. *Journal of Personality and Social Psychology, 35*(2), 63–78.

Markus, H., Crane, M., Bernstein, S., & Siladi, M. (1982). Self-schemas and gender. *Journal of Personality and Social Psychology, 42*(1), 38–50.

Markus, H., & Kunda, Z. (1986). Stability and malleability of the self-concept. *Journal of Personality and Social Psychology, 51*(4), 858–866.

Meier, A., & Schäfer, S. (2018). Positive side of social comparison on social network sites: How envy can drive inspiration on instagram. *Cyberpsychology, Behavior, and Social Networking, 21*(7), 411–417.

Ozimek, P., & Bierhoff, H.-W. (2020). All my online-friends are better than me – three studies about ability-based comparative social media use, self-esteem, and depressive tendencies. *Behaviour & Information Technology, 39*(10), 1110–1123.

Pennebaker, J. W., & Beall, S. K. (1986). Confronting a traumatic event: Toward an understanding of inhibition and disease. *Journal of Abnormal Psychology, 95*(3), 274–281.

Pennebaker, J. W., & O'Heeron, R. C. (1984). Confiding in others and illness rate among spouses of suicide and accidental-death victims. *Journal of Abnormal Psychology, 93*(4), 473–476.

Rosenberg, M. (1965) *Society and the adolescent self-image*. Princeton University Press.

Scheier, M. F., Fenigstein, A., & Buss, A. H. (1974). Self-awareness and physical aggression. *Journal of Experimental Social Psychology, 10*(3), 264–273.

Taylor, S. E., & Brown, J. D. (1988). Illusion and well-being: A social psychological perspective on mental health. *Psychological Bulletin, 103*(2), 193–210.

Tedeschi, J. T., & Norman, N. (1985). Social power, self-presentation, and the self. In B. R. Schlenker (Ed.), *The self and social life* (pp. 293–322). McGraw-Hill.

Tesser, A. (1988). Toward a self-evaluation maintenance model of social behavior. In L. Berkowitz (Ed.), *Advances in experimental social psychology: Vol. 21. Social psychological studies of the self: Perspectives and programs* (pp. 181–227). Academic Press.

Tice, D. M. (1991). Esteem protection or enhancement? Self-handicapping motives and attributions differ by trait self-esteem. *Journal of Personality and Social Psychology, 60*(5), 711–725.

Tice, D. M. (1992). Self-concept change and self-presentation: The looking glass self is also a magnifying glass. *Journal of Personality and Social Psychology, 63*(3), 435–451.

Verduyn, P., Gugushvili, N., Massar, K., Täht, K., & Kross, E. (2020). Social comparison on social networking sites. *Current Opinion in Psychology, 36*, 32–37.

Vogel, E. A., Rose, J. P., Okdie, B. M., Eckles, K., & Franz, B. (2015). Who compares and despairs? The effect of social comparison orientation on social media use and its outcomes. *Personality and Individual Differences, 86*, 249–256.

Weber, S., Messingschlager, T., & Stein, J.-P. (2022). This is an Insta-vention! Exploring cognitive countermeasures to reduce negative consequences of social comparisons on Instagram. *Media Psychology, 25*(3), 411–440.

Wills, T. A. (1981). Downward comparison principles in social psychology. *Psychological Bulletin, 90*(2), 245–271.

Wood, J. V. (1989). Theory and research concerning social comparisons of personal attributes. *Psychological Bulletin, 106*(2), 231–248.

Woolfolk, R. L., Novalany, J., Gara, M. A., Allen, L. A., & Polino, M. (1995). Self-complexity, self-evaluation, and depression: An examination of form and content within the self-schema. *Journal of Personality and Social Psychology, 68*(6), 1108–1120.

山本 真理子・松井 豊・山成 由紀子 (1982). 認知された自己の諸側面の構造 教育心理学研究, *30*(1), 64–68.

# 人名索引

# 事項索引

## 執筆者紹介

### ●編著者

**太幡直也**（たばた　なおや）【序章】【コラム1】【はじめに】【おわりに】
愛知学院大学総合政策学部総合政策学科　准教授
筑波大学大学院人間総合科学研究科心理学専攻一貫制博士課程修了。博士（心理学）
専門は社会心理学（対人コミュニケーション, 欺瞞的コミュニケーション）
著書は,『「隠す」心理を科学する：人の嘘から動物のあざむきまで』（共編著, 北大路書房）,『懸念的被透視感が生じている状況における対人コミュニケーションの心理学的研究』（福村出版）,『エッセンシャルズ心理学 第2版：心理学的素養の学び』（共著, 福村出版）など

**上原俊介**（うえはら　しゅんすけ）【7章】【コラム8】【おわりに】
鈴鹿医療科学大学保健衛生学部医療福祉学科　准教授
東北大学大学院文学研究科博士課程後期修了。博士（文学）
専門は社会心理学（怒り, 人間関係, 紛争解決）
著書は,『こころを科学する：心理学と統計学のコラボレーション』（分担執筆, 共立出版）,『絶対役立つ社会心理学：日常の中の「あるある」と「なるほど」を探す』（分担執筆, ミネルヴァ書房）,『Psychology of anger: New research』（分担執筆, Nova Science Publishers）など

### ●分担執筆者（執筆順）

**山脇望美**（やまわき　のぞみ）【1章】【コラム2】
人間環境大学心理学部犯罪心理学科　講師
専門は犯罪心理学（攻撃行動, 非行少年, 潜在的攻撃性）
著書は,『コンパクト司法・犯罪心理学：初歩から卒論・修論作成のヒントまで』（分担執筆, 北大路書房）など

**川嶋伸佳**（かわしま　のぶよし）【2章】【コラム3】
神奈川大学人間科学部人間科学科　准教授
専門は社会心理学（社会的公正）
著書は,『こころを科学する：心理学と統計学のコラボレーション』（分担執筆, 共立出版）など

**熊谷智博**（くまがい　ともひろ）【3章】【コラム4】
法政大学キャリアデザイン学部キャリアデザイン学科　教授
専門は社会心理学（集団間関係, 紛争解決）
著書は,『基礎からまなぶ社会心理学 第2版』（共著, サイエンス社）など

**一言英文**（ひとこと　ひでふみ）【4章】【コラム5】
関西学院大学文学部総合心理科学科　准教授
専門は文化心理学（文化とウェル・ビーイング, 文化的自己）
著書は,『心理学A to B［改訂版］』（共著, 培風館）など

**小川一美**（おがわ　かずみ）【5章】【コラム6】
愛知淑徳大学心理学部心理学科　教授
専門は社会心理学（対人コミュニケーション）
著書は,『スタートアップ「心理学」：高校生と専門的に学ぶ前のあなたへ』（共著, ナカニシヤ出版）など

**今在景子（いまざい　けいこ）【6章】【コラム7】**
函館大谷短期大学ビジネス情報学科　講師
専門は社会心理学（コミュニケーション,紛争解決）
著書は,『利用者が求める民事訴訟の実践：民事訴訟はどのように評価されているか』（分担執筆,日本評論社）など

**相馬敏彦（そうま　としひこ）【8章】【コラム9】**
広島大学大学院人間社会学研究科　教授
専門は社会心理学（対人関係）
著書は,『新版 エピソードでわかる社会心理学：恋愛・友人・家族関係から学ぶ』（共著,北樹出版）など

**大渕憲一（おおぶち　けんいち）【9章】【コラム10】**
東北大学名誉教授
専門は社会心理学（正義と公正,紛争解決）
著書は,『紛争と葛藤の心理学：人はなぜ争い,どう和解するのか』（サイエンス社）など

**橋本剛明（はしもと　たかあき）【10章】【コラム11】**
東洋大学社会学部社会心理学科　准教授
専門は社会心理学（対人認知,道徳判断）
著書は,『社会的認知：現状と展望』（分担執筆,ナカニシヤ出版）など

**塚本早織（つかもと　さおり）【11章】【コラム12】**
愛知学院大学心理学部心理学科　講師
専門は社会心理学（素朴理論,ステレオタイプ,非人間化,文化）
著書は,『エッセンシャルズ心理学 第2版：心理学的素養の学び』（共著,福村出版）など

**稲垣　勉（いながき　つとむ）【12章】【コラム13】**
京都外国語大学共通教育機構　准教授
専門はパーソナリティ心理学（潜在的認知）
著書は,『グローバル時代の教育相談：多様性の中で生きる子どもと教師』（共編著,ナカニシヤ出版）など

**小森めぐみ（こもり　めぐみ）【13章】【コラム14】**
東京女子大学現代教養学部心理・コミュニケーション学科　准教授
専門は社会心理学（物語説得,物語を用いたメディアコミュニケーションの効果）
著書は,『幸せになるための心理学ワークブック：実践的に心理学を学ぶ』（分担執筆,ナカニシヤ出版）など

**下田俊介（しもだ　しゅんすけ）【14章】【コラム15】**
東洋大学人間科学総合研究所　客員研究員
専門は社会心理学（自己防衛,自己評価,社会的比較）
著書は,『基礎からまなぶ社会心理学 第2版』（共著,サイエンス社）など

## ディスカバリー社会心理学

2024 年 10 月 20 日　初版第 1 刷発行

| 編　著　者 | 太　幡　直　也 |
| | 上　原　俊　介 |

| 発　行　所 | ㈱北大路書房 |
| 〒 603-8303 | 京都市北区紫野十二坊町 12-8 |
| | 電話代表　　（075）431-0361 |
| | Ｆ　Ａ　Ｘ　（075）431-9393 |
| | 振替口座　　01050-4-2083 |

ⓒ 2024

組版／Katzen House

装丁／吉野綾

印刷・製本／共同印刷工業（株）

落丁・乱丁本はお取り替えいたします。

定価はカバーに表示してあります。

Printed in Japan

ISBN978-4-7628-3264-2

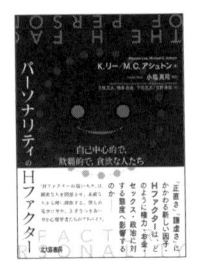